कार्यस्थल पर भावनात्मक बुद्धिमत्ता

(एक व्यवसायिक निर्देशिका)

(प्रथम हिन्दी संस्करण)

डॉ. दलीप सिंह

डॉ. दलीप सिंह की प्रसिद्ध पुस्तक
"इमोशनल इंटेलिजेंस एट वर्क"
का संपादित अनुवाद

ISBN: 978-81-288-3122-5

प्रकाशक : डायमंड पॉकेट बुक्स (प्रा.) लि.

X-30, ओखला इंडस्ट्रियल एरिया, फेज-II

नई दिल्ली-110020

फोन : 011-40712200

ई-मेल : sales@dpb.in

वेबसाइट : www.diamondbook.in

KARYASTHAL PAR BHAWANATMAK BUDDHIMATTA

by : Dr. Dalip Singh

समर्पण

जोगी को समर्पित

गुस्से की संभावना यानी सड़क पर ट्रैफिक लाइट्स का इस्तेमाल करना। लाल बत्ती – रुक जाओ, शान्त हो जाओ; पीली बत्ती – समस्या पर थोड़ा विचार करो, मनन करो; हरी बत्ती – एक धनात्मक और शांतिपूर्ण हल लेकर आगे बढ़ो।

– इसी पुस्तक से

विषय क्रम

तालिकाओं व चित्रों की सूची

प्रकाशकीय

आधुनिक युग के तेजी से बदलते महौल में नित्य नई अवधारणाएं और सिद्धांतों का उदय हो रहा है। भावनात्मक बुद्धिमत्ता एक ऐसी ही अवधारणा है। इसके अनुसार, मनुष्य एक बौद्धिक जीव ही नहीं है, बल्कि भावुक भी है। भावनाओं का उसकी बुद्धिमत्ता को प्रखर करने में बहुत बड़ा हाथ है। यदि आई. क्यू. वस्तुपरक प्रखरता प्रदान करता है तो ई. क्यू. या भावनात्मक बुद्धिमत्ता उसको संसार में जीने का, सही निर्वाह करने का ढंग सिखाकर आपसी बर्ताव में प्रवीणता लाकर सफलता की चोटी तक पहुंचाती है। पिछले दो-तीन दशकों से ई. क्यू. की महत्ता समस्त कॉर्पो जगत मानने लगा है। प्रबन्धन शास्त्र में तो इसने एक पूरा नया अध्याय ही जोड़ दिया है। इस नई अवधारणा से हिन्दी के सुधी पाठक वर्ग को भी अवगत कराने का दबाव हम पर कई वर्षों से था। इसीलिए हम अंग्रेजी के सुविख्यात लेखक दलीप सिंह की प्रसिद्ध पुस्तक "इमोशनल इंटेलिजेंस एट वर्क" के संपादित अनुवाद के रूप में यह पुस्तक अपने पाठक वर्ग को समर्पित कर रहे हैं। हमारी हरचन्द कोशिश है कि इस किंचित दुरुह और भावोन्मुख अवधारणा को सरस, सरल और आम लोगों की भाषा में पाठकों तक पहुंचाएं।

हम अपने प्रयास में कितने सफल हुए हैं, यह तो आपसे प्राप्त प्रतिक्रियाएं ही हमें बताएगी। हमें आशा है कि इस प्रयास का हमारे पाठक गर्मजोशी से स्वागत करेंगे और विगत की भांति अपनी प्रतिक्रियाओं से भी हमें अवगत कराते रहेंगे।

"जिसमें कोई भाव-उद्वेलन नहीं होता, वह कुछ भी सीख नहीं सकता"

– **रूसो**

आमुख
[तृतीय संस्करण-अंग्रेज़ी]

मेरे लिए यह एक बड़े संतोष का विषय है कि इस पुस्तक के प्रथम और द्वितीय संस्करण "बेस्ट सैलर्स" रहे हैं। इसकी सफलता से प्रेरणा पाकर पाठकों के समाने मैं इसका तृतीय संवर्द्धित और लगभग ताजा संस्करण ला रहा हूँ। कुछ सालों से भावनात्मक बुद्धिमत्ता या भावनात्मक लब्धि (Emotional Quotient) की अवधारणा को काफी लोकप्रियता और स्वीकृति मिलने लगी है। इसका मूल आधार है कि किस प्रकार आप स्वयं से दूसरों को जोड़ते हैं या कैसे उनसे आप स्वयं को जोड़ पाते हैं। अपनी भावनात्मक संवेदना को सही तरह पहचानकर दूसरों और स्वयं के कल्याण हेतु प्रबन्धित करना भावनात्मक बुद्धिमत्ता की परिभाषा हो सकती है क्योंकि आपकी भावनात्मक संवेदना, परिपक्वता और योग्यता आपकी नियति के निर्धारण में एक बड़ी भूमिका निभाती है। क्या आप अपनी भावनाओं को अपने लाभ हेतु सही प्रकार से नियंत्रित कर सकते हैं? या क्या आप परिलक्षित कर सकते हैं कि किस प्रकार आपका व्यवहार आपके चारों ओर उपस्थित लोगों को प्रभावित कर रहा है? क्या आप दबाव, हताशा, चिन्ता या संघर्ष की स्थिति को सही प्रकार संभाल सकते हैं? क्या आप अच्छी या बुरी - कैसी भी परिस्थितियों में अपने सर्वाधिक लाभ का पथ खोज सकते हैं?

इस तीसरे संस्करण में इन्हीं प्रश्नों का उत्तर देने का प्रयास किया गया है। भावनात्मक बुद्धिमत्ता क्या होती है, कैसी होती है और किस प्रकार इसके विभिन्न घटक आपस में जुड़े रहते हैं? अन्य अवधारणाओं और इसमें क्या फर्क है? भावनात्मक बुद्धिमत्ता में कैसे और क्या सुधार लाने संभव हैं जिससे व्यक्तिगत, सामूहिक या पूरे संस्थान का कार्य-निष्पादन ज्यादा लाभकारी ढंग से हो सके? इन सभी प्रश्नों के उत्तर आपको इस संवर्द्धित एवं पुनः शोधित पुस्तक में मिल जाएंगे।

इस संस्करण का एक महत्त्वपूर्ण उद्देश्य भावनात्मक बुद्धिमत्ता को संस्थानों में सही प्रकार से लागू करने की विधियों पर उच्च गुणवत्ता वाला शोध प्रारंभ करवाना भी है। इस उद्देश्य की प्राप्ति और शोध को उच्च स्तरीय बनाने हेतु इस संस्करण में भावनात्मक लब्धि के व्यावहारिक प्रयोग भी शामिल किए गए हैं।

इस संदर्भ में विगत के वर्षों में उठने वाले आपके सारे प्रश्नों का उत्तर इस पुस्तक में दिया गया है। यह पुस्तक न सिर्फ भा.बु. (भावनात्मक बुद्धिमत्ता) के बारे में सारा विवरण देगी, वरन भावनात्मक लब्धि (ई.क्यू.) के भी विभिन्न क्षेत्रों में प्रयोग करने के तरीके समझाएगी तथा कैसे इसे और विकसित करें, इसके गुर भी बताएगी। यह स्पष्ट करेगी कि भावनात्मक रूप से बुद्धिमान होने के लिए आपमें कौन-कौन सी दक्षताएं होनी चाहिए। इस तृतीय संस्करण की सहायता से आपको एक व्यावहारिक लाभ यह होगा कि आप न सिर्फ अपने आगे के ई.क्यू. का स्तर माप पाएंगे, वरन इसे अधिक विकसित करने के तरीके भी प्राप्त कर सकेंगे। मुझे आशा है कि यह पुस्तक व्यक्तिगत, सामूहिक या संस्थाओं के भावनात्मक बुद्धिमत्ता गुणक को बढ़ाकर पूरे समाज और मानवता के सम्यक विकास में अपना योगदान दे सकेगी।

इस पुस्तक की वेबसाइट www.eqindia.com भी काफी लोकप्रिय हुई है जिस पर सैकड़ों लोग सारी दुनिया से आते रहते हैं और 'ऑनलाइन' ई.क्यू. टेस्ट का प्रयास करते रहते हैं। इससे प्राप्त आंकड़े भा.बु. की परिभाषा को और स्पष्ट करने में प्रयुक्त होते रहते हैं।

मैं दिल्ली यूनिवर्सिटी के प्रोफेसर एन.के. चड्ढा के प्रति अपनी कृतज्ञता ज्ञापित करना चाहता हूँ जिन्होंने मेरे शोध कार्य में पूरी निष्ठा से दिलचस्पी दिखाई है।

–डॉ. दलीप सिंह

चण्डीगढ़, भारत

2006

आमुख
[द्वितीय संस्करण-अंग्रेज़ी]

एक पारंपरिक अवधारणा थी कि कार्यक्षेत्र भावना दिखाने का सही स्थल नहीं है क्योंकि भावनाएं कार्य में व्यवधान डालती हैं इसलिए इन्हें जकड़कर या दबाकर रखना ही सही है। यदि ये मुक्त हो गईं तो संस्थाओं का अनुशासन भंग हो जाएगा और वर्षों की उपलब्धि कुछ क्षणों में बेकार हो सकती है।

परन्तु आठवें दशक (बीसवीं शताब्दी) के मध्य में अमेरिका में भावनात्मक बुद्धिमत्ता या भावनात्मक लब्धि पर निरंतर होते शोध कार्यों ने पारम्परिक अवधारणा को उलट दिया है। अब संस्था में कार्य करने वाले लोग कार्यस्थल में अपनी भावनाएं दिखाते हुए ज्यादा हिचकिचाते नहीं हैं।

इस संदर्भ में एक दिलचस्प बात यह भी है कि भारतीय लोग जो रोजमर्रा के जीवन में अपेक्षाकृत अधिक भावुकता से काम लेते हैं, कार्यस्थलों में घुसते ही अपनी भावनाओं पर मानो ताला जड़ देते हैं। इसी से यहाँ एक गलत धारणा फैल गई है कि कार्य गंभीरता से होना चाहिए और कार्यक्षेत्र में भावना का कोई काम नहीं है।

यह परिवर्द्धित संस्करण दो चीजें स्पष्ट करता है: प्रथम, भारतीय संस्थाओं के व्यवहार में एक निश्चित परिवर्तन आ रहा है। अब प्रबन्धक गण किसी की भावना के क्षेत्र में अतिक्रमण करने से गुरेज नहीं करते और दूसरी बात, इस पुस्तक के प्रथम संस्करण के समय से (एक वर्ष) इस क्षेत्र में काफी जल्दी जल्दी बदलाव आए हैं जिनका आकलन भी जरूरी है।

अब इस विषय पर विश्वविद्यालयों, व्यापार जगत और आम जनता में काफी दिलचस्पी पैदा हो रही है। यह पुस्तक न सिर्फ भारत में वरन् यूरोप, अमेरिका सदृश विदेशी क्षेत्रों में भी काफी अच्छा व्यापार कर चुकी है जो एक संतोषप्रद और आह्लादकारी सूचना है। इस विषय पर अब उच्च स्तरीय शोध कार्य भी होने लगे हैं जिससे ज्ञात होता है कि अकादमिक विश्व ने अब इस विषय की महत्ता स्वीकार कर ली है।

पुस्तक का यह परिवर्द्धित संस्करण विशिष्ट रूप से भारत-केन्द्रित है। एक गहन शोध प्रक्रिया के पश्चात् मैंने शुरुआत की है भावनात्मक बुद्धिमत्ता की परिभाषा भारतीय परिप्रेक्ष्य से गढ़ने की। यह शोध कार्य मैंने उद्योग जगत सहित कई क्षेत्रों में किया है। मेरी आदर्श भावनात्मक बुद्धिमत्ता की कल्पना तीन आयामी एक तिपाई पर टिकी है- भावनात्मक योग्यता या सामर्थ्य, भावनात्मक परिपक्वता और भावनात्मक संवेदनशीलता। इस तिपाई आधार पर मैंने भावनात्मक बुद्धिमत्ता की परिभाषा इस प्रकार दी है 'किसी व्यक्ति की अपने आन्तरिक और बाह्य भाव-संवेगों से सही प्रकार से और सफलतापूर्वक प्रतिपाद (रैसपोन्स) प्राप्त करने की क्षमता भावनात्मक बुद्धिमत्ता है।' भावनात्मक बुद्धिमत्ता तीन मनोवैज्ञानिक आयामों से गठित होती है, जो किसी व्यक्ति को प्रेरणा देते हैं कि वह उन्हें सत्यता से पहचान कर ईमानदारी से वर्णित करे और मानव व्यवस्था के अनुरूप उन्हें चतुराई से संभाल भी सके।

यह परिभाषा भारतीय मानसिकता को सम्पूर्णता से पकड़ती है और मुझे आशा है कि भारतीय शोधकर्ताओं, कॉर्पोरेट जगत और आम जनता के लिए बेहद उपयोगी साबित होगी।

परिवर्द्धित संस्करण में मैंने दो नए अध्याय शामिल किए हैं: एक, भारतीय क्षेत्रों में इस विषय पर हुए आधुनिकतम शोध के निष्कर्ष और दूसरा, भगवद्गीता से प्राप्त आधुनिक प्रबन्धकर्ता के लिए कुछ सबक। इस क्षेत्र में कितना भी भावोत्तेजक प्रगति पर ध्यान रहे, परन्तु अपने प्राचीन पवित्र ग्रन्थों में उपलब्ध ज्ञान के भंडार के प्रति हमें विमुख नहीं होना चाहिए क्योंकि ये दोनों ही आधुनिक प्रबन्धकों के लिए भावनात्मक टकराव, परेशानी दूर करने तथा दबाव आदि को झेलने के लिए आवश्यक हैं। मुझे विश्वास है कि पाठकों को इसमें जोड़ी गई नई सामग्री पसन्द आएगी और इससे शोध कार्य की गुणवत्ता में सुधार आएगा।

–डॉ. दलीप सिंह

आमुख
[प्रथम संस्करण-अंग्रेज़ी]

व्यावसायिक सफलता का मापदण्ड क्या है? मुख्य रूप से आपकी बुद्धिमत्ता का स्तर या बुद्धिमत्ता लब्धि (आई.क्यू.) या आपकी व्यक्तिगत विशेषताएं या कई योग्यताओं का सम्मिलित रूप क्या व्यावसायिक सफलता बताता है? मैं भी इस प्रश्न पर वर्षों से विचार करता रहा, पर किसी निश्चयात्मक उत्तर पर नहीं पहुंच सका। भावनात्मक बुद्धिमत्ता के पैरोकारों के अनुसार किसी व्यक्ति की भावनात्मक सोच जीवन में व्यावसायिक सफलता के अनुसार बदलती रहती है। उनके अनुसार, ई.क्यू. (भावनात्मक लब्धि या Emotional Quotient) किसी व्यक्ति के जीवन में व्यक्तिगत और व्यावसायिक सफलता का प्रमुख निर्धारक होता है। दिलचस्प तथ्य यह भी है कि उच्च आई.क्यू. वाले लोग प्रायः असफल रहते हैं, परन्तु बौद्धिक रूप से कम प्रतिभावान लोग बेहद सफल हो जाते हैं। कुछ प्रसिद्ध व्यापारिक प्रतिष्ठानों में भी जहाँ लोगों को स्मार्ट लगने का प्रशिक्षण भी दिया जाता है। कद्र उन्हीं प्रबन्धकों की ज्यादा होती है जिनका ई.क्यू. बढ़ा हुआ हो, चाहे आई.क्यू. भले ही कम हो। वस्तुतः इस प्रकार के असंख्य उदाहरण न सिर्फ व्यापार जगत के वरन राजनीतिक, अकादमिक और प्रशासनिक क्षेत्रों में प्रचुरता से मिलते हैं। धीरे-धीरे अब लोग यह मानने लगे हैं कि जहाँ आई.क्यू. किसी व्यक्ति के जीवन में सफलता का 20 प्रतिशत कारण होता है, वहीं बाकी 80 प्रतिशत सफलता का निर्धारक उसका ई.क्यू. या भावनात्मक लब्धि या भावनात्मक बुद्धिमत्ता ही होती है।

इस पुस्तक का प्रमुख आग्रह है कि कार्य के नियम लगातार बदलते जा रहे हैं। अब लोगों के आकलन करने के लिए नए-नए मापदण्ड या प्रतिमान उभर रहे हैं: 'वे कैसे और किस प्रकार स्वयं को संभालते हैं और दूसरों के साथ कैसे पेश आते हैं'-उनकी सफलता का आकलन सिर्फ अहर्ताओं या शैक्षणिक योग्यताओं के आधार पर ही नहीं होता, न उनकी किसी खास दक्षता के बल

पर यह निश्चित किया जाता है। अब किसी को किसी संस्थान में रखने, प्रमुखता देने या चलता कर देने के लिए ये नए मापदण्ड ही उपयोग में लिए जा रहे हैं। अब यह माना जाने लगा है कि कॉर्पोरेट जगत में किसी की प्रविष्टि तो आई. क्यू. के आधार पर होती है, पर पदोन्नति के लिए उसका ई.क्यू. ही देखा जाता है। ये नए नियम तय करते हैं कि कौन सफल प्रबन्धक बन सकता है और कौन ज्यादातर विफल रहने वाला है। चाहे किसी भी व्यवसाय की बात हो, व्यक्ति की कद्र उसकी संभावित विपण्यता या स्वरूप को मार्केट में मूल्यवान बनाने की क्षमता पर ही निर्भर करती है।

इन नियमों का उन योग्यताओं या ज्ञान से कोई ताल्लुक नहीं, है जो आपने अपनी स्कूली या कॉलेज की पढ़ाई से प्राप्त किया था। नए मापदण्ड यह स्वीकार करके चलते हैं कि आपके पास वांछित आई.क्यू. या तकनीकी योग्यता अपना काम निबटाने के लिए है। इनका मुख्य फोकस होता है आपके व्यक्तिगत गुणवत्तायुक्त गुणों पर यथा पहले लेने की क्षमता, दूसरों के साथ भावनात्मक एकात्म अनुभव करने की योग्यता, प्रेरणा-शक्ति और जागरूकता यानी वह सब कुछ जो मिलकर ई.क्यू. बनाते हैं।

आसान भाषा में कहा जाए तो ई.क्यू. या इमोशनल कोशेन्ट भावनात्मक बुद्धिमत्ता का पर्याय बन चुका है। इस शब्द को भी आई.क्यू. की तरह ही गढ़ा गया है। साधारण भाषा में कहें तो इसका अर्थ है अच्छा और बुरा जानने की समझ और कैसे बुरे से अच्छा हुआ जा सकता है। ज्यादा औपचारिक परिभाषा भावनात्मक जागरूकता एवं भावनात्मक प्रबन्धन पटुता का हवाला देती है जिनके द्वारा आप भावना एवं तर्क शक्ति में संतुलन बैठाकर अपनी सुदीर्घ प्रसन्नता सुनिश्चित करते हैं। भावनात्मक बुद्धिमत्ता में स्व जागरण, अपनी विभिन्न मन:स्थितियों को मनचाहे ढंग से ढालने की क्षमता, प्रेरणा, दूसरों के साथ अपने भावों को ढालना, सहयोग एवं नेतृत्व के गुण सदृश सामाजिक सरोकारों को पैदा करने की योग्यता शामिल है।

आपकी भावनात्मक बुद्धिमत्ता न वंशानुगत रूप से तय हो सकती है और न प्रारम्भिक बाल्यकाल में विकसित की जा सकती है। लेकिन आई.क्यू. के बरअक्स-जो किशोरावस्था के बाद बढ़ नहीं सकता-भावनात्मक बुद्धिमत्ता सारी जिन्दगी बढ़ती रहती है और जीवन के अनुभवों के द्वारा नियंत्रण भी प्राप्त करती है अर्थात् भावनात्मक बुद्धिमत्ता में उम्र-भर विकास की गुंजाइश रहती है। जैसा-जैसा आपका अनुभव होता जाता है, मन:स्थितियां बनती हैं जिनके माध्यम से आप हताश भावों में स्वयं को संभालते हैं और दूसरों के साथ भाव-तादात्म्य प्राप्त करते जाते हैं, आपका ई.क्यू. बढ़ता जाता है। संक्षेप में कहें तो परिपक्वता के साथ आपमें कुछ ऐसी भावनात्मक योग्यताएं विकसित होती रहती हैं जिनकी

सहायता से आप अपने कार्य-क्षेत्र में असाधारण उपलब्धि प्राप्त करने के लिए सक्षम हो जाते हैं।

कुछ ऋणात्मक भाव-संवेग, जिनमें भावों को नियंत्रित करना आवश्यक होता है, इस प्रकार हैं: गुस्सा, असफलता, भय, निराशा, हताशा, नैतिक बाध्यता, अपराध बोध, प्रति हिंसा का भाव, खालीपन, तीखापन, परनिर्भरता, अवसाद, एकाकीपन और आलस्य। इसी प्रकार कुछ धनात्मक भाव, जिनका परिस्थितियों के अनुसार सही उपयोग आपकी स्थिति को सुधार सकता है, इस प्रकार हैं: प्रेरणा, कद्रदानी, स्व नियंत्रण, संतोष, मुक्ति भाव, संतुष्टि, स्वायतता, कामना, जागरूकता, चैन, उत्कर्ष भाव और प्रसन्नता।

प्रश्न यह है कि ई.क्यू. विकसित करना क्यों जरूरी है? उत्तर यही है कि उच्च ई.क्यू. वाले लोग ज्यादा सुखी, स्वस्थ और अपने सम्बन्धों के निर्वाह में ज्यादा सफल होते हैं। इन लोगों को तर्क-शक्ति और भाव संवेग में सामंजस्य बैठाना आता है। इन्हें सिर्फ अपने भाव ही नहीं दूसरों के भावों की भी समझ होती है तथा मौके पर हमदर्दी जाहिर करना आता है। इनके आत्मसम्मान का भाव सदैव बढ़ा-चढ़ा रहता है। भावनात्मक बुद्धिमत्ता कार्य क्षेत्र में भी कई मौकों पर अपना सही रंग दिखाकर भाव-प्रबन्धन की कारगरता सिद्ध कर देती है। कुछ उन्नत शोध कार्यों ने सिद्ध किया है कि आज चीफ एक्जीक्यूटिव ऑफिसर का पद-निर्वाहन करने के लिए अकेला दिमाग ही काफी नहीं है। मनोवैज्ञानिकों का निष्कर्ष भी यही है कि आज के तेजी से बदलते कॉर्पोरेट परिवेश में अपना व्यापार सही ढंग से चलाने के लिए खाली दिमाग से काम नहीं चलने वाला। सही निर्णय लेने के लिए और समस्याओं के समाधान ढूँढ़ने के लिए आपका ई.क्यू. काफी ऊँचा होना चाहिए। उच्च ई.क्यू. के कुछ तत्काल लाभ हैं- उत्पादकता में वृद्धि, अधिक नेतृत्व क्षमता, सुधरी हुई अनुक्रियाशीलता तथा अधिक सृजनशीलता। यह काम के वातावरण में उत्साह भर सकती है, दबाव के स्तरों को नीचे ला सकती है, भावनात्मक रुकावटों में रास्ता निकाल सकती है तथा न सिर्फ कार्यकर्ताओं का कल्याण सुनिश्चित करती है वरन् चारों तरफ के सम्बन्धों में भी गर्मी भरती है। ई.क्यू. न सिर्फ पुराने पचड़ों को निबटाकर अन्दर-बाहर में संघर्षशील स्थितियों को खत्म कर सकती है वरन् भौतिक, शारीरिक, आत्मिक और मनोवैज्ञानिक रूप से अपनी योग्यता बढ़ाकर याद्दाश्त, स्पष्ट विवेचन शक्ति और निर्णय क्षमता को सम्यक रूप से विकसित कर सकती है।

आज ज्यादा-से-ज्यादा कंपनियां भावनात्मक बुद्धिमत्ता के प्रसार को प्रोत्साहित कर रही हैं क्योंकि उनकी समझ में आ गया है कि आज के प्रबन्धन-शास्त्र दर्शन का यह एक अपरिहार्य हिस्सा है। कोई संस्था सिर्फ उत्पादों के दम पर ही प्रतिक्रिया नहीं करती; बहुत कुछ इस पर निर्भर होता है कि वह अपने कर्मचारियों

का कैसे इस्तेमाल करती है। उसके काम करने वाले जीवन्त या चालू रहने के लिए एक आवश्यक आधार हैं। "दि कंसॉर्शियम फॉर रिसर्च ऑन इमोशनल इंटेलिजेंस इन ऑर्गेनाइजेशन्स" ने स्पष्ट दिखा दिया है कि किसी भी कार्य-संस्थान में भावनात्मक बुद्धिमत्ता का योगदान बुनियादी है। ह्यूमन रिसोर्स (H.R.) के व्यवसायियों तथा प्रबन्धकों को यदि अपने संस्थान में बदलाव लाना है तो ई.क्यू. एक महत्त्वपूर्ण अस्त्र की भूमिका निभा सकता है। इसका प्रयोग किसी संस्थान की अनूठी जरूरतें पूरी करने के लिए बड़े प्रभावशाली ढंग से किया जा सकता है। ई.क्यू. के सिद्धान्तों के जरिए संस्थान के कार्यकर्ता एक बेहतरीन टीम-प्लेयरों के सदृश काम कर सकते हैं; अपने काम में ज्यादा सृजनात्मक क्षमता दिखा सकते हैं और समस्त संस्थान की उत्पादकता में इजाफा कर सकते हैं। कई तकनीकों का समेकित प्रयोग कार्य क्षेत्र में भावनात्मक बुद्धिमत्ता भी स्वतः बढ़ा सकता है। उदाहरण के लिए रुकावटों और उलझनों से पार पाना, संघर्ष और टकराव की स्थितियों को हटाना इत्यादि ई.क्यू. के माध्यम से बड़ी अच्छी तरह से किया जा सकता है और प्रबन्धन अपने लक्ष्य आसानी से प्राप्त कर सकता है।

किसी पेशेवर के लिए ई.क्यू. की शाखा-विस्तारण की क्या संभावनाएं हो सकती हैं? स्पष्ट है कि भावनात्मक बुद्धिमत्ता की चर्चा में किसी कार्यस्थल में सफलता के निर्धारक तत्त्व तो पहले निर्धारित होने ही चाहिए। आखिर सफलता कब मानी जाएगी? वैसे चाहे कार्य क्षेत्र में हो या व्यक्तिगत स्तर पर, आपकी एक आधार भूमि तो निश्चय ही होनी ही चाहिए। ई.क्यू. के मनोवैज्ञानिक पहलुओं में दीक्षित होने के बाद पाठकों की चाह होगी कि उनका अपना ई.क्यू. तय किया जाए। पाठकों की सहायता हेतु दिल्ली यूनिवर्सिटी के प्रोफेसर एन.के. चड्ढा का बनाया हुआ 'इमोशनल इंटेलिजेंस टेस्ट' का मानक चार्ट भी इस किताब में शामिल है। मुझे विश्वास है कि पाठकों को यह काफी सूचनाप्रद और रुचिकर प्रतीत होगा।

यदि बड़ी संख्या में मेरे मित्रों और हितैषियों ने सक्रिय सहयोग न दिया होता तो यह काम कतई पूरा नहीं हो पाता। यह संभव नहीं कि व्यक्तिगत रूप से मैं सबके प्रति कृतज्ञता ज्ञापन कर सकूँ, लेकिन कुछ लोगों का उल्लेख मैं जरूर करना चाहूंगा जिनके प्रति मैं विशेष तौर पर अनुगृहीत महसूस कर रहा हूँ- एन. के. चड्ढा, पायल मेहता, केन्टकी विश्वविद्यालय के प्रोफेसर जॉन वैन विलिजेन, प्रोफेसर एच.सी. गांगुली, एन.आर. चटर्जी, वी.के. भल्ला, दिल्ली विश्वविद्यालय तथा रवि बांगड़, एस.पी. माही और सतीश पराशर आदि।

मुझे पूर्ण आशा है कि इस पुस्तक के माध्यम से कार्यस्थलों में लोगों के आपसी व्यवहार में सुधार आएगा तथा परिवारों और अन्य क्षेत्रों में आपसी सम्बन्ध बेहतर बनेंगे।

– डॉ. दलीप सिंह

1

भावनात्मक बुद्धिमत्ताः एक अवधारणा

> *"नाराज तो कोई भी हो सकता है - यह आसान है। परन्तु सही व्यक्ति पर सही मात्रा में, सही समय पर, सही उद्देश्य के लिए और सही तरीके से नाराज होना कतई आसान नहीं है।"*
>
> **-अरस्तू**

पुरस्थापना

प्रेम, प्रसन्नता, भय, स्नेह, घृणा, शर्म, जुगुप्सा (अरुचि), आश्चर्य, दु:ख, उल्लास और क्रोध गुस्से में क्या चीज कॉमन है? यह वह भाव है जो रोजमर्रा के जीवन में हम महसूस करते हैं। बहुत दिनों तक यह माना जाता रहा है कि कार्यक्षेत्र में सफलता आपकी बुद्धिमत्ता लब्धि (इंटेलिजेंस कोशेन्ट या आई. क्यू.) पर निर्भर करता है, जो आपकी शैक्षणिक परीक्षा-उपलब्धियों में मिले अंकों से प्रकट होती है। दूसरे शब्दों में, आपकी बुद्धिमत्ता की परिचायक हैं आपकी शैक्षणिक डिग्रियाँ, व्यावसायिक अर्हताएं इत्यादि जिनसे आपका आई.क्यू. जाहिर होता है। यदि ये अच्छी होंगी तो आपका आई.क्यू. काफी बढ़ा-चढ़ा आएगा, लेकिन ये बुद्धिमत्ता के सारे लक्षण अकादमिक प्रकृति के ही हैं। क्लासरूम के बाहर आप कितने स्मार्ट हैं, यह तब प्रकट होता है जब आप जीवन की कटु वास्तविकताओं से दो-चार होते हैं। ऐसे अवसरों पर आपको एक-दूसरी तरह की योग्यताओं या संसाधनों का सहारा चाहिए। यहाँ चाहिए आपको भावनात्मक बुद्धिमत्ता या इमोशनल इंटेलिजेंस या ई.क्यू. जो आपकी स्मार्टनैस या चतुराई पूर्ण सतर्कता का एक दूसरा ही आयाम प्रकट करती है।

यह क्यों होता है कि सबसे ज्यादा स्मार्ट लगने वाले लोग सदा सर्वाधिक धनाढ्य नहीं हो पाते? क्या कारण है कि कुछ लोग तो परिचय होने के क्षण से ही प्रिय लगने लगते हैं और कुछ शुरू से ही प्रिय नहीं लगते? क्यों कुछ लोग जो हमदर्द और दूसरों की परवाह करने वाले लगते हैं; एक समृद्ध और संतोषप्रद भावनात्मक जीवन गुजारते हैं? कुछ लोग अपने सामाजिक परिवेश में संतुष्ट और सुखी लगते हैं, जबकि दूसरे नहीं? ज्यादा अच्छी शैक्षणिक योग्यताएं न होते हुए भी कुछ भरा-पूरा जीवन बिताते हैं, जबकि कुछ उच्च आई.क्यू. होते हुए भी दयनीय और कातर नजर आते हैं?

वस्तुतः यह भावनात्मक बुद्धिमत्ता ही है जो हर प्रतिस्पर्धा में आपकी चुनौती आगे रखती है। कई प्रसिद्ध व्यापारिक संस्थानों में जहाँ लोगों को स्थायी रहने के लिए खास तौर पर प्रशिक्षित किया जाता है, वहीं प्रबन्धक गण बढ़िया प्रदर्शन कर ऊँचा भाव प्राप्त कर पाते हैं जिनका ई.क्यू. बढ़ा-चढ़ा होता है। बेशक उच्च बौद्धिक क्षमताओं से आप एक निष्णात, वित्त-विश्लेषक या विधि-वेत्ता तो जरूर हो सकते हैं, पर यदि आपको किसी संस्थान का चीफ एक्जीक्यूटिव ऑफिसर (सी.ई.ओ.) बनना है तो आपका I.Q. नहीं E.Q. बढ़िया और ऊँचा होना चाहिए। यही बात राजनीति, कानून या प्रशासन के क्षेत्र में भी लागू होती है। आपका यदि ऊँचा E.Q. होगा तो न सिर्फ आप अपने व्यापार में बुलन्दियों पर चमकेंगे, वरन् शादी और प्रेम के क्षेत्रों में भी कामयाब रहेंगे। भावनात्मक बुद्धिमत्ता की कमी ही असली कारण है कि कुछ लोग बुद्धिमान होते हुए भी अपने व्यक्तिगत और व्यावसायिक क्षेत्र में असफल रहते हैं।

आज कार्यक्षेत्र के नियमों में बड़ी त्वरित गति से बदलाव आ रहे हैं। लोगों की सफलता मापने का एक नया ही प्रतिमान विकसित हो रहा है। प्रायः यह कहा जाने लगा है कि ऊँचा आई.क्यू. आपको सर्वोच्च पद तो प्रदान कर सकता है, परन्तु (उस संस्थान का) सर्वोच्च व्यक्ति नहीं बना सकता। इससे आपकी शैक्षणिक योग्यता, किसी विशेष क्षेत्र में महारत इत्यादि से कोई ताल्लुक नहीं। इसमें तो सिर्फ यह देखा जाता है कि कैसे आप अपने सहयोगियों के साथ निर्वाह कर पाते हैं; कैसे स्वयं को उनके साथ समन्वित कर पाते हैं। यह मापदण्ड ही आजकल किसी को संस्थान में रखने, पदोन्नति देने, निकालने या प्रमुखता देने इत्यादि के लिए प्रयुक्त किया जाने लगा है। आप चाहे किसी विशिष्ट क्षेत्र के काम करने वाले हों, आपकी कद्र उन्हीं के दम पर भविष्य में आपकी मार्केट कीमत निर्धारित करेगी अर्थात् आपकी करनी आगे कितने भाव पर जाएगी, इसी पर ही आपका भविष्य निर्भर होगा और इसी आधार पर आज आपकी जरूरत

का भी आकलन होगा। संभव है, आज भी बड़े संस्थानों में यही मापदण्ड चालू हो, भले ही सम्बद्ध व्यक्तियों को इस बात की भनक न हो। यदि आप कहीं नौकरी के लिए आवेदन करते हैं तो आपका आकलन भावनात्मक योग्यता के आधार पर ही होगा, हांलाकि खुलकर यह बात कोई नहीं कहेगा। एक सफल कैरियर के लिए इन योग्यताओं को विकसित करना बहुत जरूरी है, चाहे आप कोई भी काम करते हों।

इन योग्यताओं का स्कूल-कॉलेज में मिले ज्ञान या व्यावसायिक संस्थानों से मिले अनुभवों से कोई सरोकार नहीं होता। इन नए प्रतिमानों में पुराने आधार अप्रासंगिक होते जा रहे हैं। आज यह माना जाता है कि यदि आपका आई.क्यू. पर्याप्त ऊँचा है तो आप अपने काम की तकनीकें तो जानते ही होंगे अर्थात् बौद्धिक रूप से आप सक्षम हैं कि अपने काम की बारीकियाँ समझ सकें। असली मुद्दा है, आपकी भावनात्मक बुद्धिमत्ता या ई.क्यू. का स्तर कैसा है क्योंकि उसी के आधार पर आपकी पहल लेने की क्षमता, दूसरों के भाव ग्रहण करने की संवेदना, प्रेरणा और नेतृत्व के गुण विकसित हो पाते हैं। उदाहरण के लिए, यदि कुछ चिकित्सक औसत बुद्धि के हैं तो यह इसी से जाहिर है कि वे मेडिकल की परीक्षा में चुन लिए गए थे। कुछ मैनेजर दूसरों से ज्यादा स्मार्ट लगते हैं-पर एकदम गबदू कोई नहीं होगा। यहीं यह प्रश्न उठता है कि उन मैनेजरों में कैसे फर्क किया जाए जिनका आई.क्यू. लगभग एक ही स्तर का है। ऐसी ही परिस्थितियों में ई.क्यू. को महत्त्व मिलता है, जो लगभग एक समान आई.क्यू. वालों में फर्क करना आसान कर सकता है। यह कोई वक्ती समाधान नहीं, न कोई प्रबन्धन शास्त्र का चोंचला है। उपलब्ध आंकड़ों के अध्ययन से यह स्पष्ट पता चलता है कि भविष्य में चमकने वाले सितारे को ढूँढ़ने के लिए भावनात्मक क्षमताओं को गंभीरतापूर्वक देखना पड़ेगा। ऐसे समय में जब नौकरी के मामले में सुरक्षा की कोई गारंटी न हो और 'जॉब' शब्द का अर्थ "ढोए जाने वाली योग्यता" या "माल बेचने की क्षमता" के तराजू में तोला जा रहा हो, लोगों को नौकरी देने और नौकरी में कायम रखने के लिए ई.क्यू. का विचार एक प्रमुख घटक बनकर उभर रहा है। यद्यपि विगत में इसका हवाला 'स्मार्टनैस'; "व्यक्ति का आकर्षण," 'क्षमता' इत्यादि के रूप में जाना जाता रहा है, अब इसकी बारीकी से जाँच-परख हो रही है कि यह भावनात्मक क्षमताएं क्या होती हैं। इसी अध्ययन ने इन क्षमताओं को एक नया नाम दिया है इमोशनल इंटेलिजेंस या इमोशनल कोशेन्ट [ई.क्यू.] जो भावनात्मक समझ आँकने का एक सूत्र है।

यदि आप किसी छोटे संस्थान में कार्यरत हैं या स्व-रोजगार में लिप्त हैं तो आप अपने प्रदर्शन या कार्य में इन्हीं भावनात्मक क्षमताओं के बल पर शिखर पर पहुंच सकते हैं - हालांकि आपको इनकी स्कूल, कॉलेज में कोई बाकायदा शिक्षा नहीं मिली थी, परन्तु आपके कैरियर की सफलता और असफलता इसी पर निर्भर होगी कि आपने ये विशिष्ट भावनात्मक गुण विकसित किए या नहीं। यदि आप किसी बड़े संस्थान के लिए काम कर रहे हैं तो आपको यह देखना होगा कि वहाँ इन गुणों के विकास की कोई संभावना है कि नहीं अर्थात् वहाँ का माहौल कैसा है। वस्तुतः उस संस्थान की प्रभावशीलता और उत्पादकता बहुत कुछ इसी पर निर्भर करेगी कि वहाँ इन भावनात्मक गुणों के विकास को प्रोत्साहित किया जाता है या नहीं।

सत्तर और अस्सी के दशकों में लोग 'सही' स्कूलों में पढ़कर विभिन्न प्रतिस्पर्धात्मक परीक्षाओं में अच्छा प्रदर्शन करके आगे बढ़ते थे, परन्तु आज दुनिया में लाखों ऐसे सुप्रशिक्षित, प्रतिभावान स्त्री-पुरुष हैं, जो वस्तुतः अपनी प्रगति के पठार पर अटके हुए हैं या अपने मानस में जरूरी भावनात्मक क्षमताओं के बीच अन्तराल को भरने में नाकामयाब रहे हैं। आज किसी कंपनी के नए रंगरूट को इतनी तकनीकी दक्षता की आवश्यकता नहीं है जितनी अपने काम की बारीकियां समझने की है। आज शैक्षणिक योग्यताओं के ऊपर कुछ "विपण्य निपुणताएँ" भी चाहिए। आज नौकरी देने वाले निम्नलिखित गुणों को बेहद जरूरी मानते हैं- सुनने की और सही बोलने या संप्रेषण करने की क्षमता, खुद को वातावरण में ढालने का गुण, झटकों में या परेशानी में सृजनात्मक रूप से प्रतिक्रिया देना, व्यक्तिगत प्रबन्धन, आत्मविश्वास, लक्ष्य प्राप्त करने के लिए लगन, अपना कैरियर विकसित करने की ललक, अपनी उपलब्धि पर भान करने का भाव, समूह के साथ खुलकर अन्तर-क्रिया में भाग लेने का उत्साह, मिल-जुलकर काम करने की समझ, मतभेदों को निबटाने की योग्यता, अपना योगदान देने की कामना, नेतृत्व गुण तथा पढ़ने-लिखने और गणित में विशिष्ट गति होना। इन सभी वांछित गुणों में सिर्फ पढ़ने-लिखने और गणित की क्षमता ही अकादमिक क्षेत्र से आया है, बाकी सारे गुण गैर अकादमिक हैं। इन सबका सीधा सम्बन्ध भावनात्मक बुद्धिमत्ता से है। आज कॉर्पोरेशन या बड़े संस्थान अपने नए कार्यकर्ताओं में ई.क्यू. के यही गुण चाहते हैं।

कुछ उदाहरणों या दृष्टान्तों से बात ज्यादा स्पष्ट होगी। सेना के एक वरिष्ठ अधिकारी ने बताया 'जब मैं स्कूल में था तो बड़ा फिसड्डी था, लेकिन जब मैं सेना में आया तो मेरे आकाओं ने मुझे ग्रेड वन का आदमी आँका।' सारा

दारोमदार इसी बात पर है कि आप किस प्रकार अपने को पेश करते हैं। कैसे लोगों के साथ बर्ताव करते हैं, काम करते हैं, दूसरों को प्रेरणा देते हैं या दूसरों का नेतृत्व करते हैं और मुझे अपने कार्यस्थल पर इस तथ्य में काफी दम लगा। एक वरिष्ठ प्रशासक का कहना है 'कई जवान अफसर आलोचना बर्दाश्त नहीं कर पाते। वे बेहद संवेदनशील होते हैं और उनका अहम बहुत भंगुर होता है। जब उनके वरिष्ठ अफसर उन्हें फीडबैक देते हैं उनकी सेवा के बारे में तो वे या तो बचाव की मुद्रा में आ जाते हैं या आक्रामक हो जाते हैं। उन्हें फीडबैक एक व्यक्तिगत आक्रमण-सा लगता है।'

यदि ऐसी परिस्थितियों में आपका उत्तर 'नहीं' है तो समझें कि आपकी समस्या का बहुत कुछ निदान हो गया। आप एक सामान्य, औसत विचारशील व्यक्ति हैं जिन्हें परिवार, स्कूल तथा कार्यक्षेत्र ने प्रशिक्षित किया है, जो आई. क्यू. (दिमाग) की कद्र करते हैं और ई.क्यू. (हृदय) की कद्र घटाते हैं। आपको बताया गया है कि अपनी भावनाओं-संवेदनाओं और जुनूनों को दबाकर रखो और शरीर की जरूरत या चाह समझने के लिए दिल नहीं दिमाग की राय सुनो यानी अपने आई.क्यू. की मानो ई.क्यू. की नहीं। सत्य यह है कि यदि आज स्वयं से संतुष्ट या सहज नहीं तो आप कहीं भी सहज नहीं होंगे, कार्यस्थल सहित! लेकिन जब आप अपने भावनात्मक पक्ष को स्वीकार लेंगे तो आपको अपने काम या कार्यक्षेत्र के हर पहलू से लाभ मिलेगा।

आपने शायद महसूस किया हो कि अपनी भावनाओं को नकारने की आप बहुत बड़ी कीमत चुकाते हैं-यह कीमत है स्वयं को इन भावनात्मक क्षमताओं से वंचित करना, जो आपको एक स्वस्थ, संतोषप्रद और सम्पूर्ण जीवन के लिए चाहिए। बेशक आई.क्यू. से आप दुनिया को एक सतह पर समझ सकते हैं, लेकिन दूसरों के साथ निर्वाह करने और सामंजस्य बैठाने के लिए आपको भावनाओं का सहारा लेना ही पड़ेगा। चाहे "शैक्षिक रूप" से आप कितने भी चतुर और स्मार्ट क्यों न हों, दूसरों के साथ आगे बढ़ने के लिए आपको भावनाओं की दरकार तो रहेगी ही। यदि आप अपनी भावना को नकारेंगे तो दूसरे की भावनाओं को कैसे समझ पाएंगे? न आप इनको समझेंगे, न पहचानेंगे, न ईमानदारी के साथ बर्ताव कर सकेंगे। दूसरों की करनी का आधार तो भाव ही है। यदि भावनाओं का ऐसा परित्याग रहेगा तो आप सदैव विमूढ़-सा महसूस करेंगे और खुद का भी अहसास कम होने लगेगा।

अपनी भावनाओं को समझना किसी कमजोरी का लक्षण कतई नहीं होता। आप पुराने नियमों के तहत, अपनी भावनाओं को प्रकट करने में बड़े सचेत रहेंगे

कि किससे कितना और कब भाव प्रकट करें। ऐसा इसलिए है क्योंकि आपको यही बताया गया है "यदि रुलाई आ रही है तो दूसरों के सामने मत रोओ। जब गुस्सा आए तो अपनी जबान ही चबा लो।" चाहे चोट भले ही लग जाए, परन्तु मुस्कराते रहो। दुर्भाग्यवश ऐसे अभिनय कुछ काम नहीं आते और लौटकर चोट ही करते हैं। जब भावनाओं का ज्वार उठे तो मस्तिष्क, हृदय, शरीर और आत्मा को उनका अनुभव होने देने में स्वास्थ्य अच्छा रहता है। नहीं तो ये भावनाएं स्वयं पर आघात करने लगती हैं। ज्यादातर तीव्र भावनाएं ज्यादा देर तक टिकती नहीं। यदि आप अपनी भावनाओं का दमन नहीं करेंगे तो आपका दिमाग साफ रहेगा, हृदय में संतोष रहेगा और इस प्रकार आप लड़ते रहेंगे तो वे रह-रहकर आपको कचोटती रहेंगी।

आगे पढ़ने से पूर्व कुछ सादा प्रश्नों का उत्तर दें:

- क्या इस वक्त आपको अपना व्यक्तिगत और व्यावसायिक जीवन संतोषप्रद प्रतीत हो रहा है?
- क्या आप अपने सारे वांछित लक्ष्य प्राप्त कर चुके हैं?
- क्या आप अपने मित्रों की संख्या और मित्रता की गहराई से संतुष्ट हैं?
- क्या आपका विवाह आत्मीयता और सहारे के रूप में वैसा ही रहा जैसा आपने सपना देखा था?
- क्या कार्यस्थल पर आपको पदोन्नति इसी तत्परता से मिली जिसके आप योग्य थे?
- क्या दुनिया में आप सहज रहते हैं या थोड़ा असहज महसूस करते हैं?

यदि आप स्वयं में सहज नहीं तो कार्यस्थल पर भी असहज ही रहेंगे।

मार्शमैलो का प्रयोग

बीसवीं शताब्दी के दौरान ज्यादातर वैज्ञानिक मस्तिष्क की बाहरी शक्तियों हार्डवेयर पॉवर्स ऑफ दी ब्रेन की पूजा करते रहे परन्तु हृदय की आन्तरिक शक्तियों (सॉफ्टवेयर पावर्स) पर ज्यादा ध्यान नहीं दिया गया। स्टैनफोर्ड विश्वविद्यालय के मनोवैज्ञानिक वॉल्टर मिशैल ने इस चुनौती को स्वीकार किया और भावनात्मक बुद्धिमत्ता के महत्त्व का अध्ययन किया। हमारी तरह वे भी कुछ परेशान करने वाले प्रश्नों का उत्तर जानना चाहते हैं-

परितोषण में देरी करने की क्षमता एक महान योग्यता है; यह दिमाग की तर्क-वितर्क शक्ति की आवेगी शक्ति पर विजय है।

क्यों कुछ लोगों में जीवन को सुखी बनाने का हुनर होता है? क्यों कक्षा का सर्वाधिक स्मार्ट लड़का सबसे ज्यादा पैसे वाला नहीं हो पाता? क्यों कुछ लोग मिलते ही प्रिय लगने लगते हैं और कुछ लोग शुरू से ही अप्रिय लगते हैं? क्यों कुछ लोग परेशानियों में भी प्रफुल्लित नजर आते हैं और कुछ बुरी तरह विचलित होकर उनमें डूबे हुए से लगते हैं? संक्षेप में कहें तो हृदय और मस्तिष्क के वे कौन-से गुण हैं, जो सफलता का निर्धारण करते हैं? मिशैल ने तय किया कि बच्चों पर कुछ मनोवैज्ञानिक प्रयोग कर निहित सत्य को उद्घाटित करेंगे।

मिशैल ने चार साल के बच्चों के एक समूह में से सबको याशमैलोज (एक तरह की मिठाई) दी और इस कक्षा से खुद बाहर चले गए। वे सब बच्चों से वादा कर गए कि पन्द्रह से बीस मिनट बाद वापस आएंगे और यदि तब तक जिसने यह मिठाई नहीं खाई, उसको पुरस्कार स्वरूप दूसरी मिठाई मिलेगी, लेकिन सब बच्चों ने यह बात नहीं मानी। कुछ तो अपनी मिठाई फौरन ही खा गए। कुछ ने कुछ इन्तजार तो किया पर शीघ्र ही अपनी मिठाई खा ली, यह सोचकर कि दूसरी के चक्कर में पहली के सुख से क्यों वंचित रहें? जो हाथ में है उसका आनन्द लो, दूसरी का क्या इन्तजार करना जिसकी सिर्फ आशा ही है। इनमें कुछ बच्चे ऐसे भी थे जिन्होंने आंखें बन्द कर यह कल्पना की कि यह मिठाई वे खा रहे हैं और वास्तव में मिशैल का इन्तजार करते रहे। वहाँ कुछ ऐसे भी बच्चे थे, जो विचारों के प्रलोभन में कतई नहीं आए और मिठाई को छुआ भी नहीं, जब तक कि मिशैल वापस नहीं आ गए। इस प्रयोग ने आगे यह भी रिपोर्ट दी कि कुछ बच्चे बिल्कुल अलग तरह से सोचते रहे। उन्होंने गाना गाया, पैरों से थपकी दी और कल्पना की कि मिशैल एक बादल का झोंका है जो फिर आएगा। इस प्रकार उन्होंने बगैर मिठाई की तरफ ध्यान दिए वक्त बिताया। एक दिलचस्प तथ्य यह भी था कि एक बच्चे ने तो मिठाई हाथ में लेकर झपकी भी ले ली। मिशैल का निष्कर्ष था कि बच्चों के बीच का अंतर उनमें मूड या मानसिकता द्वारा उनकी भावनात्मक बुद्धिमत्ता को प्रकट कर रहा था। क्या यह प्रयोग वाकई में भावनात्मक बुद्धिमत्ता मापने के लिए एक आधारभूत नाप की इकाई प्रस्तुत कर रहा था? भावनात्मक बुद्धिमत्ता के महत्त्व को स्थापित करने के लिए यह प्रयोग क्या तथ्य प्रकट करता था?

बारह या चौदह वर्षों के बाद जब मिशैल इस प्रयोग के बचे हुए चरणों को पूरा कर रहा था तो मालूम पड़ा कि जो बच्चे अपनी कामना पर विजयी

रहे और मिठाई से दूर रहे, वे सामाजिक रूप से ज्यादा सक्षम सिद्ध हुए। उनमें अपना प्रभाव दिखाने का ज्यादा माद्दा रहा और वे जीवन की हताशाओं को अधिक धैर्य से झेल सके। वे बच्चे जिन्होंने दूसरी मिठाई पुरस्कार स्वरूप अर्जित की, अपनी आकांक्षापूर्ति को टालने में ज्यादा कामयाब रहे और इस प्रवृत्ति को उन्होंने अपने लक्ष्य प्राप्त करने के लिए भी प्रयुक्त किया। जिन्होंने अपनी मिठाई तुरन्त खा ली थी, बाद में जाकर ज़िद्दी, अनिर्णय में झूलने वाले और दबाव झेलने वाले किशोर बने। जिन्होंने चार वर्ष की आयु में आत्मसंयम दिखाया और मिठाई नहीं खाई, बाद में जाकर वे ज्यादा सफल हुए, यद्यपि उनका आई.क्यू. ऐसा नहीं कहता था। इस प्रयोग में इच्छापूर्ति की चाह को विकसित करना एक महत्त्वपूर्ण दक्षता के रूप में प्रकट हुआ जिसने दिमाग की, तर्क शक्ति की, हृदय की भावनाओं पर विजय स्थापित की। इस शास्त्रीय प्रयोग से निष्कर्ष यही निकाला गया कि पुरस्कार की चाह को विलम्बित रखना, वह एकमात्र योग्यता है जो मनोवैज्ञानिकों के अनुसार जीवन में सफलता की निश्चित द्योतक है। मिशैल के इस प्रयोग ने यह स्पष्ट दिखाया कि आई.क्यू. टेस्ट में भावनात्मक बुद्धिमत्ता का प्रभाव प्रकट नहीं होता और इसको अलग से एक भिन्न दृष्टिकोण से मापने की जरूरत है। मिशैल के इस प्रयोग से यह जरूर साबित हो गया कि जीवन में सफलता दिलवाने में भावनात्मक बुद्धिमत्ता का सबसे ज्यादा हाथ होता है।

ई.क्यू. की पृष्ठभूमि पर यह पेपर अमेरिका में 1960 में काफी प्रचारित किया गया था। इस शास्त्रीय प्रयोग के निष्कर्ष हमें ई.क्यू. को अच्छी तरह समझने में काफी मदद करते हैं।

कार्यस्थल पर आरामदेह महसूस करना सम्भव नहीं है यदि आप अपने आप में आरामदेह नहीं हैं।

ई.क्यू. से जीवन में फर्क आता है

इमोशनल क्वोशेन्ट (भावनात्मक लब्धि) आई.क्यू. के साथ समान रूप से क्रियाशील रहता है। जो श्रेष्ठ प्रदर्शन दिखाते हैं, उनमें दोनों का प्रभाव एक साथ आता है। काम या जॉब जितना ज्यादा जटिल होगा, भावनात्मक बुद्धिमत्ता की उतनी ही जरूरत पड़ेगी क्योंकि इन योग्यताओं में कोई कोताही उस व्यक्ति के अन्दर उपलब्ध तकनीकी विशेषज्ञता को बाधित कर देगी। कार्य स्थल पर जितने व्यक्ति कार्यरत हैं, ई.क्यू. की शाखाएं उन्हीं के अनुसार फैलती जाती हैं। उदाहरणार्थ, एक मैनेजर जिसे यह नहीं ज्ञात कि उसके होने का दूसरों पर क्या असर पड़ रहा है, कार्यस्थल पर एक चलती-फिरती घोर

विपत्ति का स्वरूप है। एक किस्सा है कि एक मैनेजर ने अपने कार्यकर्ताओं को इतनी बुरी तरह हड़का दिया कि उन्होंने उसे कभी ईमानदारी से 'फीडबैक' ही नहीं दिया।

शोध यह बताता है कि आई. क्यू. किसी व्यक्ति की सफलता में केवल 20 प्रतिशत योगदान दे पाता है। शेष भाग ई. क्यू. के द्वारा दिया जा सकता है, जैसा कि चित्र 1.1 से प्रदर्शित होता है।

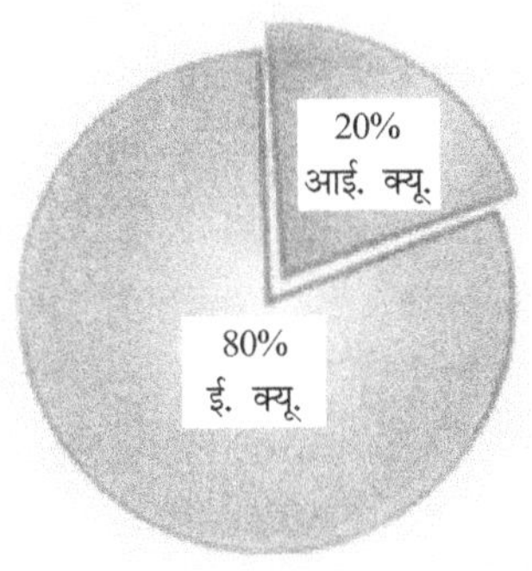

चित्र 1.1: व्यक्ति के जीवन में सफलता के सूचक

> *एक प्रबंधक, जो यह नहीं जानता कि उसका दूसरों पर क्या प्रभाव पड़ रहा है, कार्यस्थल पर एक चलती-फिरती घोर विपत्ति है।*

यह देखकर ताज्जुब होता है कि स्कूल, कॉलिज व अन्य संस्थान की पढ़ाई में आई.क्यू. पर इतना कुछ जोर दिए जाने के बावजूद जीवन में उसके कार्य या उपलब्धि में इसका कितना कम हाथ होता है। इतना अधिक जोर और सफलता में प्रतिशत सहयोग मात्र 20 प्रतिशत। जबकि ई. क्यू. पर कोई तवज्जो नहीं और इसका योगदान 80 प्रतिशत। दूसरे शब्दों में यह कहा जा सकता है अकेले आई.क्यू. का सफलता या असफलता में कोई हाथ नहीं होता। उदाहरण के लिए विधि, चिकित्सा, शिक्षण और व्यापार के क्षेत्रों के हार्वर्ड स्नातकों के अध्ययन से पता चला कि वहाँ की जो प्रवेश की परीक्षाएं होती थीं- वे आई.क्यू. का ही एक प्रतिरूप थीं, उनका बाद में कैरियर की सफलता में शून्य या ऋणात्मक योगदान ही था। इसकी अपेक्षा जिनका आई.क्यू. बहुत सीमित था उन्होंने विभिन्न कतिपय क्षेत्रों में बड़ी सफलता पाई-क्योंकि उनका ई.क्यू. ज्यादा बढ़ा-चढ़ा था। एम.बी.ए. प्रोग्रामों, इन्जीनियरिंग, कानून या चिकित्सा के क्षेत्र या अन्य व्यावसायिक क्षेत्रों में

ज्यादातर जोर आई.क्यू. पर ही दिया जाता है, जबकि इन क्षेत्रों में ई.क्यू. का अन्तिम सफलता दिलवाने में बड़ा योगदान होता है।

जो भावनात्मक बुद्धिमत्ता की चोटी या आधार पर होते हैं, उनके बीच का फर्क काफी ज्यादा होता है। जो शीर्ष पर होते हैं, उन्हें एक प्रतिस्पर्धात्मक लाभ निश्चित रूप से प्राप्त होता है। इसलिए यह कहना समीचीन होगा कि 'सौम्य' (सॉफ्ट) दक्षता का जटिल क्षेत्रों की सफलता में बड़ा महत्त्व होता है। तर्क यह दिया जाता है कि अकादमिक आचरण, स्कूलों के अंक या बड़े शिक्षण संस्थान में उच्च वर्ग इत्यादि यह कतई नहीं बता सकते कि फलाँ आदमी फलाँ नौकरी पर कैसा काम करेगा या वह सफल भी हो पाएगा कि नहीं, जबकि ई.क्यू. से व्यक्ति के उन गुणों पर प्रकाश पड़ता है कि वह कैसे दूसरों से निभाएगा और कैसे काम करेगा या सिर्फ इतना योग्य ही होगा कि अपने पद मात्र को कायम रख सके। ये सब आँकड़े व्यक्ति की व्यक्तिगत और सामाजिक योग्यताओं का हवाला देते हैं, जो भावनात्मक बुद्धिमत्ता के मूल संघटक हैं।

आपने यह देखा होगा कि ई.क्यू. के दो बिल्कुल अलग दृष्टिकोण समाज में व्याप्त हैं। एक ओर 'परम्परावादी' हैं जिनके अनुसार, भावना कार्य क्षेत्र में एक ऋणात्मक भूमिका निभाती है, दूसरी ओर 'आधुनिकतावादी' हैं, जो कहते हैं कि नहीं भावना की भूमिका पूरी तरह धनात्मक होती है। ई. क्यू. के प्रभाव का मूल्यांकन परम्परावादी कार्मिकों व आधुनिक कार्मिकों के बीच अंतर स्पष्ट करके किया जा सकता है। तालिका 1.1 में ये प्रभाव दर्शाये गए हैं।

तालिका 1.1: परम्परावादी बनाम आधुनिकतावादी

परम्परावादी मानते हैं कि	*आधुनिकतावादी मानते हैं कि*
भावनाएं भटकाती हैं	भावनाएं प्रेरणा देती हैं
हमें कमजोर बनाती हैं	हमारे अन्दर विश्वास बढ़ाती हैं
हमारे विवेक को धूमिल करती हैं	हमारे विश्लेषण को गति देती हैं
उन्हें नियंत्रित करना आवश्यक है	विश्वास जगाती हैं
ऐसी सूचना को रोका जाए	हमें फीडबैक प्रदान करती हैं

इस मुद्दे पर और गहराई से नजर डालने के लिए हम दो आई.ए.एस. अफसरों की कथा सुनते हैं।

दो आई.ए.एस. अफ़सरों की कथा

रवि और सुनील का भारतीय प्रशासनिक सेवा या आई.ए.एस. में लगभग एक ही समय चुनाव हुआ था और उनकी अर्हताएं भी लगभग समान ही थीं। मशहूर स्कूलों और विश्वविद्यालयों से वे लगभग एक समान ही औसत परन्तु ऊँचे अंक लेकर निकले थे और उनके प्रोफेसरों ने उनकी खुलकर अनुशंसा की थी। आई.ए.एस. ट्रेनिंग एकेडमी में भी उन्हें समान व्यावसायिक प्रशिक्षण मिला, लेकिन जैसे ही वे अपने पदों पर बतौर मजिस्ट्रेट पहुँचे सारी समानताएं तुरंत खत्म हो गईं।

रवि का शिक्षण-वृत काफी प्रभावशाली था। अकादमिक रूप से वह काफी तेज था और परीक्षा में टॉप स्कोरर था। अपने स्कूल व कॉलेज के दिनों वह एक प्रतिभासंपन्न एवं सृजन क्षमता वाला विद्यार्थी माना जाता था, लेकिन उसका आचरण ऐसा ही था मानों अभी वह हाई स्कूल भी पास नहीं कर पाया हो। रवि की समस्या थी अपनी असाधारण प्रतिभा के घमण्ड में काफी अहंकारी होना। फलस्वरूप अपनी अकादमिक योग्यताओं के बावजूद वह लोगों को भड़का देता था- खास तौर पर उनको जो उसके साथ कभी काम कर चुके हों। वह अपने कंप्यूटर स्क्रीन से चिपका बैठा रहता था, खूब सारे तकनीकी और प्रशासनिक दस्तावेजों का अध्ययन करता रहता था यथा प्रशासनिक तंत्र के नियम और कायदों के बारे में। उसके सहयोगी उसे कभी-कभार ही मिलते-जुलते देखते थे। औपचारिक बैठकों के अलावा वह कभी नहीं बाहर जाता था। उसका स्वभाव एक दुनिया छोड़े हुए साधू की तरह का था। वह समझता था कि उसकी प्रशासनिक और तकनीकी क्षमता का ही उसकी नौकरी में सर्वाधिक महत्त्व है। अपने घमण्डी और दबंग स्वभाव के कारण लगभग हर छह महीने में उसका तबादला कर दिया जाता था, कभी-कभी तो दोयम दर्जों के पदों पर भी। उसे स्वयं ताज्जुब होता था कि उसकी इतनी योग्यता के बावजूद उसके साथ ऐसा क्यों होता है।

दूसरी तरफ सुनील की कार्य-शैली बिल्कुल अलग थी। वह भी अकादमिक रूप से काफी तेज था और लिखित परीक्षा में रवि से एकाध स्थान ही नीचे रहा था। उसे लोगों के साथ निबाह करना खूब आता था। उसके साथ जो काम करता, उसे पसंद करने लगता। कुछ वर्षों की सेवा के बाद सुनील को एक "सफल अफसर" समझा गया। वह न सिर्फ अपने काम में जुटा रहता वरन् खाली समय में अपने सहयोगी अफसरों से खूब मेल-मुलाकात करता।

उनके बारे में जानता, उनकी समस्याएं सुनता और उनके कामों के बारे में भी उत्सुकता दिखाता था। जब किसी को सहायता की आवश्यकता होती, वह आगे बढ़कर जो कर सकता था, करता। जब कभी उस पर किसी सेवा का अतिरिक्त भार सौंपा जाता तो वह बड़े उत्साह और शान से वे काम भी निबटाता। वह मानता था कि सबके लिए स्वीकार्य बनने के लिए जरूरी है सबकी सहायता करना। सभी लोगों के बीच उसकी अच्छी निभ जाती थी।

अपनी सेवा के कुछ वर्षों के पश्चात् यद्यपि रवि बतौर प्रशासक थोड़ा बेहतर माना गया, परन्तु सुनील दल में सबके साथ काम करने, आगे बढ़कर पहल करने के कारण ज्यादा तेजी से बढ़ा। रवि की यह समझ में नहीं आया कि सबसे सम्बन्ध बनाए रखना और दोस्ती निभाना इस नौकरी में सबसे जरूरी गुण होते हैं। उसके साथी अफसर यह तो मानते थे कि बतौर प्रशासक वह पूरी तरह योग्य है, परन्तु दल के साथ काम नहीं कर सकता। इसके विपरीत, सुनील की यही खूबी थी। वह भावनात्मक बुद्धिमत्ता और सबके साथ निभाने की क्षमता में बहुत आगे रहा। यदि रवि को अपनी अकादमिक क्षमता का सही इस्तेमाल करना था तो जरूरी था कि वह अपनी भावनात्मक क्षमता पर भी महारत हासिल करता।

वस्तुतः किताबी ज्ञान में महारत रखना और उस ज्ञान का पूरी तरह व्यावहारिक उपयोग कर पाना–दो अलग–अलग योग्यताएं होती हैं। किसी विषय का ज्ञान होने का मतलब उसे व्यवहार में लाना नहीं होता चाहे वह किसी खेल में हो या किसी सेवा में। सही समय पर सबको साथ लेकर सही निर्णय कर पाना हर क्षेत्र में आवश्यक है। मूल बात यही है कि रवि में भावनात्मक बुद्धिमत्ता की कमी थी, जो सुनील में प्रचुरता से थी। इसीलिए पारंपरिक आई.क्यू. की महत्ता की तुलना में आधुनिक ई.क्यू. का ज्यादा महत्त्व होता है। ऐसा व्यक्ति सिर्फ जानता ही नहीं, अपने काम को सही प्रकार से करने की क्षमता भी रखता है। अब यह आप पर निर्भर है कि आप किसको ज्यादा महत्त्व देते हैं।

वास्तव में ई.क्यू. है क्या?

आजकल ई.क्यू. या भावनात्मक लब्धि की बहुत बातें होने लगी हैं। तमाम पत्रिकाएं और इंटरनेट आपको ई.क्यू. के बारे में आगाह करते रहते हैं और इनके टेस्ट सुझाते रहते हैं। यह भी बताते हैं कि कैसे चीफ एक्जीक्यूटिव ऑफिसर ई.क्यू. के बारे में पाठ पढ़ रहे हैं और कैसे कार्य करने वाले यह

भावनाएं मानवों की चेतावनी प्रणाली होती हैं जो उनको सावधान कर देती हैं कि उनके चारों तरफ सचमुच क्या हो रहा है। ये मानव मन की जटिल अवस्थाएं हैं जिनमें एक तरफ तो शारीरिक बदलाव होते हैं तथा दूसरी तरफ मनोवैज्ञानिक बदलाव होते रहते हैं।

सीख रहे हैं कि अपने आकाओं से कैसे निबाहें। माँ-बाप भी जानना चाहते हैं कि किस प्रकार वे अपने बच्चों की मानसिकता या भावनाएं समझकर उनका सही प्रकार से पालन-पोषण कर सकें। पति-पत्नी भी आपसी समझ के लिए ई.क्यू. का ज्ञान लेना चाहते हैं। युवा वर्ग अपने दोस्तों का दायरा बढ़ाने के लिए इस ज्ञान का आधार समझना चाहते हैं। सभी चाहते हैं कि वे अपनी लोकप्रियता बढ़ाएं और सबके प्रिय बनें-चाहे प्रबन्धक गण हों या माँ-बाप, पति-पत्नी, बच्चे या युवा वर्ग। शिक्षक भी चाहते हैं कि उनका उनके विद्यार्थियों से अच्छा व्यवहार हो सके। सभी चाहते हैं कि इस ज्ञान के माध्यम से वे अपनी भावनात्मक बुद्धिमत्ता बढ़ाएं।

भावनात्मक बुद्धिमत्ता को परिभाषा में समेटने से पूर्व यह जरूरी है कि हम पहले समझ लें कि 'भावना' क्या चीज है। यूँ तो 'भावना' क्या है, इसका सहज प्रज्ञात्मक ज्ञान हम सभी को है, लेकिन मनोवैज्ञानिकों के लिए इसका कोई एक निश्चित सिद्धान्त नहीं है। इसकी अलग-अलग परिभाषाएं दी जाती हैं। भाव वे हैं, जो भावनाओं को अनुभूति के बाद अभिव्यक्त होते हैं। यद्यपि मनोवैज्ञानिक अलग-अलग परिभाषाएं देते हैं, परन्तु यह सभी मानते हैं कि 'भावना' मानव मस्तिष्क की एक जटिल स्थिति है जिसमें कई भौतिक क्रियाओं यथा साँस लेना, चेहरे का तमतमाना, दिल की धड़कन बढ़ना, नब्ज का तेज होना और ग्लैण्ड्स से हारमोनों की निःसृति भी शामिल है। मानसिक रूप से यह एक उत्तेजक और क्षुब्धकारी अवस्था है जिसका कारण तीव्र भाव होते हैं।

भावना की शुरुआत विशेष परिस्थितियों में पड़ने से होती है। भावना जब सोच के साथ जुड़ जाती है तो भाव का सृजन करती है। वस्तुतः ये भाव मानव मन की प्रतिक्रिया होते हैं, जो उसके आस-पास घटित होने वाली परिस्थितियों के प्रति चेतावनी भी देते हैं। भावनाएं हमारे मन के वे जाइरोस्कोप हैं, जो हमें सही मार्ग चुनने हेतु मार्गदर्शन करते हैं जिसमें ई.क्यू. का काम आई.क्यू. से कहीं ज्यादा होता है। हम सबके लिए आवश्यक है कि अपनी भावना का सृजन करें। किसी भी परिस्थिति में हमारी प्रतिक्रिया हमारे सोचे गए विचारों से होती है, जो हमारी समझ के अनुसार निर्देशित होती है। जब हम अपनी धारणा और मान्यताओं के अनुरूप अपनी समझ को स्पष्ट करते हैं तो अपने

जीवनयापन के ढंग का चुनाव कर रहे होते हैं। हम अपने विचारों, भावनाओं और कार्यों के प्रति जिम्मेदार होते हैं और अपने मन में ही उनके प्रति जवाबदेह बनते हैं। वस्तुतः भावना कई भावों को अपने में समेटने वाली 'छतरी' है जिसमें शामिल हैं स्थितियां, उनकी व्याख्याएं और उनकी समझ तथा उनके प्रति हमारे भावों की प्रतिक्रिया।

शब्दकोशीय उदार अर्थों में भावना की परिभाषा हैः 'वह आलोड़न या विक्षोभ जो दिमाग की शांति को भंग करे और उसे उत्तेजित कर दे।' भावना का ज्यादातर हवाला विशिष्ट विचारों के साथ होता है, जो हमारी मनोवैज्ञानिक या जैविक प्रकृति के सहज झुकावों द्वारा प्रतिफलित होती है। साधारणतया भावनाओं के दो स्पष्ट आयाम माने जाते हैंः

दैहिक या शारीरिक आयाम	*मनोवैज्ञानिक आयाम*
भावना मानव मस्तिष्क की एक जटिल स्थिति का प्रतिफल है जिसमें श्वसन, दिल की धड़कन, चेहरे का तमतमाना, हथेलियों का पसीजना, नब्ज का बढ़ना, ग्लैण्ड्स से हार्मोनों का निःसृत होना शामिल है।	भावना एक प्रकार की उत्तेजना या विक्षोभ है जिससे तीव्र भाव पैदा होते हैं। भावना का प्रतिफल भाव में प्रकट होता है।

भावनाएं सैकड़ों प्रकार की होती हैं जिनके थोड़े-बहुत परिवर्तन के साथ असंख्य रूप बनते हैं। विभिन्न संस्कृतियों के अध्ययन से कई विशिष्ट भावनाओं को छाँटा गया है जिनका विस्तार सार्वभौमिक है। वास्तव में इनमें इतनी विविधता है कि शब्दों में समेटी नहीं जा सकती। नीचे कुछ विशिष्ट भावनाओं का विवेचन किया गया है-

क्रोधः गुस्सा, आक्रोश, परेशानी, वैमनस्य, विक्षोभ, चिड़चिड़ापन, खँखारना इत्यादि जो अन्ततः घृणा और हिंसा को जन्म देते हैं।

अवसादः दुःख, एकाकीपन, शोक, खिन्नता, गमगीन होना, एकरसता, आत्म-दया का भाव, तन्हाई, घोर निराशा, हताशा और विषाद।

चिन्ताः भय, डर, घबराहट, गड़बड़ी, खराब मनोदशा, सतर्कता, बेचैनी, आतंक जो मनोवैज्ञानिक और दैहिक रूप से भीति या संत्रास बनकर उभरते हैं।

प्रसन्नता: आनन्द, हर्ष, चैन, संतुष्ट आह्लाद, मनोरंजन, गर्व, इन्द्रिय लब्ध सुख, रोमांच, संतोष, संतुष्ट, उन्माद जो अन्ततः एक प्रकार का जुनून या पागलपन बन जाता है।

प्रेम: स्वीकार्यता, आपसी आकर्षण, दोस्ती, भरोसा, दयालुता, निकटता, भक्ति, प्रशंसा और कामोह।

आश्चर्य: झटका, विस्मय, अद्भुत महसूस करना, चमत्कार।

वितृष्णा: तिरस्कार, दया, विरक्ति, अपमान, घृणा, एकर्षी (अलच्छि), बेस्वाद और वमन सदृश अनुभूति

शर्मसार करना: लज्जित करना, अपराधबोध पैदा करना, पश्चात्ताप, खेद, ग्लानि और ज़लालत का बोध।

यह निश्चित है कि यहां प्रस्तुत फेहरिस्त भावनाओं के वर्गीकरण के हिसाब से पूर्ण नहीं है। यह हो भी नहीं सकती, क्योंकि कई भावनाएं इसमें नहीं आ पाई हैं यथा ईर्ष्या जो गुस्से का ही एक प्रकार हो सकता है जिसमें भय व दुःख जुड़े हों या आशा, भरोसा, साहस, क्षमा और सबके प्रति समरसता का भाव या कुछ शास्त्रीय दुर्भाव यथा शक, शीघ्र आत्म-संतुष्टि का भाव और बोरियत! वस्तुतः इन भावनाओं का कोई स्पष्ट उत्तर तो नहीं है तथा मनोवैज्ञानिकों में यह चर्चा अभी भी जारी ही रहती है और शायद रहेगी भी।

भावनाएं हमारे आस-पास के संसार को दी गई हमारी प्रतिक्रियाएं हैं, ये हमारे विचारों, संवेदनाओं और कार्यों के संयोजन से उत्पन्न होती हैं। कई सौ प्रकार की भावनाएं होती हैं। इनके अलावा, उनके कई सम्मिश्रण, विभिन्न प्रकार, विकार तथा सूक्ष्मभेद होते हैं।

अब जब भावनाओं का हमें काफी कुछ ज्ञान हो गया है तो इन्हें हम रोजमर्रा के जीवन में नीचे दिए गए कुछ सादा वक्तव्यों से स्पष्ट करेंगे-

- मेरा आका सदैव लड़ाकू मूड में रहता है।
- प्रोडक्शन मैनेजर सदा दूसरों को कोंचता रहता है।
- मैनेजर दूसरों के भावों को समझ ही नहीं पाता।
- बिना दूसरों की परवाह किए अफसर यूँ ही सब कुछ तपाक से बोल देता है।
- वह अपने सहयोगियों से ईर्ष्या करती है।
- उसका भरोसा मत करना, वह महा-जुगाड़ू है।
- प्रबन्धन अपने कर्मियों की भावना समझ ही नहीं पाया।

- नया मैनेजर बहुत जल्दी बुरा मान जाता है और हर चीज को अपने ऊपर ले लेता है।

ये वक्तव्य विभिन्न भावनाओं को प्रकट करते हैं, जो व्यक्तित्व की विशेषता के भी द्योतक हैं। ये किसी व्यक्ति (या व्यक्तियों) के खास मूड (मनोदशा), प्रकृति, जीवनयापन के ढंग अर्थात् पूरे व्यक्तित्व के मूलभूत भावों के उद्‌गार हैं। इनसे ज्ञात होता है कि ई.क्यू. उस योग्यता का नाम है जिसके माध्यम से लोगों का व्यक्तित्व निखरता है: यथा उन्हें क्या प्रेरणा देता है, वे कैसे काम करते हैं और उनके लक्ष्य क्या हैं। दूसरे शब्दों में अब हमारी समझ में आता है कि सफल राजनीतिज्ञ, प्रशासक, पेशेवर लोग और नेतागण किस प्रकार अपने उच्च ई.क्यू. के द्वारा अपनी उपलब्धियां प्राप्त करते हैं और कैसे बुद्धिमान लोग भी ई.क्यू. के निम्नस्तरीय होने के कारण किसी सामाजिक व्यवस्था में फिट नहीं हो पाते।

ई.क्यू. को और गहराई से समझने के लिए अपने व्यक्तित्व के दो स्पष्ट भावों की कल्पना कीजिए- (क) सोचने वाला भाग (ख) महसूस करने वाला भाग, जैसा कि चित्र 1.2 में दिखाया गया है।

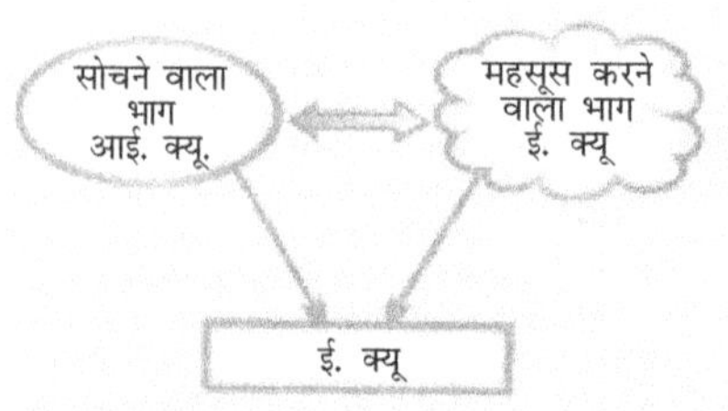

चित्र 1.2: व्यक्तित्त्व

जब इनमें मतभेद हों तो ये दोनों हिस्से एक-दूसरे से संप्रेषण स्थापित कर संवाद करते हैं। इन दोनों में जितना ज्यादा सामंजस्य होगा, उतना ही ई.क्यू. बढ़ेगा। मूलत: इन दोनों का संयोग ई.क्यू. बनाते हैं।

क्या आप भावनात्मक रूप से बुद्धिमान हैं?

कई लोग असाधारण रूप से प्रतिभासंपन्न, तेज-तर्रार होते हैं और उनका आई.क्यू. भी बहुत ऊँचा होता है। वे आम तौर पर कम्प्यूटर, विज्ञान और गणित में उत्कर्षता दिखाते हैं, परन्तु अफसोस यह कि वे लोग ज्यादा पसन्द नहीं किए

जाते। इनमें से कई बेहद आक्रामक और बाह्य विश्व के प्रति प्रतिक्रिया में काफी नृशंस लगते हैं। उनके अन्दर दूसरों के प्रति कोई भाव ही नहीं होता। वे रिश्तों में सदा असहज महसूस करते हैं और सामाजिक रूप से स्वीकार्य नहीं प्रतीत होते। वे स्वयं ही सहज नहीं हो पाते इसलिए अपने आस-पास के लोगों को भी असहज कर देते हैं। ऐसे लोगों का कोई कनिष्ठ नहीं होता और कोई सार्थक मित्र भी नहीं बन पाता। वे सदा अपने काम में व्यस्त रहना पसन्द करते हैं और उनका पूरा जीवन एक-आयामी होकर उनके चारों तरफ ही घूमता रहता है। उन्हें यह भान ही नहीं होता कि बिना लोगों के साथ लिए जीवन पूरी तरह नहीं जिया जा सकता। ऐसी ऋणात्मक खासियत वाले लोग चाहे कितने भी उच्च आई.क्यू. वाले प्रबन्धक और तकनीकी ज्ञानवान हों, वे हमेशा एक घातक कमजोरी या अक्षमता के शिकार रहते हैं।

एक-आयामी उपकुलपति

मुझे एक दृष्टान्त याद आता है, जब एक विश्वविद्यालय के कुलपति जो प्रान्त के गवर्नर भी थे, वहाँ वार्षिक निरीक्षण हेतु पधारे। एक जमाने में वह विश्वविद्यालय भारत का 'ऑक्सफोर्ड' माना जाता था, परन्तु उस समय उसकी हालत खराब थी। पढ़ाई का स्तर गिर गया था, कार्यकर्ता निकम्मे हो गए थे और विद्यार्थी यूनियन बेहद आक्रामक। अपने निरीक्षण के दौरान कुलपति महोदय ने तय किया कि वे सबसे अलग-अलग मिलकर हाल-चाल पूछेंगे। लोगों की कई समस्याएं व शिकायतें थीं- दाखिले की प्रक्रिया से लेकर शिक्षकों के चुनाव और पदोन्नति की। इसके अलावा अलग-अलग ग्रुप अपना-अपना दबाव बना रहे थे। यूनिवर्सिटी के तुरन्त सुधार और पढ़ाई का माहौल सभी चाहते थे कि बने।

वहाँ के उपकुलपति एक तकनीकी रूप से सक्षम प्रशासक थे, जो एक प्रसिद्ध वैज्ञानिक भी थे। वे एक साल से अपने ओहदे पर थे और दो वर्ष और काम करना था। वहाँ के एक प्रोफेसर ने उपकुलपति का बखान इस तरह किया, 'वह एक निष्णात रणनीति विशारद और जीवन में योग्यता प्राप्त करने वाला व्यक्ति जरूर है, पर वह मिलते ही लोगों को डाँटने-फटकारने लगता है। वह स्मार्ट भी है परन्तु उसकी गरिमा अनुभूति दूसरों को तुरन्त लघु कर देती है। हममें से कई लोगों ने उसकी मदद करने की कोशिश की, परन्तु उसके बर्ताव में कोई परिवर्तन नहीं आया। वह अपनी मनोवैज्ञानिक कमजोरियों से वाकिफ ही नहीं होना चाहता।'

कुलपति महोदय तुरन्त उपकुलपति की समस्या समझ गए। वह एक अंतर्मुखी व्यक्ति था, जो न अपनी महत्त्वपूर्ण जिम्मेदारियां संभाल सकता था और न ही विश्वविद्यालय की सामाजिक-राजनीतिक-कार्मिक तत्त्वों से बनी संस्कृति को समझ सकता था। उपकुलपति समझता था कि यह दुनिया उन्हीं से शुरू हुई है और उन्हीं पर खत्म होगी। वह किसी को भी विश्वविद्यालय के बारे में कुछ भी राय देने की अनुमति नहीं देता था, न किसी प्रकार की आलोचना बर्दाश्त करता था। जो सकारात्मक सलाहें हों, वे भी उसे स्वीकार्य नहीं थीं। अपना ओहदा संभालने के एक महीने के भीतर ही उसने एक विचित्र तुगलकी फरमान जारी कर दिया कि ऑफिस के समय के दौरान उससे कोई नहीं मिलेगा क्योंकि वह समय काम का होता है और ऑफिस के समय के बाद वह किसी की शिकायत सुनने के लिए उपलब्ध ही नहीं होता था।

वहाँ के विद्यार्थीगण, शिक्षक और यूनियन वालों की एक ही प्रार्थना थी कुलपति से- 'कृपया उपकुलपति महोदय से कहिए कि हमसे मिल तो लें और हमारी शिकायतें सुन तो लें। यदि उनका समाधान उनके पास नहीं है, तो न सही, पर हमारी बात तो सुनें।'

कुलपति महोदय भौंचक्क थे। उन्होंने उपकुलपति से कहा- 'आप लोगों से मिलते क्यों नहीं हैं?'

'क्योंकि वे अपनी बेतुकी माँगें लेकर ही आते हैं। इसलिए उनसे मिलने में कोई फायदा नहीं।।' उपकुलपति ने अपना तर्क दिया– 'और फिर यदि इन लोगों से दूरी कायम रखी जाए तो ही ये सही रहते हैं, नहीं तो ये उग्र हो जाते हैं।' उपकुलपति का उत्तर था।

उन महोदय को आपसी सम्बन्धों की महत्ता समझाने के लिहाज से कुलपति स्वयं सबसे मिले और उनकी शिकायतें सुनीं। यह उस उपकुलपति के लिए पहला सबक था भावनात्मक बुद्धिमत्ता के क्षेत्र में। उसकी समझ में आया कि विश्वविद्यालय चलाने के लिए भी ई.क्यू. की दरकार होती है।

थोड़ा अविश्वसनीय जरूर लगता है, परन्तु सत्य यही है कि वे प्रबन्धक जो कामयाब नहीं रहते, ज्यादातर उच्च आई.क्यू. वाले ही होते हैं। उनकी सबसे बड़ी घातक कमजोरी उनकी भावनात्मक बुद्धिमत्ता को नकारना और घमण्ड के साथ अपनी दिमागी योग्यता पर निर्भरता होती है। वे टीम वर्क का महत्त्व नहीं समझ सकते। किसी भी संस्थान में कोई अकेला चना भाड़ नहीं फोड़ सकता और सबको साथ लेकर कुछ भी उपलब्ध तब होगा, जब

आप दूसरों की भावना की कद्र करना जानेंगे। आप खुद चाहे कितने ही विद्वान हों, पर अकेले आप सब कुछ प्राप्त नहीं कर सकते। आज के नए युग में जहाँ इतनी नई प्रौद्योगिकी विकसित हो रही है, नए नियम बन रहे हैं, भावनात्मक बुद्धिमत्ता की कमजोरी एक बड़ा अवगुण बनकर उभरती है। हर चीज तेजी से बदल रही है। अकेला आदमी क्या कर सकता है, यदि सबको साथ नहीं लेगा? संस्थानों में आज ई.क्यू. की जरूरत पहले से कहीं ज्यादा महसूस की जा रही है। जिन उपकुलपति का ऊपर जिक्र किया गया, वह भी यदि अपना ई.क्यू. विकसित कर लेते तो वे विश्वविद्यालय का ही नहीं अपना भी भला कर लेते।

ई.क्यू. की परिभाषाएं

रॉबर्ट कूपर (1996) : भावनात्मक बुद्धिमत्ता वह योग्यता है जिसके माध्यम से हम भावना को मानव ऊर्जा, सूचना, विश्वास, सृजनशीलता और प्रभावशीलता के साथ लागू कर उसे प्रभावी रूप से ग्रहण कर सकते हैं तथा समझ सकते हैं।

र्‍यूवेन बार-ऑन (1997) : भावनात्मक बुद्धिमत्ता प्रतिबिम्बित करती है व्यक्ति की वह योग्यता जिसके साथ वह रोजमर्रा की पारिस्थितिक चुनौतियों से जूझता हुआ अपने जीवन की सफलता का व्यक्तिगत और व्यावसायिक क्षेत्रों में भविष्य कथन कर सकता है।

[इन्हीं महोदय ने सर्वप्रथम शब्द 'ई.क्यू.' या इमोशनल कोशेन्ट को 1985 में गढ़ा था]

जे. मेयर और पी सैलॉवे (1997) : भावनाओं को समझने तथा विचार प्रक्रिया की सहायता कर भाव ज्ञान द्वारा भावना को नियंत्रित करने और भावों के द्वारा बौद्धिक विकास को प्रोत्साहन देने की योग्यता का नाम भावनात्मक बुद्धिमत्ता है।

डेनियल गोलमैन (1998) : वह क्षमता जिसके कारण हम अपने और दूसरों के भावों को समझकर स्वयं प्रेरणा प्राप्त कर सकते हैं और अपने भावों को बेहतर नियंत्रित कर अपने सम्बन्ध सुधार सकते हैं, भावनात्मक बुद्धिमत्ता कहलाती है। इसके द्वारा प्रदत्त योग्यता आई.क्यू. द्वारा प्राप्त संज्ञेय योग्यताओं की पूरक बनकर काम करती है।

जे. फ्रीडमैन (1998) : भावनात्मक बुद्धिमत्ता अपने सोच, भाव और कर्म को समझने की शक्ति देती है। यह दूसरों के साथ हमारी अंतरक्रिया

में सहायक होती है और हमारी खुद की प्रकृति को हम पर स्पष्ट करती है। यह हमारे ज्यादातर रोजमर्रा के कामों को निर्धारित करती है और हमारी प्राथमिकताएं तय करती है।।

दलीप सिंह (2003) : अपने आंतरिक और बाह्य जगत से पैदा होने वाले भावनात्मक उद्वेगों की सही पहचान करने वाली योग्यता भावनात्मक बुद्धिमत्ता कहलाती है, जो तीन मनोवैज्ञानिक आयामों से बनती है- भावनात्मक संवेदनशीलता, भावनात्मक परिपक्वता और भावनात्मक सामर्थ्य जो एक व्यक्ति को मानव व्यवहार को सत्य रूप से समझने, ईमानदारी से व्याख्यायित करने और संभालने की प्रेरणा प्रदान करती है।

जितेन्द्र मोहन (2003) : भावनात्मक बुद्धिमत्ता व्यक्ति की भावनात्मक एवं संज्ञेय क्षमता एवं संप्रेषणीयता के सामंजस्य द्वारा एक ऐसी अंतर्दृष्टि प्रदान करती है जिसके द्वारा हम दूसरों से भाव तादात्म्य व प्रेरणा प्राप्त कर व्यक्तिगत आशावादिता, संगठन क्षमता और आत्मविश्वास प्राप्त करते हैं।

माला कपाडिया (2004) : वैदिक मनोवैज्ञानिक परिप्रेक्ष्य में भावनात्मक बुद्धिमत्ता को मन, शरीर व आत्मा के परिवर्तन द्वारा अपनी असली संभावनाओं को समझने की क्षमता प्रदान करती है जिसके माध्यम से हम विश्व कल्याण और हर्षातिरेक प्राप्त कर सकते हैं।

विनोद सानवाल (2004) : अपनी परिस्थितियों को समझने और समस्याओं के निदान हेतु भावनात्मक जागरूकता प्राप्त करने की क्षमता का नाम भावनात्मक बुद्धिमत्ता है, जो व्यक्तिगत संज्ञेय तरीकों द्वारा हमें भावनाओं का सही उपयोग बताती है।

एन.के. चड्ढा (2005) : समस्त बुद्धिमत्ताओं का आधार भावनात्मक ही होता है। भावनात्मक बुद्धिमत्ता के द्वारा हम अपनी भावना को ऊर्जा के स्रोत की तरह प्रयुक्त कर स्वयं के निर्धारित किए हुए लक्ष्य प्राप्त करते हैं।

परमानन्द चाबुंगम (2005) : हताशा की स्थिति में अपने आवेगों पर नियंत्रण रख पाने की योग्यता का नाम भावनात्मक बुद्धिमत्ता (ई.क्यू.) है।

रवि बाँगड़ (2005) : स्वयं से और दूसरों से अपने सम्बन्धों में आशावादी परिणाम सृजित कर पाने की क्षमता का नाम भावनात्मक बुद्धिमत्ता है।

समीरा मालेकर (2005) : भावनात्मक बुद्धिमत्ता कई घटकों के संयोजन का नाम है जिसमें स्व जागरण, भावना नियंत्रण और दूसरों के साथ

भाव-तादात्म्य विकसित करने की क्षमता शामिल है और जिनसे आप लोगों से अपने संबंध दृढ़तर कर पाते हैं।

मधुमति सिंह (2006) : भावनात्मक क्षमता इस योग्यता का नाम है जिनसे आप शक से यकीन, संदेह से सशक्तीकरण तक पहुँचकर अक्षमता को क्षमता और अलगाव से संयोग की ऊर्जा एवं निराशा से आशा तक पहुँचते हैं।

आप अपना ई.क्यू. कैसे प्राप्त करते हैं?

आपकी भावनात्मक संरचना आपके ज्ञानवृद्धि करने वाले अनुभवों का प्रतिफल है। भावनात्मक क्षमताएं, योग्यताएं व अवधारणाएं अपने रोल-मॉडल्स (आदर्श व्यक्तियों) यथा शिक्षक, माँ-बाप, फिल्मी हीरो इत्यादि से प्रेरणा पाकर प्राप्त करते हैं। सामाजिक परिवेश में आप अपने अनुभवों द्वारा भावनात्मक बुद्धिमत्ता प्राप्त करते हैं। यह कभी बताया नहीं जाता कि कैसे आप स्वयं को और दूसरों को समझें और कैसे अपने आपसी सम्बन्ध निभाएं। यह सब तो अपनी समझ और अनुभव द्वारा ही सीखा जाता है। समाज में सभी लोग ज्यादातर यह मानकर चलते हैं कि आपमें भावनात्मक बुद्धिमत्ता तो होगी ही, बिना इस तथ्य को समझे कि आपका इससे सामना हुआ है कि नहीं। सत्य बात तो यह है कि इसका कभी कोई औपचारिक प्रशिक्षण नहीं दिया जाता है। इससे एक विचित्र परिस्थिति जरूर उभरती है: जब आप अपने कार्यस्थल, समाज, परिवार के सामने आते हैं तो यह माना जाता है कि आपको इसकी समझ तो होगी ही। दूसरी समस्या विकासशील समाजों में उभरकर एक स्थायी अवधारणा से पैदा होती है कि बुद्धिमत्ता का सीधा सरोकार आपकी वैचारिक क्षमता, याद्दाश्त, विश्लेषण की योग्यता, परीक्षा में उच्च अंक प्राप्त करने इत्यादि से होता है। क्योंकि, तर्क दिया जाता है कि इन्हीं से आप उच्च पद, मोटी तनख्वाहें, महलनुमा घरों की सुविधा, विदेशी लिमोजीन, सुरक्षा-सफलता या छुट्टी का पूरा आनंद प्राप्त कर पाते हैं। इसीलिए लोग अपना आई.क्यू. बनाने में जी-तोड़ मेहनत करते हैं और ई.क्यू. पर कतई ध्यान नहीं देते।

सम्पूर्ण विश्व में पहले 10 से 15 साल तो शैक्षणिक दक्षताएं प्राप्त करने के लिए ही होते हैं। इस प्रक्रिया में भावनात्मक विकास पर कतई ध्यान नहीं दिया जाता, न व्यक्तिगत जीवन के लिए और न व्यावसायिक जीवन के लिए। दुर्भाग्य ही है कि हम अपनी आने वाली पीढ़ियों के भावनात्मक विकास के लिए कोई

सुनियोजित प्रयत्न नहीं करते। आज का औसत आदमी अपनी भावनात्मक समस्याओं के समाधान के लिए धूल में लट्ठ चलाता रहता है। आपमें से ज्यादातर का यही विचार होता है कि ई.क्यू. में सीखना क्या है, वह तो समय के साथ आ ही जाएगा। ऐसी जल्दी भी क्या है? ऐसा लगता है मानो दिल और दिमाग दो अलग-अलग खानों में बँटे रहते हैं। एक कार्यशाला में ई.क्यू. पर प्रमुख भाषण देते हुए मुझे ताज्जुब हुआ जब वहाँ भाग लेने वाली एक बड़ी फर्म के सी.ई.ओ. ने मुझसे पूछा, 'जब हममें से लगभग सभी 40 के पार हो जाते हैं, और उच्च पदों तक पहुँच जाते हैं, तब हमें अचानक इन बातों के बारे में बताया जाता है कि कैसे स्वयं को संभालो, अपने बॉस से बर्ताव करो, मातहतों से कैसा व्यवहार करो जिससे हमारे आपसी सम्बन्ध सुधरें। अपने काम को बेहतर ढंग से करने के लिए हमें इनके बारे में काफी विवरण के साथ बताया जाता है। अब यह सब प्रबन्धन-शास्त्रियों को इतना जरूरी क्यों लगने लगता है? हर कार्यशाला में इन्हीं के बारे में लैक्चर दिए जाते हैं।'

दूसरे प्रतिभागियों ने भी सुर-में-सुर मिलाते हुए कहा कि स्कूलों और कॉलेजों में हमें इतिहास, विज्ञान, गणित, रसायन शास्त्र, भौतिक शास्त्र, अर्थशास्त्र एवं भूगर्भ शास्त्र के बारे में जमकर पढ़ाया जाता है। अब जब हम यहाँ आते हैं तो बताया जाता है कि वह अकादमिक ज्ञान पर्याप्त नहीं है। हमें मनोवैज्ञानिक क्षमताएं भी विकसित करना जरूरी है क्योंकि इनके बिना जीवन की जटिल समस्याओं का समाधान हम नहीं खोज पाएंगे। हमारा प्रश्न है कि यह मनोवैज्ञानिक ज्ञान हमें पहले ही क्यों नहीं दिया जाता जिससे हमारे व्यक्तित्व का समुचित विकास हो सके। अचानक इस ज्ञान को देना क्यों आवश्यक हो गया? अब हमसे कहा जाता है कि अपने गुस्से पर काबू करना सीखो, मातहतों या वरिष्ठों के साथ सही बर्ताव के पाठ पढ़ो और दबाव को दूर करने के गुर भी जानो। कुछ और लोगों ने भी कहा कि इन क्षमताओं के बारे में वे अनौपचारिक रूप से सबक सीखते रहे हैं और अपनी समझ के अनुसार उन पर प्रयोग भी करते रहे हैं।

> *हमारा शिक्षा तंत्र आई. क्यू. पर जोर देता है, ई. क्यू. पर नहीं। हमसे ये आशा की जाती है कि हम अपने माता-पिता, समान पद वाले समूह या अन्य रोल मॉडलों से ई. क्यू सीखें।*

मेरा उत्तर यही था कि जो उन्हें अब 'महसूस' हो रहा है, वह सही है। वास्तव में यह मनोवैज्ञानिक क्षमताएं स्कूलों और कॉलेजों में प्रारंभिक अवस्थाओं में ही विकसित करना सिखाया जाना चाहिए। दुर्भाग्यवश सारे विकासशील देशों

में अभी भी सारा जोर अकादमिक क्षमताएं (आई.क्यू.) बढ़ाने पर ही दिया जाता है अपेक्षाकृत भावनात्मक (ई.क्यू.) क्षमताओं के। समय के साथ हमें अब यह महसूस होने लगा है कि भावनात्मक क्षमताओं का विकास नकारा नहीं जा सकता, बल्कि कतिपय मामलों में तो ई.क्यू. का मान आई.क्यू. से भी ज्यादा होना चाहिए। इस प्रश्न के उत्तर में कि मैं अपने बच्चे को क्या सिखाना पसन्द करूंगा, मेरा जवाब था कि मात्र एक गुण और वह है भावनात्मक रूप से साक्षर होना। बच्चे में एक यही गुण यदि विकसित हो जाए तो वह अपने मन में उठती हुई चिन्ता, निराशा, क्रोध, पीड़ा और पराभव के भाव से निजात पा सकता है। मैं अपने बच्चे को सिखाऊँगा कि जीवन में आई कठिन परिस्थितियां वास्तव में हमारे आत्मसम्मान में मजबूती लाती हैं; हमारे साहस और आत्मनिर्भरता को दृढ़तर कर जीवन को अपनी शर्तों पर जीने के लिए हमें सक्षम करती हैं।

मेरा मानना है कि भावनात्मक बुद्धिमत्ता दिल और दिमाग का समुचित संयोग प्रदान करती है जैसा चित्र 1.3 में दिखाया गया है।

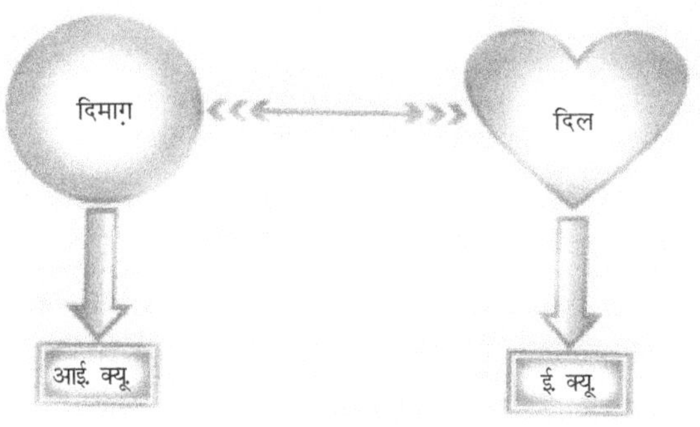

चित्र 1.3: व्यक्ति

प्रश्न है कि क्या वास्तव में इस प्रक्रिया को समझना आवश्यक है? उत्तर है, 'नहीं!' ज्यादातर संस्कृतियों के परिप्रेक्ष्य में समाज में यही बताया या सिखाया जाता है कि विचार एक बौद्धिक प्रतिक्रिया है, न कि भावनात्मक प्रतिक्रिया। आपको प्राय: यही शिक्षा दी जाती है कि अपनी भावना पर भरोसा मत करना क्योंकि भावना मस्तिष्क के द्वारा उपलब्ध सूचना को अपने हिसाब से विकृत कर देती है। यहाँ तक यह विचार हावी है कि 'भावनात्मक' होना व्यक्तित्व की कमजोरी का परिचायक हो गया है। लोगों की आम मान्यता यही है कि भावुक लोग कभी-कभी मूर्खतापूर्ण या बचकानी हरकतें करते हैं। आपकी समझ ही

ऐसी हो चुकी है कि आप सारा व्यक्तित्व अपनी बौद्धिक चेतना के अनुसार ढालते हैं। समाज हमें आगाह करता है कि आगे बढ़ने और कुछ बनने के लिए अकादमिक बुद्धिमत्ता ही जरूरी है, बिना इस बात को मद्देनजर रखते हुए कि आदमी कोई 'थिंक टैंक' नहीं, बल्कि एक हाड़-मांस का जीव है। हम सभी को सदा यही बताया जाता है कि 'दिमाग' की मानो, 'दिल' की नहीं। यह सीख हमारे मन में इतनी गहरी उतर चुकी है कि हर व्यक्ति स्वाभाविक रूप से ऐसा ही सोचता है।

हृदय के भावों को दबाकर दिमाग के अनुसार काम करना हमें घुट्टी में पिलाया जाता रहा है। भावनात्मक प्रबन्धन का अर्थ ही यही समझा जाता है कि अपनी भावना को दबाते रहो। हमारे बड़े-बूढ़े, शिक्षक, माँ-बाप और समाज स्पष्ट या परोक्ष रूप से यही पाठ दुहराते रहे हैं और चेतन या अवचेतन अवस्था में हम भी ठीक यही समझते हैं। जब आप अपनी भावनाओं को दबाने के लिए अभ्यस्त हो जाते हैं तो वास्तव में आप अपनी भावनाओं को कायम रखते हुए सिर्फ यही सुनिश्चित करते हैं कि वे कहीं विस्फोटक न हो जाएं। धीरे-धीरे आपका ऐसा स्वभाव बन जाता है और आप एक असामान्य व्यवहार का शिकार होने लगते हैं, जो अन्य मनोवैज्ञानिक समस्याओं का जनक बन जाता है। काम में असंतोष, बेहद थका-चुका महसूस करना, दबाव, आपसी मनमुटाव, वरिष्ठों से टकराव, सहयोगियों का मातहतों से कहा-सुनी, हताशा, निराशा, क्रोध, ऐसे ही कुछ घटक हैं, जो इसी व्यवहार के कारण पैदा होकर आपकी सहज कार्य-उत्पादकता को बाधित कर देते हैं। इसके कारण आपका और आपके संस्थान दोनों का नुकसान होता है। जब ऐसी परेशानियां बढ़ने लगती हैं, तब प्रबन्धन सचेत होता है और चाहता है कि उसके कार्य करने वालों को भावनात्मक प्रबन्धन का सही पाठ पढ़ाया जाए जिससे उन्हें काम में संतोष मिले और उत्पादकता में वृद्धि आए। इस मुद्दे पर आगे अन्वेषण से पूर्व कुछ मामलों पर अध्ययन का विवरण देना सही रहेगा।

अपने सपने साकार करना

सिंगापुर की एक कार्यरत एक्ज़ीक्यूटिव युवा पत्नी बताती हैं कि कैसे हताशा को दूर कर जीवन में अपना प्रदर्शन बेहतर किया जा सकता है। वह कहती हैं, "बैंकर के रूप में कार्य करते हुए मैं विभिन्न आई.क्यू. वाले कई लोगों के सम्पर्क में आई हूँ जिनके स्वभाव और शैक्षणिक योग्यताएं भी

काफी अलग थीं। जब मैं सफल और असफल लोगों की पृष्ठभूमि का लेखा-जोखा देखती हूँ तो मुझे महसूस होता है कि अकादमिक रूप से ज्यादा योग्यता रखने वाले लोग ही सफल होने का दावा कर सकते, बल्कि प्रचलित मान्यता के विपरीत, ऐसे लोग ज्यादा सफल होते हैं जो भावनात्मक रूप से बुद्धिमान हों, चाहे उनका आई.क्यू. कम ही हो। मेरे पेशे में तो ग्राहक के प्रति आपसी सम्मान का भाव और भरोसा सबसे ज्यादा महत्त्वपूर्ण होता है, लेकिन ये चीजें स्कूली कक्षा में नहीं सिखाई जातीं।"

वह आगे बताती हैं, "जब मैं इन्हीं कसौटियों पर अपना हाल देखती हूँ तो महसूस होता है कि बचपन से ही मेरा जीवन बेहद दबावपूर्ण रहा है। साधारण लोगों को जो भावनात्मक उथल-पुथल रोजमर्रा के जीवन में न भोगनी पड़ती हो, उनसे मुझे लगातार सामना करना पड़ा। बेहद कड़ी परिस्थितियों से मुझे लगातार दो-चार होना पड़ा, लेकिन सबसे कटु अनुभवों ने मुझे भावनात्मक रूप से स्थायित्व दिया और मेरा दिमाग साफ किया। फलस्वरूप बेहद कष्टदायक स्थितियों ने मुझे एक सकारात्मक सोच वाला व्यक्ति बनाया है और जीवन की कष्टदायी समस्याओं का सामना करने के लिए ज्यादा योग्यता भी प्रदान की है। हर समस्या के पश्चात् मैंने स्वयं को समझाया है 'धैर्य रखो और कर्मठता से लगे रहो क्योंकि सबसे बुरा वक्त तो अभी आना है। ऐसी कोई समस्या मेरे सामने नहीं आ सकती जिसको मैं संभाल नहीं सकती। कई ऐसी समस्याएं भी आईं, जो किसी और को तोड़कर रख सकती थीं, परन्तु भावनात्मक दक्षता के सहारे मैंने जीना और सतत अग्रसर होना सीख लिया है।"

वह कहती हैं, "मेरे अन्दर यह भावनात्मक स्थायित्व का बोध है जिससे मैं लोगों से शांति और व्यावहारिक रूप से निबट सकती हूँ और अपनी समस्याएं सुलझा सकती हूँ; लोगों के सनकभरे बर्तावों से भी मैं सफलतापूर्वक जूझ सकती हूँ। यही कुछ सामर्थ्य के बिन्दु हैं, जो वास्तव में मुझे 'सफल' बनाते हैं। शायद मैं अब यह कह सकती हूँ कि मैं एक 'प्रसन्न एवं संतुष्ट व्यक्ति हूँ।' मैं 'सफल' इसलिए हूँ क्योंकि जब मैं पीछे मुड़कर एक नन्हीं-सी लड़की के रूप में देखे गए अपने सपनों पर नजर डालती हूँ तो मुझे लगता है कि जो मुझे महत्त्व का लगता था, उसका काफी कुछ हिस्सा मैं प्राप्त कर चुकी हूँ। मैं ये तो दावा नहीं करती कि विवाह मेरे लिए अमर प्रेम का एक असीम स्रोत है, परन्तु वह है बहुत कुछ वैसा ही। मेरा परिवार छोटी-छोटी जरूरतों के लिए मुझ पर निर्भर है और मुझे ऐसा होने से आनन्द मिलता है। वस्तुतः सफलता एक तुलनात्मक आकलन है, जो हर व्यक्ति के

लिए अलग-अलग पैमाने पर निर्धारित होता है। चाहे मैं कुछ भी करूँ, मैं उसे पूरी योग्यता के साथ करती हूँ और इस तरह से करती हूँ कि मुझे और मेरे आस-पास के लोगों को कोई परेशानी न हो।"

अंत में, उनका कथन है, "मैं अपने व्यक्तिगत सम्बन्ध भी पूरी जिम्मेदारी से निभाती हूँ। चाहे मैं घर पर काम करूँ या दफ्तर में, मेरा ध्येय यही रहता है कि माहौल में पूरा मेल-जोल कायम रहे और वरिष्ठों, कनिष्ठों या सहयोगियों के साथ कोई मतभेद न उभरे। जिन लोगों के साथ मैं काम करती हूं, उनके साथ काम करने में कोई समस्या न उभरे, इसका मैं खास ध्यान रखती हूँ। मेल-जोल या सामंजस्य रखने का यह अर्थ कतई नहीं है कि दूसरों की इच्छाओं के सामने समर्पण करते रहो। यह तो आपकी समझ पर निर्भर करता है कि कैसे आप दूसरों का मंतव्य समझ पाते हैं तथा उनकी बात पूरे सम्मान और मनोयोग से सुनते हैं। यद्यपि मैं जीवन में काफी हर्ष और संतुष्टि प्राप्त कर चुकी हूँ, तथापि मुझे अभी भी लगता है कि मैं बहुत कुछ और भी कर सकती हूँ। यदि अवसर मिले तो नई जिम्मेदारी निभाने के लिए मैं पूरी तरह तैयार हूँ। एक जीवन कोई बहुत बड़ा समय नहीं, परन्तु यह बहुत मूल्यवान है। अपने सपनों को सीमित जीवनकाल में पूरे कर लेना एक चुनौती है जिसका सामना करने में हमें महारत हासिल करनी ही चाहिए।"

व्यावसायिक सफलता पाने में ई.क्यू. का महत्त्व

एक बड़ी फर्म के युवा एक्ज़ीक्यूटिव ने बताया- 'मेरे पास एकाउंटिंग में मास्टर्स डिग्री है। जब मैं इस फर्म में काम करने लगा तो मैंने सोचा था कि मेरी समस्याएं ज्यादातर एकाउंटिंग सम्बन्धी ही होंगी, परन्तु ऐसा नहीं है। लोगों की अपनी समस्याएं भी आती हैं।' अपने विश्लेषण और सहज ज्ञान से लोगों की अपनी समस्याओं को उनके व्यवहार के संदर्भ में समझना आज के समय की एक नई सोच है।

कुछ समय से हमारे व्यक्तित्व के सम्बन्ध में 'क्यों', 'कैसा' और 'क्या' सदृश प्रश्न काफी उभरने लगे हैं। आइए, हम देखें कि व्यावसायिक सफलता किस प्रकार निर्धारित की जा सकती है। क्या यह अपनी बुद्धिमत्ता और दक्षता को सही प्रकार से लागू करने की क्षमता है या कुछ और है? शायद यह दोनों का समन्वय है। भावनात्मक

> *आपका भावनात्मक गठन ही आपकी व्यवसायिक सफलता निर्धारित करता है।*

बुद्धिमत्ता के पैरोकारों का कहना है कि व्यक्ति का भावनात्मक गठन ही उसकी व्यावसायिक सफलता निर्धारित करता है। कम-से-कम ई.क्यू. से यह तो स्पष्ट हो ही जाता है कि व्यक्तिगत या व्यावसायिक रूप से आपको कितनी सफलता मिल सकती है। यह देखना दिलचस्प प्रतीत होता है कि ऊँचे आई.क्यू. वाले लोग जहाँ असफल रहते हैं, वहीं कम आई.क्यू. परन्तु ऊँचे ई.क्यू. वाले सफलता के मामले में उनसे बाजी मार जाते हैं। व्यापार राजनीति, शिक्षा और प्रशासन के क्षेत्रों में ऐसे असंख्य उदाहरण प्राप्त हो जाएंगे।

व्यावसायिक क्षेत्र में सफलता के लिए ई.क्यू. कहाँ तक कारगर होता है? कम-से-कम कार्यक्षेत्र में तो स्पष्ट रूप से इसकी प्रमुख उपयोगिता है ही। वस्तुतः ज्यादा महत्त्व है उस आधार का, जिस पर आपकी नैतिकता के कम्पास की सुई घूमती है, कार्यक्षेत्र में या कहीं भी। अब यह ज्यादातर स्वीकार किया जाने लगा है कि किसी संगठन की अपनी खास जरूरतों के लिहाज से ई.क्यू. को लागू किया जाना जरूरी है। कर्मचारियों को यदि ई.क्यू. के सिद्धान्त सिखा दिए जाएं तो वे टीम के रूप में ज्यादा अच्छा काम कर सकते हैं, सृजनात्मक रूप से सोचकर संगठन की उत्पादकता में वृद्धि कर सकते हैं। भावनात्मक बुद्धिमत्ता के शक्तिशाली सिद्धान्तों की समझ समेकित रूप से कार्यक्षेत्र में लागू की जा सकती है। किस प्रकार अड़चनों को दूर करें, रुकावटों को पार करें और उन बाधाओं से निकल सकें जो बतौर प्रबन्धक आपके लक्ष्य-प्राप्ति में रोड़ा बनकर उभर रही हैं, वे दक्षताएं हैं जो ई.क्यू. के माध्यम से आप प्राप्त कर सकते हैं।

> *कॉर्पोरेट जगत में आई. क्यू. आपको नौकरी दिलाने मे मदद करता है, परन्तु ई. क्यू. आपको पदोन्नति दिलाता है।*

व्यावसायिक जीवन में कई क्षेत्रों में सफलता पाने के लिए ई.क्यू. का प्रयोग किया जा सकता है तथा संगठनात्मक विकास में भी इसको लागू करने से महत्त्वपूर्ण लाभ मिल सकता है। मनोवैज्ञानिकों का दावा है कि तेजी से परिवर्तित हो रहे कॉर्पोरेट जगत में सफलता पाने के लिए दिमाग के अलावा भी अन्य क्षमताओं का उपयोग आवश्यक होता जा रहा है। उनका तर्क है कि व्यापारिक क्षेत्रों में नेता लोग अपनी भावनाओं के सही प्रयोग से न सिर्फ समस्याएं सुलझाते हैं, वरन् सही निर्णय भी लेते हैं। ई.क्यू. उत्पादकता बढ़ाने, परिवर्तन के अनुसार स्वयं को ढालने, बेहतर रूप से सृजनशीलता और पारस्परिक सहयोग विकसित करने, नेतृत्व गुणों को जगाने, प्रतिस्पर्धात्मक पहल को प्रोत्साहित करने और प्रमुख कार्यकर्ताओं को किसी संस्थान में कायम रखने में बड़ी भूमिका निभा

सकता है। कर्मचारियों को सही एवं उत्साहपूर्ण वातावरण प्रदान करने और आपसी भाईचारा पैदा करने में इसका बड़ा योगदान रहता है। दबाव के स्तरों पर बेहतर ढंग से काम करने तथा भावनात्मक ग्रन्थियों को सुलझाने में भी ई.क्यू. बड़ा काम कर सकता है। कर्मचारियों को वास्तव में एक सम्पूर्णता की अनुभूति भी मिल सकती है। कार्य स्थितियों में ई.क्यू. पुराने पचड़ों का समाधान निकालने, आंतरिक और बाह्य विसंगतियों का बेहतर नियंत्रण पाने तथा हर प्रकार के शारीरिक, मानसिक और भौतिक लक्ष्य पाने में भी बड़ी सहूलियत देता है। स्मरण-शक्ति बेहतर बनती है और सोचने का ढंग स्पष्ट और शंका रहित बनता है जिससे निर्णय लेने और मातहतों के क्रिया-कलापों का बेहतर संयोजन हो पाता है।

उदाहरण के लिए किसी औपचारिक बैठक में किन चेष्टाओं के द्वारा आप समझ सकते हैं कि कही गई बातों की संभावित प्रतिक्रिया क्या होगी। क्या आप इन मौन संकेतों का कोई महत्त्व समझते हैं जिससे ज्ञान हो कि कही गई बातों की क्या प्रतिक्रिया होगी? यदि आप इन मौन संकेतों को समझ सकते हैं तो आप वैसे ही समझ जाएंगे कि कौन अपनी बातों में कितना स्पष्ट और प्रासंगिक है और कौन अनिश्चित एवं शंकालु! मैनेजरों और सुपरवाइजरों को लोगों का भावनात्मक उत्तर उनकी प्रतिक्रियाओं का बेहतर हवाला दे सकता है जिससे वह समझ सकते हैं कि कौन-सी मीटिंग सफल रही और कौन-सी असफल।

आपको अपना व्यसाय चलाने हेतु, दिमाग के अलावा किसी अन्य वस्तु की भी आवश्यकता है।

विशेष रूप से कॉर्पोरेट जगत में आई.क्यू. आपको नौकरी तो दिलवा सकता है, परन्तु पदोन्नति या बर्खास्तगी का आधार ई.क्यू. ही होता है। एक मैनेजर का उदाहरण दृष्टव्य- है उससे कहा गया कि वह अपने साथ काम करने वाले बढ़िया लोगों को छांटे। परिणाम में उसने उनको ही चुना जिनका आई.क्यू. तो ज्यादा नहीं था, परन्तु जिनके सारे ई-मेल का उत्तर आया। जो लोग दूसरों के साथ काम करना जानते हैं और लोकप्रिय हैं, वे अपने लक्ष्य जल्दी प्राप्त कर लेते हैं अपेक्षाकृत उनके जो सामाजिक रूप से सही जम नहीं पाते और एकाकी घूमने वाले जीनियस बनकर रह जाते हैं।

वे लोग कैसे होते हैं जिनको शीघ्र पदोन्नति प्राप्त होती है? ये वे लोग हैं जिनकी भावनात्मक बुद्धिमत्ता का अपने मालिक या आकाओं की भावनात्मक समझ से सही मेल खाता है। एक प्रमुख योग्यता है अपने संगठन के या बॉस के मूल उद्देश्य समझकर उनके अनुरूप कार्य करना। यदि आपमें यह योग्यता

है तो आप तरक्की की सीढ़ियाँ जल्दी चढ़ेंगे। क्या कभी आपने स्वयं को संगठन का एक अभिन्न हिस्सा समझा है और उस संस्थान के मूल उद्देश्यों लागत मूल्यों के अनुसार ही अपने लक्ष्य, संतोष, गुणवत्ता एवं शेयर धारकों का संतोष अर्जित करने की कोशिश की है। इसके साथ ही कर्मचारी को स्वयं से भी सवाल पूछकर किसी संस्थान में अपने होने के औचित्य का आकलन करते रहना चाहिए कि वह आखिर इस संस्थान में क्यों है? चित्र 1.4 देखें।

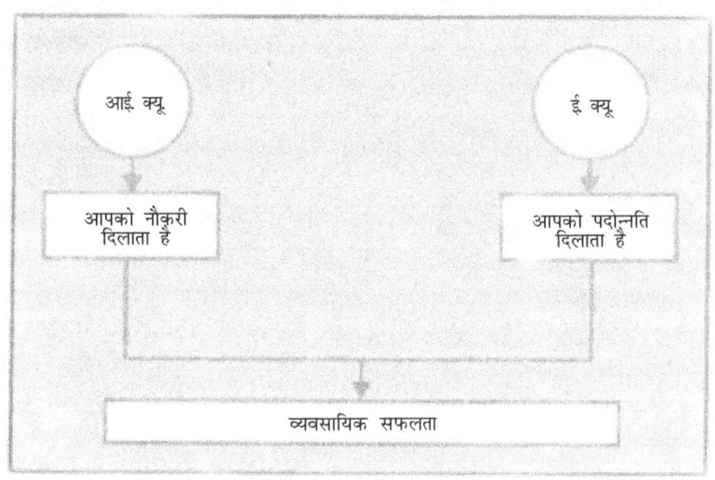

चित्र 1.4: ई. क्यू. के द्वारा आपकी पदोन्नति होती है

क्या इस नौकरी के लिए मैं सही आदमी हूँ? क्या यहाँ का माहौल मुझे प्रेरणा देता है? क्या काम करने में मुझे आनन्द आता है या सिर्फ पैसे के लिए यह काम कर रहा हूँ? इतना निश्चित है कि जो कर्मचारी किसी कंपनी या संस्थान की कल्चर में फिट नहीं बैठ पाएगा, वह देर-सवेर उससे बाहर हो ही जाएगा।

निश्चित रूप से नौकरी पाना बहुत मुश्किल है, परन्तु पाने के बाद क्या होता है? क्या आप अपनी किसी एक जॉब पर केन्द्रित रहते हैं या आप कोई जॉब को जिन्दगी-भर का सहारा समझकर स्वीकार करते हैं? फिर चाहे पहली नजर में कोई और कम्पनी कितनी भी आकर्षक लगे, आप क्या समझते हैं कि आपका निर्वाह सही रूप से हो सकेगा? इन सवालों का उत्तर खोजते हुए सिर्फ तर्क बुद्धि से ही काम न लें, अपनी भावनात्मक बुद्धि की भी सुनें। भावनात्मक बुद्धि का एक आधार सूत्र है- 'खुद को समझो!' ई.क्यू. के विशेषज्ञों ने कई मैनेजरों का

इन्टरव्यू लेकर यह निष्कर्ष निकाला है कि सफल लोगों को निम्न प्रश्नों का सही उत्तर पता होता है- 'आप अपने संस्थान का भविष्य कैसा देखते हैं? अगले 20 वर्षों में विश्व कैसा होने वाला है? आपके जीवन का उद्देश्य क्या है? कार्यस्थल पर आपने लिए सर्वाधिक महत्त्व की चीज क्या है? भावनात्मक रूप से बुद्धिमान व्यक्तियों को न सिर्फ इन प्रश्नों का उत्तर ज्ञात होता है, वरन् उस कंपनी के लिए भी ऐसे प्रश्नों का उत्तर मालूम होता है जिसके लिए वे कार्य कर रहे हैं। इन प्रश्नों के उत्तरों से वे समझ सकते हैं कि कंपनी के माहौल के लिए वे कितने सही हैं। उनकी संगति बैठ रही है या नहीं? क्या उनका लक्ष्य इस कंपनी में काम करने से हासिल हो पाएगा या नहीं? यह वह स्थिति है, जब आप आत्ममंथन कर ये प्रश्न खुद से भी पूछते हैं।

यदि आपको कंपनी में काम करने में आनन्द आता है तो निश्चित रूप से आप पदोन्नति प्राप्त कर सकेंगे। यदि कंपनी के लक्ष्य और आपके व्यक्तिगत लक्ष्यों में संगति बैठती है; आपको अपने उद्देश्य, मूल्य और भविष्य में कंपनी की के मूल्यों एवं उद्देश्य के साथ यदि सही लगते हैं तो तो उसे लाने का प्रयत्न करें। प्रबन्धन से बात करें। ऐसे में चुपचाप काम करने से समस्या ज्यादा जटिल ही होती जाएगी। वह नौकरी, जिसकी प्रकृति वाणिज्यिक होती है, उसमें आपको दूसरे की भावनाओं को समझना बेहद आवश्यक होता है। ऐसी परिस्थितियों में ही ई.क्यू. की उपादेयता स्पष्ट होती है। यदि आप ऐसा नहीं कर पाएं तो ज्यादा दिन आपका इस कंपनी या जॉब पर टिकना मुश्किल ही होगा।

वे लोग कैसे होते हैं जिनकी पदोन्नति की संभावनाएं काफी उज्ज्वल होती हैं? उनमें क्या भावनात्मक योग्यताएं होती हैं? इन प्रश्नों का उत्तर ढूँढने के लिए हम कुछ उदाहरण देखेंगे जिनमें सफलता पाने के लिए भावनात्मक घटकों का बड़ा योगदान होता है। उदाहरण के लिए असफल हुए या झटका खाए हुए लोग किस प्रकार निर्णय लेते हैं। आशावादिता ऐसी परिस्थितियों में एक बड़ी कारगर भावना है आशावादी ऐसे समय में विशेष, अस्थायी और बाह्य समस्याओं से सम्बन्ध रखने वाले निर्णय ही लेते हैं, जबकि निराशावादी स्थायी, विश्वव्यापी और आतंरिक जगत से सम्बन्धित निर्णय लेते हैं। यह भी पाया गया है कि बीमा के सेल्स वाले लोग अपनी आशावादिता से कहीं ज्यादा बीमा पॉलिसी बेचने में कामयाब होते हैं अपेक्षाकृत निराशावादी सेल्समैनों के पराजय की स्थिति में इन लोगों का आशा-निराशा जनित निर्णयों का बहुत महत्त्व होता है। यदि हार बैठे तो न सिर्फ वर्तमान गया, वरन् भविष्य भी डूबता प्रतीत होगा, फिर वे बिक्री कैसे कर पाएंगे? निराशावादी शीघ्र हताश होकर कहने लगेंगे- 'मैं इस काम के लिए

बेकार हूँ। मैं कभी कुछ बेच नहीं सकता।' ऐसी भावना मन में अवसाद और कुण्ठा को जन्म देगी। जबकि आशावादी कहेगा- 'शायद मेरा बेचने का तरीका ही सही नहीं है' या 'वह आदमी जिसने बीमा पॉलिसी खरीदने से इन्कार किया, जरूर किसी कारणवश क्रोध में होगा।' अर्थात् वह स्वयं को नालायक या कमजोर नहीं मानेगा वरन् बाह्य घटकों पर असफलता का इल्जाम थोपना चाहेगा, यानी निराशावादी तो निराशा से भर जाएगा, परन्तु आशावादी अभी भी आशान्वित रहेगा, चाहे दोनों को परिणाम एक-सा ही मिला हो।

सफलता के संदर्भ में भावनात्मक बुद्धिमत्ता का एक अन्य महत्त्वपूर्ण घटक है दबाव की स्थिति से निबटना। यदि यह योग्यता हो तो निश्चय ही लाभ मिलेगा। दूसरी भावनात्मक योग्यता है अपनी भावनाओं का सही प्रबन्धन कर पाने की क्षमता। भावनात्मक बुद्धिमत्ता आपको बताती है कि कब और कहाँ किस भाव को अभिव्यक्ति दी जाए और कितने नियंत्रण के साथ दी जाए। ज्यादातर सफल व्यक्ति गर्मजोश, बहिर्मुखी भावना को अभिव्यक्त करने वाले सामाजिक जीव होते हैं। सफलता के संदर्भ में दूसरों के साथ भाव तादात्म्य कायम कर लेना उनका बहुत बड़ा गुण होता है। इनका चूंकि भावना पर नियंत्रण होता है इसीलिए ये पदों की सीढ़ियां शीघ्र चढ़ जाते हैं। इन लोगों में न सिर्फ खुद प्रेरक शक्ति से काम करने का माद्दा होता है, वरन् दूसरों को भी प्रेरणा देना आता है। पूरे भावानुशासन से काम करना, लोगों की आदतों को समझकर उसी प्रकार उनसे काम लेना किसी भी संस्थान में सफल व्यक्ति की पहचान होती है। बहुत से लोग काम करते-करते ये बातें सीखते हैं। जो नए रंगरूट आते हैं, उनमें ज्यादातर आलोचना सुनने का माद्दा नहीं होता। वे अचानक बेहद सुरक्षात्मक या आक्रामक हो जाते हैं और हर आलोचना को एक व्यक्तिगत आक्रमण समझने लगते हैं। वैसे यह बात काफी लोगों में ही नहीं, कुछ पुराने लोगों में भी पाई जाती है, जो भावनात्मक रूप से बुद्धिमान नहीं होते।

पाठक सोच रहे होंगे कि ई.क्यू. के गुण परिभाषित करते हुए हम सफलता का बार-बार जिक्र क्यों करते हैं। आखिर सफलता है क्या? क्या यह कार्यक्षेत्र में उच्चतम पद तक पहुँचना है? क्या यह धनी और सम्पन्न होना है? या प्रभावशाली, दबंग और शक्तिवान बनना? क्या यह समझा जाए कि जो उच्चतम पद हासिल नहीं कर पाते, व्यक्तिगत और व्यावसायिक रूप से नाकामयाब माने जाने चाहिए? अच्छा हो, ऊपर सफलता का मूल अर्थ समझ लें। आप यह तो मानेंगे कि सफलता की परिभाषा मात्र उच्चतम पद प्राप्त कर लेना ही नहीं है या कैरियर में आराम से ऊपर उठते जाना भी नहीं है। वस्तुतः सफलता का अर्थ अलग-अलग लोगों के लिए

अलग-अलग मायने रखता है। कुछ लोगों के लिए संतुष्ट व्यावसायिक वृद्धि सफलता का परिचायक हो सकती है, जबकि कुछ लोग सफल और स्वस्थ वैवाहिक जीवन को ही सफलता का द्योतक मान सकते हैं। अतः सिर्फ स्पष्ट जीवनोपलब्धि ही सफलता की एक सार्वभौमिक परिभाषा नहीं हो सकती। कभी-कभी अस्पष्ट उपलब्धियां भी सफलता का आभास करा सकती हैं, लेकिन सफलताओं को फिर कैसे नापा जाए? इसलिए सफलता का अर्थ व्यावसायिक और व्यक्तिगत जीवन में अलग-अलग समझना आवश्यक होगा। कई उच्च पदस्थ अधिकारियों का व्यक्तिगत जीवन बेहद त्रासदायक होता है। यहाँ सफलता कोई लॉटरी जीतना नहीं। यह तो एक जीवन-भर की परियोजना होती है। इसमें कई योजनाओं, शोध और कार्यान्वयन का फल जुड़ा रहता है। डॉक्टर, वकील, इंजीनियर एवं अन्य पेशे वाले लोग रातोंरात अपने पेशे में महारत हासिल नहीं कर लेते। बढ़िया धावक दिन-रात प्रयत्न करके ही प्रथम स्थान प्राप्त कर पाते हैं। यह ठीक है कि आप उनके बारे में तब ही सुनते हैं, जब वे अपना नाम कर लेते हैं, पर ऐसा करने में वे वर्षों तक लगातार प्रयत्न करते रहते हैं। जब वे व्यक्तिगत लक्ष्य प्राप्त कर पाते हैं, तभी सफल माने जाते हैं। कुछ लोगों को सफलता अचानक मिल सकती है, पर ज्यादातर ऐसा नहीं होता। मेरा विचार है कि सफलता तब आती है, जब तैयारी को वांछित अवसर प्राप्त हो जाए?

आपने कई ऐसे सितारों के बारे में सुना होगा, जब वे पूरी तरह अस्त हो चुके हों। ऐसे कई एक्जीक्यूटिव हैं जो नाकामयाब रहे क्योंकि आपसी मेल-मुलाकात के क्षेत्र में उनमें कमियां थीं, जबकि उनका वांछित तकनीकी ज्ञान पूरा था। उनके व्यक्तित्व में घमंड, बेहद महत्त्वाकांक्षा इत्यादि के कीटाणु थे जिससे उनकी प्रबन्धन के साथ नहीं पट पाई। इसी संदर्भ में 'ई.क्यू.' ने व्यापार और उद्योग के क्षेत्र में एक नया आयाम जोड़ा है। अब मार्केटिंग के क्षेत्र में सभी यह मानने लगे हैं कि ग्राहक ही केन्द्रीय तत्त्व है। ग्राहक कह सकते हैं। "हमें क्या मतलब कि आपके कर्मचारी हॉर्वर्ड, स्टैनफोर्ड, दिल्ली विश्वविद्यालय या मुम्बई विश्वविद्यालय के स्नातक हैं? हम तो वहाँ जाएंगे, जहाँ हमारी बात सुनी जाएगी और सम्मान दिया जाएगा।" इस तरह की ग्राहकों से प्राप्त प्रतिक्रियाएं (रिसपोन्स) अब प्रबन्धन संस्थानों को बाध्य कर रही हैं कि अपने पारम्परिक पाठ्यक्रम में वांछित सुधार लाएं क्योंकि पुराना तरीका और पढ़ाने के विषय अपनी प्रासंगिक खो चुके हैं। अगर माल बेचना है तो ग्राहक को प्रभावित करो; सिर्फ उच्च डिग्रियों के द्वारा प्रबन्धन को तो प्रभावित कर सकते हो, पर ग्राहक यदि नहीं पटा तो कंपनी कैसे चलेगी?

ई.क्यू. के बारे में फैली कुछ भ्रान्तियाँ

ई.क्यू. के बारे में फैली कुछ भ्रान्तियों को दूर करना आवश्यक है।

पहली, 'भावनात्मक बुद्धिमत्ता' (ई.क्यू.) का अर्थ सिर्फ दूसरों के लिए शालीन होना ही नहीं है। कभी-कभी ऐसी रणनीतिक जरूरत पैदा हो सकती है जिससे आपका थोड़ा अशालीन होना आवश्यक हो। ऐसी परिस्थितियों में सीधे मुँह पर मना करना जरूरी होता है। यह तरीका तो अप्रिय हो सकता है, पर इसके परिणाम प्रिय होते हैं।

दूसरी, 'ई.क्यू.' का मतलब भावनाओं को खुली छूट देना कतई नहीं है। इसका अर्थ है भावनाओं पर सही नियंत्रण रखते हुए उन्हें सही समय और सही माहौल में व्यक्त करना जिससे कार्यक्षेत्र में वांछित परिणाम प्राप्त हो सके।

तीसरी, भावनात्मक बुद्धिमत्ता के परिप्रेक्ष्य में जरूरी नहीं कि स्त्रियाँ सदैव ज्यादा स्मार्ट ही मानी जाएं और आदमी से ज्यादा श्रेष्ठ हों। हर व्यक्ति की अपनी दक्षता, योग्यता, गुण और अवगुण होते हैं। उदाहरण के लिए, कुछ लोग दूसरों के भाव तो शीघ्र समझ सकते हैं, परन्तु दबाव की स्थिति को झेलना नहीं आता, फलस्वरूप, दूसरों के दबाव उन्हें और घबरा देंगे। कुछ लोग दूसरों की मनोदशा शीघ्र ताड़ लेते हैं, परन्तु वे खुद सामाजिक रूप से चाक-चौबन्द नहीं होते। वैसे यह माना जाता है कि आदमी और औरत एक टीम बनाकर अच्छा काम कर सकते हैं क्योंकि वे एक दूसरे के गुणों और अवगुणों के साझा कर और पूरक बन बहुत कुछ पूर्णता के साथ काम करने लगते हैं। एक अध्ययन के विश्लेषण से यह मालूम हुआ कि स्त्रियाँ दूसरों के भाव जल्दी समझ लेती हैं और आपसी सम्बन्धों में ज्यादा कारगर होती हैं, जबकि पुरुष ज्यादा विश्वसनीयता से काम कर अपनी आशावादिता से दबावों की स्थिति को बेहतर ढंग से निबटा सकते हैं। वस्तुतः साधारण रूप से कहा जाए तो दोनों में साम्यता ज्यादा है और अंतर कम है। कुछ आदमी स्त्रियों के समान भाव प्रवण हो सकते हैं और बेहतर भाव तादात्म्य स्थापित कर सकते हैं, जबकि कुछ औरतें दबाव की स्थिति को ज्यादा अच्छी तरह झेल सकती हैं। अतः भावनात्मक बुद्धिमत्ता के क्षेत्र में लिंग आधारित कोई वर्गीकरण संभव नहीं होता। हर व्यक्ति का अपना अंदाज और तरीका होता है।

अंततः यह भी स्पष्ट कर दिया जाना चाहिए कि भावनात्मक बुद्धिमत्ता का जन्म या अनुवांशिकता से कोई सम्बन्ध नहीं है, न यह बचपन में विकसित की जा सकती है। आई.क्यू. की अपेक्षा, जो किशारोवस्था के बाद नहीं बढ़ सकता, भावनात्मक बुद्धिमत्ता (ई.क्यू.) सारी जिन्दगी बढ़ सकती

है। हर नया अनुभव इसकी वृद्धि का कारण हो सकता है इसलिए ई.क्यू. सदैव वृद्धिशील रहता है।

क्या नहीं है ई. क्यू

- यह आनुवांशिक संबन्ध से तय नहीं होता है।
- इसका मतलब यह नहीं है कि आप हमेशा अच्छे बनकर रहेंगे।
- इसका मतलब यह नहीं है कि आप अपनी भावनाओं को उन्मुक्त होने देंगे।
- यह बचपन के आरंभिक दौर में उत्पन्न होने वाली चीज नहीं है।
- ई. क्यू. लिंगों के बीच का भेद नहीं है।
- ई. क्यू. का मतलब यह नहीं है कि आप मध्यम आई. क्यू. वाले व्यक्तियों का समर्थन करेंगे।

2

भावनात्मक बुद्धिमत्ता और आपका व्यक्तित्व

> *"दूसरों की हर चीज जो हमें क्षुब्ध करती है, हमें अपने बारे में ज्यादा समझ देती है।"*
>
> **- कार्ल जंग**

आपकी भावनात्मक बुद्धिमत्ता, जिसे ई.क्यू. भी कहते हैं, आपके व्यक्तित्व का प्रतिबिम्ब है। यह देखने के लिए कि किस प्रकार आपका ई.क्यू. आपके व्यक्तित्व को बनाता या बिगाड़ता है, कुछ महत्त्वपूर्ण मुद्दों पर एक नजर डालना आवश्यक है।

ई.क्यू. और आई.क्यू. में आपसी सम्बन्ध

ई.क्यू. वास्तव में आई.क्यू. का विपरीत तत्त्व नहीं है, न ये दिल की दिमाग पर जीत दिखाता है। दिल और दिमाग की अनूठी व समेकित अंतर्क्रिया द्वारा ई.क्यू. निर्धारित होता है। वैसे भावना और तर्कशक्ति या बुद्धिमत्ता का आपसी सम्बन्ध काफी जटिल रूप से उभरता है। पुरानी मान्यता दिल और दिमाग का अलगाव या भावना और तर्क बुद्धि का स्पष्ट भेद स्वीकार करने के बजाय हमें इनकी अकादमिक और भावनात्मक आधार भूमि की अंतर्क्रिया को समझना चाहिए। यद्यपि पूरे चैतन्य प्रयासों द्वारा हम भावनात्मक प्रतिक्रियाओं को नियंत्रित कर उनका सही रूप ग्रहण कर सकते हैं, लेकिन जब ऐसी भावनात्मक प्रतिक्रिया में कमी महसूस होती है, तब भावना तर्क

> *आई. क्यू. बुद्धिमता लब्धि का पैमाना है जबकि ई. क्यू. भावनात्मक लब्धि का पैमाना है।*

पर हावी हो जाती है। पारम्परिक रूप से मनोवैज्ञानिक बुद्धिमत्ता को बुद्धिमत्ता लब्धि (आई.क्यू) के विभिन्न परीक्षणों द्वारा मापते हैं। इस परीक्षण का फार्मूला सीधा, परन्तु परिष्कृत है। यह किसी व्यक्ति की 'शारीरिक आयु' की 'मानसिक आयु' से तुलना करता है।

उदाहरणार्थ, मान लीजिए किसी की मानसिक आयु 30 वर्ष है और शारीरिक (जन्म से नापी गई समय के अनुसार आयु या क्रॉनोलोजिकल आयु) 20 वर्ष है तो उसका आई.क्यू. 150 हुआ। अमूमन लोगों की औसत बुद्धिमत्ता 100 ही होती है अर्थात् उनकी मानसिक आयु और शारीरिक आयु लगभग बराबर ही होती है। आई. क्यू. परीक्षणों द्वारा, जो स्कूलों, सशस्त्र सेना केन्द्रों और व्यापारिक जगत में अलग-अलग तरीके से किए जाते हैं, यह पता लगाया जाता है कि यह व्यक्ति में कितनी शीघ्रता से कोई ज्ञान सीखने की क्षमता है। इसी पद्धति से हम ई.क्यू. का मान भी निकाल सकते हैं अर्थात् कुछ परीक्षणों के जरिए भावनात्मक बुद्धिमत्ता निर्धारित कर सकते हैं [देखें सातवाँ अध्याय]।

आई. क्यू. का फार्मूला

$$\text{आई. क्यू.} = \frac{\text{मानसिक आयु}}{\text{शारीरिक आयु}} \times 100$$

जैसे पहले कहा गया है कि ई.क्यू. आई.क्यू. के ठीक विपरीत नहीं होता। कुछ लोगों का ई.क्यू. और आई.क्यू. लगभग समान रूप से बढ़ा-चढ़ा होता है और कुछ के दोनों ही मान निम्न स्तर के रहते हैं। शोध कार्य जारी है कि किस प्रकार इन दोनों को एक-दूसरे का पूरक बनाया जाए जैसे किस प्रकार किसी व्यक्ति की दबाव वहन करने या उसे संभालने की क्षमता को इस प्रकार प्रयुक्त किया जाए कि उसकी एकाग्रता में वृद्धि हो। इसी प्रकार कुछ लोग क्रोध को तो ज्यादा सही तरह संभाल लेते हैं, परन्तु भय के मामले में कच्चे रहते हैं। कुछ लोग हर्ष में सही प्रतिक्रिया नहीं कर पाते इसलिए हर भावना को अलग से देखना पड़ेगा। जैसा नाम से स्पष्ट है कि आई.क्यू. आपकी बुद्धिमत्ता लब्धि (इन्टेलिजेंस कोशेन्ट) बताता है, जबकि ई.क्यू. आपकी भावनात्मक लब्धि की माप करता है। अब यह काफी विद्वानों द्वारा स्वीकार किया जाने लगा है कि मानव बुद्धिमत्ता की सही माप भावनाओं से होती है, आई.क्यू. से नहीं। इसीलिए अब वैज्ञानिक मस्तिष्क के हार्डवेयर पर ध्यान केन्द्रित करने के बजाय सॉफ्टवेयर को अध्ययन का केन्द्र बना रहे हैं। हमें यह समझना चाहिए कि संज्ञानात्मक (कॉगनीटिव) क्षमता (आई.क्यू.) तथा

गैर-संज्ञानात्मक (नॉन-कॉगनीटिव) क्षमता आपस में घनिष्ठता से सम्बद्ध होती है। शोधों से यह मालूम पड़ता है कि भावनात्मक और सामाजिक दक्षता समवेत रूप में संज्ञेय क्षमता को बेहतर ही बनाती हैं।

ई.क्यू. पर ज्यादा जोर देने का अर्थ यह कतई नहीं है कि आई.क्यू. पर जोर नहीं दिया जाए क्योंकि कार्यक्षेत्र में या जीवन में बेहतर प्रदर्शन हेतु आई.क्यू. का महत्त्व नकारा नहीं जा सकता। किसी उच्च वर्ग के विज्ञान या इंजीनियरिंग कोर्स में दाखिले के लिए आई.क्यू. की उच्च स्तरीयता अपरिहार्य ही रहती है, लेकिन दाखिले के पश्चात् आप अपने वरिष्ठों के साथ जिनका आई.क्यू. ज्यादा है, कैसे तालमेल बिठाते हैं या तुलनात्मक रूप से कैसे काम करते हैं, इसके लिए ई.क्यू. का मान ज्यादा कारगर होता है।

मान लीजिए कि आप एक वैज्ञानिक हैं और डॉक्टरेट पाने या शोध कार्य में घुसने के लिए आपका आई.क्यू. 120 होना जरूरी है। अब ज्यादा महत्त्वपूर्ण है कि आपको कैसे समस्याओं को सुलझाना और उनके साथ निर्वाह कर पाना संभव होगा जिनका आई.क्यू. दस या पन्द्रह प्वाइंट्स ज्यादा है। यही बात दूसरे व्यवसायों के क्षेत्र में भी लागू होती है। लेकिन इस विश्लेषण से कहीं आप गलत निष्कर्ष न निकाल बैठें कि जिनकी अकादमिक उपलब्धियां कम हैं, पर ई.क्यू. बढ़ा हुआ है, उनके लिए सफलता पाने की संभावना ज्यादा है। हमारा मंतव्य है कि आई.क्यू. अपने आपमें बढ़िया काम करने या नौकरी में अच्छा प्रदर्शन करने की कोई गारंटी नहीं देता। कई दूसरे घटक भी हैं, जो व्यक्तित्व के सम्यक विकास में अपना योगदान देते हैं और कार्य-निष्पादन में निष्णात करते हैं। इन अन्य घटकों का सम्बन्ध आपके व्यवहार, मनोदशा एवं भावना से भी होता है जिन्हें कुल मिलाकर भावनात्मक घटक कहा जाता है। वस्तुतः इसी धारणा ने ई.क्यू. या इमोशनल कोशेन्ट (ई.क्यू.) की अवधारणा को जन्म दिया है। उदाहरण के लिए, मान लीजिए कि आप गोल्ड मैडल पाने वाले बेहद मेधावी इंजीनियर या वैज्ञानिक हैं तो इसका मतलब यह नहीं है कि आपका वैवहिक जीवन भी आदर्श होगा या आप अपने वरिष्ठ या कनिष्ठ सहयोगियों के प्रिय होंगे या भावनात्मक झटकों में भी आप स्वयं को शीघ्र संभालने की योग्यता रखते होंगे, बल्कि यह कहना ज्यादा सही होगा कि ज्यादा ऊँचे आई.क्यू. वाले लोग प्रायः भावनात्मक या सामाजिक रूप से ज्यादा सफल नहीं हो पाते क्योंकि अकादमिक रूप से सदा सफल होने वालों को किसी अन्य क्षेत्र में असफल होने पर स्वयं को संभालना आता ही नहीं है।

भावनाएं आती कहाँ से हैं?

मनोवैज्ञानिक रूप से मानव एक बेहद जटिल जीव है। मानव मस्तिष्क विचारों एवं अवधारणाओं के आधार पर तर्क करना, याद रखना और सीखना जानता है और सीधे क्रिया-कलापों से भी वह ऐसा कर सकता है। इन्हीं दोनों के माध्यम से वह अपने लक्ष्य निर्धारित करता है और उन्हें प्राप्त भी कर लेता है। दूसरे शब्दों में मानव को प्रेरणा सिर्फ तर्क-बुद्धि या बुद्धिमत्ता से ही नहीं, वरन् कामनाओं, वासनाओं और अन्य ऐसे ही भाव-समूहों से भी मिलती है, जो प्रायः तर्क के क्षेत्र से परे होते हैं।

ई.क्यू. + आई.क्यू. = बुद्धिमत्ता

इन्हीं भाव-समूहों का मिला-जुला नाम है भावनाएं। कुछ मनोवैज्ञानिक इनकी तुलना घड़ी की बैटरी या मेनस्प्रिंग से भी करते हैं। जिस प्रकार घड़ी की सुइयाँ बिना बैटरी या मेनस्प्रिंग के निश्चल रहेंगी, उसी प्रकार यदि भावनाएं नहीं होंगी तो मानव अन्यमनस्क-सा पड़ा रहेगा और ज्यादा कुछ प्राप्त नहीं कर पाएगा।

भावनाओं को समझने का एक दूसरा तरीका भी है। कुछ चीजें आपको प्रिय लगती हैं (सहज रूप में) और कुछ अप्रिय, कुछ आकर्षित करती हैं और कुछ जुगुप्सा पैदा करती हैं। किस आधार पर कोई चीज प्रिय या अप्रिय लगती है, यह बिल्कुल निश्चित नहीं है। आखिर क्यों, कुछ लोगों को साँपों, कॉकरोचों, मकड़ी इत्यादि से बेहद डर लगता है और कुछ को नहीं लगता। एक स्पष्टीकरण है कि इसका कारण विगत का कोई कटु अनुभव हो सकता है, लेकिन डर तो अज्ञात से भी लग सकता है यानी उससे जिससे आपका कभी सामना ही नहीं हुआ है। कभी-कभी अचानक किसी जानवर को पहली बार ही देखकर आप भयभीत हो जाते हैं। स्नायु विशेषज्ञ वैज्ञानिकों और विकासवादियों ने इस क्षेत्र में बड़ा काम कि है और कभी-कभी किसी व्यक्ति का बिल्कुल बेतुका व्यवहार समझाने के लिए कुछ कारण स्पष्ट किए हैं। पिछले दशक में वैज्ञानिकों ने मानव मस्तिष्क को समझने का काफी प्रयत्न किया है और बताया है कि क्यों भावनाएं पैदा होती हैं और क्यों इनकी अपरिहार्य जरूरत महसूस होती है। वस्तुतः हमारे आदिम भावनात्मक प्रत्युत्तर हमारी जिजीविषा के प्रमुख कारण बनाते हैं। जब भयाक्रान्त होता है तो व्यक्ति की बड़ी मांसपेशियों में खून त्वरित गति से बहने लगता है और इस प्रकार भागने में आसानी रहती है या आश्चर्यचकित होने की स्थिति में हमारी भँवें ऊपर उठ जाती हैं जिससे आँखों का दृश्यपटल बढ़ जाता है और अप्रत्याशित घटना के बारे में

मानव दो प्रकार के मन से कार्य करते हैं, भावनात्मक मन तथा बुद्धिसंगत मन।

ज्यादा-से-ज्यादा मालूमात ग्रहण करने में सहूलियत रहती है। इसी प्रकार जुगुप्सा या तीव्र घृणा की स्थिति में नाक-भौं सिकोड़ ली जाती है। हर भावना एक तरह का आवेग होता है जिससे आपको रोने, हंसने, भागने, भयभीत होने में सहारा मिल जाता है। चित्र 2.1 देखें।

न्यूरोबायोलॉजी में आधुनिक शोधों से ज्ञात हुआ है कि मानव दो प्रकार के दिमागों से काम लेता है: भावनात्मक दिमाग और तर्क पूर्ण दिमाग। इन्हीं दोनों दिमागों के मध्य सामंजस्य भावनात्मक बुद्धिमत्ता संगठित करता है और यही बुद्धि ज्यादा समृद्ध और संतुष्ट जीवन बिताने का आधार प्रदान करती है।

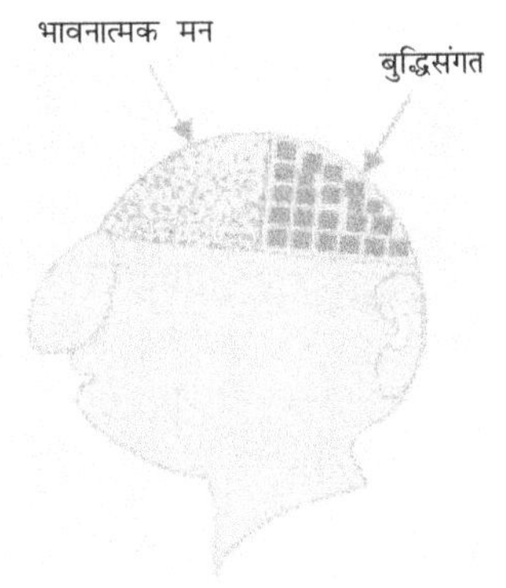

चित्र 2.1: मानव मन

भावनात्मक दिमाग मूल भावनाओं का मुख्य स्रोत होता है यथा क्रोध, दु:ख, भय, वासना, आश्चर्य, जुगुप्सा इत्यादि। मानव सहित प्रारंभिक योनि के जीव केवल भावनात्मक दिमाग से ही काम करते थे यानी मस्तिष्क के उस हिस्से से जो 'ग्रे मैटर' के नीचे रहता है अर्थात् सब कॉर्टिकल लिम्बिक सिस्टम के द्वारा।

तर्कशील दिमाग ब्रेन के बाहरी हिस्से में, नियो-कार्टेक्स पर केन्द्रित रहता है जिसके जरिए योजना बनाना, सीखना या याद रखना संभव हो पाता है। यह माना जाता है कि दिमाग का यह ज्यादा सूक्ष्म संवेदी भाग होता है, जो लगभग 10 लाख वर्ष पूर्व ही विकसित हो गया था।

बीसवीं शताब्दी के अंतिम दशक में हुए शोधकार्यों से मालूम हुआ है कि इन्द्रिय लब्ध ज्ञान वस्तुत: भावनात्मक स्मृति में रजिस्टर होता है यानी एमिगडला में, जो भावनाओं का भंडार है। इसका अर्थ हुआ कि भावनात्मक बुद्धिमत्ता तार्किक बुद्धिमत्ता में भी अपना सहयोग देती है। यह आपका भावनात्मक दिमाग

है, जो भावनात्मक निर्णयों का विश्लेषण कर आपको बताता है कि किससे विवाह करो, दोस्त बनाओ या किससे दुश्मनी रखो। यह भी सिद्ध हो चुका है कि विचारों से पहले भावनाएं प्रकट होती हैं और तभी आप अपने निष्कर्ष निकालते हैं, क्योंकि तार्किक दिमाग की संवेदनशीलता भावनात्मक दिमाग की तुलना में कम होती है। किसी भी स्थिति में आपकी पहली प्रतिक्रिया हृदय में होती है, दिमाग में नहीं। भावनात्मक प्रतिक्रिया में स्थिति का ज्यादा जायजा लिया जाता है यद्यपि विचार-प्रक्रिया का भी हाथ रहता है कि कौन-सी भावना उदय हो। एक बार दिमाग को यह समझ में आ गया कि 'टैक्सी ड्राइवर बेईमानी कर रहा है' या 'यह बच्चा बड़ा प्यारा है', उसके बाद ही आपका भावनात्मक प्रत्युत्तर प्रकट होगा। ज्यादा जटिल भावनाएं यथा खौफ या शर्म भी इसी धीमी गति से प्रकट होकर आपके तत्सम्बन्धी विचार विकसित करती हैं, लेकिन आम तौर पर तार्किक दिमाग यह तय नहीं करता कि आपमें कौन-सी भावना 'उदय' होनी चाहिए। यह आपके सहज भावों का अंतिम निर्णय होता है। तार्किक दिमाग तो इनकी थोड़ी-बहुत दिशा निर्धारित कर सकता है। उदाहरणार्थ, आप यह 'तय' नहीं कर सकते कि कब आपको नाराज, दुःखी, क्रोधित या अवसादग्रस्त होना है। यह तात्कालिक स्थिति पर निर्भर है कि आप कैसा बर्ताव करें या प्रतिक्रिया दें।

सही मायनों में, सकारात्मक या नकारात्मक भावनाएं नहीं होती हैं।

वास्तव में ऋणात्मक और धनात्मक भावना जैसी कोई चीज नहीं होती। भावना तो भावना है और उसका एक ही उद्देश्य है, आपकी जीवित रहने की कामना को स्थायी रखना या आपकी सुरक्षा सुनिश्चित करना, यही वह कर्म करवाती है जिससे आप कम कष्टदायक स्थिति या बेहतर सुरक्षा में पहुँच सकें। इसलिए भावनाओं को 'ऋणात्मक' (गुस्सा, घृणा, ईर्ष्या, चिन्ता आदि) और 'धनात्मक' (शांति, हर्ष, करुणा, प्रसन्नता) इत्यादि के वर्गों में बाँटना ही गलत है। यह एक सहज व स्वतः प्रक्रिया है जिसके द्वारा आप विश्व की घटनाओं के प्रति अपनी प्रतिक्रिया प्रकट करते हैं। अतः यह बुद्धिमत्ता पूर्ण समझ आपमें होनी चाहिए।

उच्च और निम्न ई.क्यू. के परिणाम

शोध एवं अनुभव ने यह स्पष्ट कर दिया है कि कुछ पहलू आपके व्यक्तित्व के निश्चित होते हैं, परन्तु यह आप चुन सकते हैं कि किस प्रकार उनके प्रति अपनी प्रतिक्रिया दें। हो सकता है कि कुछ लोगों को यह निष्कर्ष ठीक न लगे परन्तु सत्य यही है। आप अपनी प्रतिक्रिया रोजमर्रा की समस्याओं के प्रति अपने

ई.क्यू. के आधार पर ही देते हैं। चूँकि ई.क्यू. एक आवश्यक तत्त्व है इसलिए उच्च और निम्न ई.क्यू. के परिणामों की आपको जानकारी होना आवश्यक है।

निम्न ई.क्यू. के परिणाम: साधारणतया अप्रसन्नता का अनुभव आपको रहेगा। यदि आप जीवन में मिले झटकों के कारण आसानी से परेशान हो जाते हैं तो आपको अपना ई.क्यू. चैक करना चाहिए। यदि आपका ई.क्यू. निम्न है तो आप स्थिति से परे जाकर वस्तुपरक रूप से अनुभव नहीं कर सकते। उदाहरणार्थ, आप अपना मनचाहा मित्र नहीं ढूँढ सकते क्योंकि आप अपनी आंतरिक भावनाओं का सही आकलन नहीं कर सकते। इसलिए आप तार्किक रूप से तो अपना सही मित्र ढूँढ लेते हैं, पर आपको यह नहीं ज्ञात होता कि वह आपको 'खुश' भी रख पाएगा कि नहीं। इसके परिणाम तो काफी कीमत देकर चुकाने पड़ते हैं और अंततः आप किसी-न-किसी बहाने से अपनी इस दोस्ती को खत्म करने में ही भला समझेंगे।

उच्च ई.क्यू. के परिणाम: साधारणतया आप पर एक सुखद अनुभूति तारी रहती है। उच्च 'ई.क्यू. ' होने के कारण आप अपनी भावनाओं की शीघ्र पहचान कर लेते हैं तथा आत्मविश्वास पूर्ण उचित काम करके अपनी संतुष्टि और सुखानुभूति में वृद्धि कर लेते हैं। अपने मूल्यों एवं आदर्शों के अनुरूप आप अपने मानक निर्धारित करते हैं और बजाय दूसरे लोगों या समाज के अपनी शर्तों पर जीवन जीते हैं। जितना आपका ई.क्यू. अधिक होगा, उतना ही आप अपने सुख-दुःख के उत्तरदायी होना महसूस करेंगे और दूसरों पर या समाज पर कम-से-कम निर्भर रहेंगे। इसीलिए शोध पत्रों का यह निष्कर्ष है कि उच्च ई.क्यू. वाले लोग ज्यादा सुखी, स्वस्थ और अपने सम्बन्धों में ज्यादा कामयाब रहते हैं। अपनी भावनाओं का स्पष्ट विश्लेषण करने में सक्षम ये लोग भावुकता और तार्किकता के मध्य अच्छा संतुलन बैठा पाते हैं तथा दूसरों के प्रति भी ज्यादा करुणा दिखाते हुए आत्मसम्मान के भाव से परिपूर्ण रहते हैं। तालिका 2.1 में अधिक व कम आई. क्यू. के परिणाम दिए गए हैं।

तालिका 2.1: निम्न और उच्च ई.क्यू. के परिणाम

निम्न ई.क्यू.		*उच्च ई.क्यू.*	
अप्रसन्नता	असफलता	प्रसन्नता	सराहना
हताशा	निराशा	संतुष्टि	स्वतंत्रता
खालीपन	क्रोध	शांति	इच्छा
तीखापन	परनिर्भरता	जागरुकता	तसल्ली
अवसाद	एकाकीपन	आत्म सम्मान	उल्लास-गर्व
अस्थिरता	दबाव	संतुलन	प्रेरणा

इस चर्चा के निष्कर्ष के रूप में हम कह सकते हैं कि इमोशनल इंटेलिजेंस (भावात्मक बुद्धिमत्ता) का अर्थ है उस सक्षमता की उपस्थिति जिसके माध्यम से आप दूसरों के साथ अपने सम्बन्धों का धनात्मक परिणाम हासिल करते हैं। इन धनात्मक परिणामों में हर्ष, आशा, कार्य में सफलता-कार्य के किसी भी क्षेत्र, स्कूल या जीवन में शामिल है। इसीलिए उच्च ई.क्यू. वाले लोग ज्यादा अच्छे नेता हो सकते हैं, चाहे कोई भी क्षेत्र हो-पढ़ाई का, वैवाहिक सम्बन्ध, मित्रता या स्वास्थ्य सम्बन्धी आदि। कुछ भावनात्मक दक्षताएं यथा भावाभिव्यक्ति में महारत, भावों को समझकर उनको वर्गीकृत कर सकता (स्व-विश्लेषण की आसानी के लिए); भावावेग की तीव्रता का आकलन कर लेना, अपने संवेगों पर बेहतर नियंत्रण रखना इत्यादि-यदि आप इसे हासिल कर सकें तो आप किसी भी क्षेत्र में सितारा बनकर चमक सकते हैं।

एक ऊर्जावान सी.ई.ओ. जो नाकामयाब रहा

यह मामला एक बड़ी पब्लिक सेक्टर कंपनी के चीफ एक्जीक्यूटिव अफ़सर का है जिसे 30 वर्ष का सतत अनुभव था। उसका आई.क्यू. तो 200 था, परन्तु ई.क्यू. निम्न था। ज्यादातर समय वह मेल के सामने बैठा आंकड़ों से जूझता रहता था तथा 18 घंटे काम करने के बावजूद भी दु:खी रहता था। 'मेरे चेयरमैन का आई.क्यू. 90 है। वे समझ ही नहीं पाते कि मैं क्या कर रहा हूँ। न मेरे मातहत मुझे सही सहायता दे पाते हैं।' इस चक्कर में उसका बी.पी. भी बढ़ा रहता था कम ई.क्यू. होने के कारण वह समझ ही नहीं पाता था कि इतनी बड़ी कंपनी को किन आंकड़ों की दरकार है। वह नियम, रिपोर्ट तथा अन्य तकनीकी आंकड़ों की पूर्ति में उलझा रहता था। और दूसरों की भावनाएं समझ ही नहीं पाता था। उसे यह नहीं मालूम होता था कि दूसरे उसे 'बोर' और 'चाटू' कहते हैं। अपने सहयोगियों से इसी वजह से उसे कभी सहानुभूति नहीं मिलती थी। उसके बॉस भी आंकड़ों में उलझे रहने की उसकी प्रवृत्ति से परेशान रहते थे। इसी कारण उसकी पदोन्नति नहीं हो पाती थी जिससे उसकी निराशा और हताशा बढ़ती ही जाती थी। उसने कभी यह समझने की कोशिश ही नहीं की कि इतनी बड़ी कंपनी को आंकड़े नहीं, अच्छे परिणाम चाहिए- किस परियोजना में कॉर्पोरेट महत्त्व की कौन सी वस्तुएं शामिल होनी चाहिए? उसके मातहतों की क्या समस्या है या

उसके बॉस उससे क्या चाहते हैं? अपने माहौल तथा लोगों की प्रतिक्रिया से अनभिज्ञ अपने उच्च आई.क्यू. की धुन में वह न कभी ग्राहकों को संतुष्ट कर पाया और न अपने बॉस या सहयोगियों को। वह एक रूखा इन्सान दूसरों की रुचियों को कभी देखता ही नहीं था। फलस्वरूप वह असफल रहा, भले ही उसका आई.क्यू. 200 था।

काश! यह अपना ई.क्यू. बढ़ाने की चेष्टा करता। अपनी योग्यता का गलत इस्तेमाल कर न वह अपनी आवश्यकता को समझ पाया और न दूसरों की चाह को, जो लोग उससे रखते थे। यदि वह ऐसा कर पाता तो शायद वह निश्चित रूप से सफल होता। बुद्धिमत्ता की उसके पास कोई कमी नहीं थी, परन्तु भावनात्मक बुद्धिमत्ता की कमी ने उसे अपनी योग्यता का सही इस्तेमाल करने से वंचित कर दिया।

अब सवाल यह उठता है कि क्या ई.क्यू. या भावनात्मक बुद्धिमत्ता बढ़ाई जा सकती है? क्या उसको विकसित किया जा सकता है? यही हमारे अगले अध्याय का विषय है।

3

क्या ई.क्यू. विकसित किया जा सकता है?

"जीवन में परिवर्तन लाना या दूसरों को ऐसा ही सुझाव देना कभी भी संभव है। इसमें काम या अधिक आयु का कोई महत्त्व नहीं है।"

–लेखक

बेशक! अपनी भावनात्मक दक्षता का उपयोग कर आप अपना ई.क्यू. हमेशा विकसित कर सकते हैं। ई.क्यू. के बारे में एक भ्रांत धारणा है कि यह पुश्तैनी होता है। ई.क्यू. जन्म समय पर कभी निश्चित या स्थिर नहीं होता। वैज्ञानिकों ने आज तक इसका कोई 'जीन' नहीं ढूँढा है। यह वह तत्त्व है, जो आपकी सांसारिक समझ (या नासमझी) बताता है। ई.क्यू. का प्रभाव सिर्फ कार्यक्षेत्र पर ही नहीं बाहर भी पड़ता है। हर क्षेत्र में इसका प्रभाव होता है-घर में, बाहर, आपके पारिवारिक या सामाजिक सम्बन्धों में, आपके व्यावसायिक क्षेत्र में बल्कि आपके निजी सम्बन्धों अर्थात् पत्नी और बच्चों के साथ सम्बन्धों में भी इसका प्रभाव काम करता है। महत्त्वपूर्ण यह है कि आपको इसे क्रमबद्ध अर्थात् सीढ़ीदार सीढ़ी विकसित करना चाहिए-एक साथ नहीं। यदि आप इसमें विकास कर सकें तो इसका सुप्रभाव आपको तुरन्त महसूस होने लगेगा। आज समस्त विश्व इस बात को मानने लगा है कि महसूस करने की आपकी क्षमता का महत्त्व आपके सोचने की क्षमता से कतई कम नहीं है, वरन् कतिपय क्षेत्रों में ज्यादा ही है। आपमें भावों को उनके कच्चेपन में ही समझने की क्षमता होनी चाहिए। किस प्रकार यह क्षमता पैदा की जाए? क्योंकि यह क्षमता ई.क्यू. बढ़ाने की पहली सीढ़ी है। सारे मनुष्यों की भावनाओं में कभी भी एकरसता या साम्यता नहीं हो सकती।

आपका ई. क्यू. आपके जन्म के समय पर निर्धारित नहीं होता है। यह बात आपके आई. क्यू. के लिए सत्य नहीं है जो कमोवेश स्थिर ही रहता है।

सबकी अपनी-अपनी सहज प्रवृत्ति होती है। आप अपना व्यवहार, अभिव्यक्ति और भावों को जरूरत के अनुसार बदलते रहते हैं। अतः आई.क्यू. की अपेक्षा, आप अपने ई.क्यू. में महत्त्वपूर्ण बदलाव ला सकते हैं। आपकी समझ की सीमा होती है इसीलिए आई.क्यू. अचल होता है, परन्तु इस समय का भावनात्मक पक्ष तो सदा सचल और विकास पाने योग्य हमेशा ही रहता है।

जीवन के प्रारंभिक अनुभव

भावनात्मक समझ में विकास की प्रक्रिया जीवन में काफी पहले प्रारंभ हो जाती है और बच्चे के विकास में इसका बड़ा महत्त्व होता है। किसी बच्चे का भावनात्मक विकास उसके बड़े होकर समझने की क्षमता को बनाने में बड़ा योगदान देता है। यदि भावनात्मक विकास स्वस्थ वातावरण में हुआ है तो बच्चा आगे चलकर निश्चित रूप से समझदार होगा। अनुभवों और शोधों के आधार पर ज्ञात हुआ है कि बच्चे के विकास पर विकासशील या कम विकसित देशों में कोई ध्यान ही नहीं दिया जाता। दकियानूसी सांस्कृतिक और धार्मिक जंजीरों में जकड़े बच्चों के या पिताओं की अक्षमता का दुष्प्रभाव उनके बच्चों पर पड़ता ही है। बच्चे के विकास की प्रक्रिया को समझना जरूरी है, तभी भावनात्मक बुद्धि विकास को समझना संभव हो पाएगा।

बचपन एक ऐसी खिड़की है जिसमें बच्चे का मन माँ-बाप के व्यवहार के अनुसार बनता है। इसलिए माता-पिता के लिए यह जरूरी है कि बच्चे के भावनात्मक विकास पर घर या बाहर पूरी नजर रखें। बच्चों की भाव ग्रहण करने की शक्ति गर्भावस्था से ही प्रारंभ हो जाती है। इसलिए ऐसी चीजों-खिलौनों इत्यादि के मध्य यदि गर्भवती माँ रहे, जो भावनात्मक प्रतिसाद पैदा करते हों, तो बच्चे की भावनात्मक समझ पर अच्छा असर पड़ता है। आई.क्यू. को आज के विश्व में ज्यादा महत्त्व दिया जाता है, परन्तु धीरे-धीरे ई.क्यू. का प्रभाव जीवनयापन में अपना महत्त्व दिखाने लगा है। पारम्परिक शिक्षा प्रायः आई.क्यू. विकास केन्द्रित ही होती है जिसके कारण वह बालक कई प्रकार के भावनात्मक दबावों का शिकार हो जाता है। विकासशील देशों में अब भावनात्मक शिक्षा का महत्त्व उजागर होता जा रहा है। इस शिक्षा से आई.क्यू. की महत्ता के बारे में भ्रांति टूटेगी और पूरा शिक्षा तंत्र ज्यादा व्यावहारिक एवं बहुमुखी होता जाएगा जिससे जब शिक्षा प्राप्त कर बालक जीवन में स्वतंत्र अस्तित्व की तरह उतरता है तो उसे ज्यादा परेशानी या दबाव नहीं झेलने पड़ेंगे।

परिपक्वता के साथ ई.क्यू. विकसित होता है

ई.क्यू. विकसित करने की प्रक्रिया कोई ज्यादा जटिल नहीं है, परन्तु ई. क्यू. के बारे में इतना ज्ञान प्राप्त कर चुकने के बावजूद यह कोई आसान भी नहीं है। शोधों से यह स्पष्ट हुआ है कि ई.क्यू. जीवन-भर विकसित हो सकता है, जबकि आई.क्यू. विकसित नहीं हो सकता। वस्तुतः जीवनयापन में ही ऐसे कई मौके मिलते हैं, जब इस प्रक्रिया को दृढ़तर किया जा सकता है। जैसे-जैसे आप ज्यादा परिपक्व होते जाते हैं, आपकी भावनात्मक समझ में वृद्धि होती जाती है। एक तुलनात्मक अध्ययन से यह स्पष्ट हो चुका है कि वयस्क लोगों में यह किशोरों की तुलना में ज्यादा होती है। उम्र के साथ परिपक्वता आती है और परिपक्वता भावनात्मक बुद्धिमत्ता को बढ़ाती है। इसका शीर्ष बिन्दु प्रायः उम्र के पाँचवें दशक में आता है। इसका विकास-क्रम उम्र के साथ बढ़ता है। ज्यादा उम्र के लोगों को नए पाठ (इसको विकसित करने के बारे में) सिखाना तुलनात्मक रूप से आसान होता है। आई.क्यू. की अपेक्षा जिसमें नए तोतों को पाठ रटाना ज्यादा आसान माना जाता है-ई.क्यू. की बढ़ोतरी के लिए पुराने तोतों को पाठ सिखाना आसान होता है। यदि सही प्रेरणा स्तर हो तो पुराने कार्यकर्ताओं को भावनात्मक बुद्धिमत्ता प्राप्त करने में अधिक निष्णात पाया गया है। जहाँ तक स्त्री-पुरुष के अलग-अलग वर्गों का प्रश्न है, जहाँ पुरुष स्व नियमन या नियंत्रण शीघ्रता से प्राप्त कर लेते हैं, वहीं स्त्रियां दूसरों के भाव जल्दी समझ लेती हैं और उसी के अनुरूप शीघ्रता से सामाजिक दक्षताएं भी प्राप्त कर लेती हैं, परन्तु दोनों ही मामलों में दोनों ही वर्गों में विकास की एक ही सीमा होती है, चाहे किसी भी स्थिति से उन्होंने इस ओर प्रयास करना प्रारंभ किया हो। समान योग्यता वाले समान रूप से भावनात्मक बुद्धिमत्ता विकसित कर सकते हैं।

> *जैसे-जैसे एक व्यक्ति बचपन से व्यस्क जीवन की ओर बढ़ता है, उसकी भावनात्मक बुद्धिमता का बढ़ती आयु तथा अनुभव के साथ विकास होता है।*

> *अपनी भावनात्मक बुद्धिमता बढ़ाने की क्षमता के मामले में पुरुष व स्त्री दोनों बराबर तौर पर सक्षम हैं।*

एक केस स्टडी

संस्थानों में भावनात्मक बुद्धिमत्ता कैसे विकसित की जाए? आज के युवा प्रबन्धकों के मन में यह प्रश्न प्रायः घुमड़ता रहता है। किसी भी संस्थान में ई.

क्यू. का आकलन वहाँ के लोगों द्वारा नेतृत्व, आपसी सम्बन्ध/संप्रेषण तथा अन्य संस्थाओं से आपसी सम्बन्धों के परिप्रेक्ष्य में किया जाता है। वहाँ के कार्मिक जन दबावपूर्ण एवं विपरीत स्थितियों का कैसे सामना करते हैं; कैसे अपनी निराशाओं और हताशाओं से पार पाते हैं, संस्थान में कार्यरत किसी प्रबन्धक के व्यवहार से वहाँ की भावनात्मक बुद्धिमत्ता का हवाला मिलता है। नीचे एक पब्लिक सेक्टर के होटल का एक मामला दिया गया है-देखें वहाँ कार्य-कलाप में कैसे ई.क्यू. विकसित कर बेहतरी प्राप्त की गई।

ई. क्यू. कार्यकलाप को बेहतर बनाता है

प्रस्तावना

उत्तर भारत में एक सार्वजनिक क्षेत्र का तीन सितारा होटल लगातार पिछले पाँच वर्षों से घाटे में चल रहा था। यह तब था, जब एक बड़ी संख्या में भारतीय और विदेशी पर्यटक उस होटल में आते रहते थे, फिर भी होटल भरे रहने की दर पिछले पाँच वर्षों में 90 से 30 प्रतिशत रह गई थी। बुरा रख-रखाव, होटल के विभिन्न विभागों में तालमेल की कमी, ग्राहकों का घटता संतोष स्तर, स्टाफ का ज्यादातर छुट्टी पर पाया जाना और व्याप्त भ्रष्टाचार से वहाँ के कार्यकर्ताओं का मनोबल घटता ही चला जाता था। आश्चर्य की बात यह थी कि उसी शहर में निजी होटल खूब बढ़िया व्यापार कर रहे थे। जनवरी, 2004 में सरकार ने वहाँ एक नए एक्जीक्यूटिव डायरेक्टर (ई.डी.) की नियुक्ति की। उसके सामने कई कड़ी चुनौतियां थीं और किसी भी समस्या का कोई समाधान दृष्टिगत नहीं होता था। जब उक्त ई.डी. ने होटल के वरिष्ठ स्टाफ के साथ पहली मीटिंग की तो उसका निष्कर्ष था- 'इस होटल के चालू रहने की कोई उम्मीद नहीं है।' प्रेरणाहीन स्टाफ का भी यही मत था- 'यह तो खत्म है-मौत हो चुकी है, बस क्रिया-करम का इन्तजार है।'

यद्यपि नए ई.डी. ने काफी धनात्मक परिवर्तन लाने का प्रयत्न किया, कार्मिकों को बदला और आर्थिक रूप से भी नए परिवर्तन लाने का प्रयास किया, परन्तु पहले दो महीनों में तो वह मात्र एकाध इंच ही प्रगति पा सका। अपनी क्षीण आशा को जागृत रखते हुए उसने होटल को पुनः जीवन्त करने के लिए एक ई.क्यू. विशेषज्ञों का दल बुलाया जिससे वे सुझाव देकर समस्याओं का समाधान करें।

ई.क्यू. हस्तक्षेप

ई.क्यू. टीम ने समस्याओं पर ध्यान केन्द्रित कर उनके कारण ढूँढने और समाधान पाने के प्रयास प्रारंभ किए। 'फोकस ग्रुप' बनाए गए और समस्या के मूल तक पहुँचने के लिए विशद चर्चाएं की गईं। इन चर्चाओं में वरिष्ठ, मध्य-क्रम और शॉप फ्लोर पर काम करने वाले कार्यकर्ताओं से इकट्ठे व अलग-अलग, दोनों प्रकार से बातचीत की गई। यह बातचीत चार दिनों तक चलती रही। सारे कार्यकर्ताओं के भावनात्मक आकलनों को समझने के लिए एक 'ई.क्यू.' टेस्ट भी किया गया। परिणाम यह मिला कि विभिन्न विभागों और विभागों के कार्यकर्ताओं में आपसी भावनात्मक ताल-मेल का अभाव पाया गया। फिर सारे 'ऑपिनियन लीडर्स' की संलग्नता से 'परेशानी के क्षेत्र' खोजे गए और उनको लगातार बारीकी से छांटा गया। सभी की यही राय बनी कि 'कुछ किया जाना चाहिए', पर यह स्पष्ट किसी ने नहीं किया कि 'क्या किया जाना चाहिए।' ई.क्यू. विशेषज्ञों ने इन 'परेशानी के इलाकों' की गहन पड़ताल की, जो थे, 'भावनात्मक संवेदनशीलता की कमी जिसके कारण आपसी सक्षमताओं की समझ में कमी होना और इसके बिना कभी भी कोई विजेता नहीं हो सकता।' यह विशेषज्ञों का दल होटल के शीर्ष प्रबन्धन के साथ छह महीनों तक विचार-विमर्श करता रहा और उन कार्यकर्ताओं को ऐसे क्षेत्रों में प्रशिक्षण प्रदान किया, जो उन्होंने कभी सोचे भी नहीं थे। अन्य बातों के अलावा उन्हें भावनात्मक बुद्धिमत्ता का सम्पूर्ण परिप्रेक्ष्य समझाया गया और बताया गया कि कैसे इसकी कमी सबके प्रदर्शन पर बुरा असर डाल रही है और स्पष्ट किया गया कि क्या किसी मापने योग्य आंकड़ों से इसको बेहतर किया जा सकता है अर्थात् क्या स्पष्ट रूप से इसकी बेहतरी मापने के कोई पैरामीटर्स हो सकते हैं या नहीं? ई.क्यू. टीम का यह हस्तक्षेप उन स्टाफ सदस्यों को यह समझाने में कामयाब रहा कि भावनात्मक समझ का तत्त्व हर एक के लिए अपरिहार्य है, चाहे वह आपसी सदस्यों का मामला हो या उनका ग्राहकों से निबटने का काम हो। वरिष्ठ स्टाफ चाहता था कि हर एक को अलग-अलग बुलाकर समझाया जाए। फिर 'ई.डी.' को बताया गया कि आगे प्रदर्शन बेहतर करने के लिए क्या-क्या परिवर्तन लाए जाएं, किसको हटाया जाए और किसको रखा जाए।

ई.क्यू. विशेषज्ञों ने भावनात्मक रूप से सक्षम करने के लिए प्रशिक्षण भी प्रदान किया जिससे स्टाफ का मनोबल बढ़े और उत्पादकता में वृद्धि हो।

सुखद आश्चर्य तब हुआ, जब इस कवायद में सभी ने बढ़-चढ़कर भाग लिया और पूरी जिम्मेदारी से होटल को पुनर्जीवित करने का बीड़ा उठाया। उनको लगने लगा कि यदि ऐसा नहीं किया गया तो होटल शीघ्र बन्द हो जाएगा। ई.डी. ने चार प्रबन्धकों की जगह बदली और आठ लोगों को दूसरी जगह स्थानांतरित किया। सिर्फ एक की छुट्टी की गई। प्रबन्धन टीम को सलाह दी गई थी कि प्रशिक्षण का काल (अवधि) बढ़ा दिया जाए तथा पूरा प्रयत्न किया जाए जिससे कार्यकर्ताओं की कार्य गुणवत्ता के स्तर में सुधार लाकर ग्राहकों को बेहतर सेवा दी जाए।

फल

ई.क्यू. विशेषज्ञों की टीम के छह महीने के प्रयत्नों का फल बड़ा धनात्मक निकला और कार्य-क्षमता में काफी सुधार प्राप्त किया गया। मात्रात्मक परिणामों से देखा गया कि आपसी संयोजन दक्षताओं में 32.80%, उत्तरदायित्व में 30.87% तथा सूचना के आदान-प्रदान में 30.87% का सुधार आया। छुट्टी पर जाने की प्रवृत्ति में बड़ी कमी आई। 40% से यह मात्र 5% रह गई। होटल के ग्राहकों ने भी इन सुखद परिवर्तनों को सराहा। उन्हें लगा कि अब होटल के कार्यकर्ता उनकी जरूरतों के बारे में ज्यादा सतर्क और सदय रहते हैं तथा आपसी विश्वास और सम्मान का भाव भी काफी बढ़ गया है। ग्राहक में संतोष का माप 10 में से 3.2 के स्थान पर उछलकर 9.2 पर आ गया। व्यापार में बढ़ोतरी से होटल घाटे से भी उबर आया तथा इसने अपना मार्केट भी मजबूती से बना लिया। यह सारे सुखद परिवर्तन होटल में कार्यकर्ताओं के आपसी भावनात्मक समझ के बढ़ने का परिणाम था। ई.डी. जो सदैव से 'स्टार परफॉर्मर' था, अपने लक्ष्य आसानी से प्राप्त करने लगा। होटल के प्रबन्धन ने ई.क्यू. दल की विशेष प्रशंसा की और अहसान माना कि उसने उन्हें भावनात्मक बुद्धिमत्ता का महत्त्व समझाया। उनका कहना था कि सिर्फ कार्यकलाप ही नहीं सुधरा, व्यापार की बढ़ोतरी के साथ लोगों का आपसी सम्बन्ध भी बहुत मधुर हो गया है।

भावनाओं को त्यागा भी जा सकता है

भावनाएँ चूंकि सीखी गई आदतों का प्रतिफल होती हैं इसलिए उन्हें प्राप्त करके त्यागा (सीख के छोड़ा) भी जा सकता है। कहना न होगा कि अविश्वास, तिकड़म, भ्रष्टाचार, ऋणात्मक भावनाओं और निम्न मनोबल का प्रभाव किसी

भी कार्यस्थल को ध्वस्त कर सकता है। इसके अलावा हिंसापूर्ण अपराध, औद्योगिक हड़तालें, वैवाहिक संघर्ष की स्थितियां, किशोरों द्वारा ड्रग्स का सेवन, कम होता मनोबल, राष्ट्रीय चरित्र का ह्रास और दूसरी समस्याएं भावनात्मक समझ को घटाते रहते हैं। मनोवैज्ञानिक अध्ययनों से यह स्पष्ट हो चुका है कि ऐसे माहौल में ई.क्यू. को विकसित करने के लिए लोगों को सिखाना पड़ेगा कि वे अपने पुरानी भावनात्मक प्रतिक्रिया देने के तरीकों से बाज आएं और ऐसी ऋणात्मक भावनाओं से उबरने के लिए नई युक्तियां सीखें। उदाहरणार्थ अपने गुस्से को नियंत्रित करने की क्षमता या दूसरों के मनोभाव में पैठने का गुण निश्चय ही भविष्य में ज्यादा सफलता देगा, अपेक्षाकृत अकादमिक बुद्धिमत्ता को बढ़ाने के लिए प्रयत्न करने से, जैसा सारे विश्व में किया जाता है। यहां दिया गया एक इंजीनियर का मामला इसी संदर्भ में काफी समीचीन रहेगा।

एक मौन इंजीनियर

एक इंजीनियर ऐसा था, जो अपने दड़बेनुमा दफ्तर में घुसा रहता था और अपने सहयोगियों से कोई अंतर्क्रिया नहीं करता थ। वह समझता था कि काम सम्बन्धी सारी समस्याओं से निदान पाने के लिए वह और उसका कंप्यूटर काफी हैं। उसकी यह सबसे अलग रहने की आदत का कारण उसका झेंपू स्वभाव, असामाजिक व्यवहार या दल में कार्य करने की अक्षमता भी हो सकता था। निश्चय ही यह आदत उसने अपने अनुभवों से पाई होगी। उसको अपने सहयोगियों के साथ घुलना-मिलना आता ही नहीं था, न वो उनकी भावनाएं ओर प्रतिक्रियाएं समझ पाता था, परन्तु इस आदत से उसे परेशानी काफी होती थी। वैसे जितनी मशक्कत से उसने यह स्वभाव पैदा किया था, उससे काफी कम मेहनत से वह इनसे त्राण भी पा सकता था। ये आदतें अपने दिमाग के रुझान के कारण ही पैदा होती हैं, और इसी तरीके से दूर की जाती हैं। इस प्रकार इन आदतों और सीखने की कुंजी आपके दिमाग में ही होती है।

भावनात्मक दक्षताएं को यूं समझिए कि एक आदतों का पिटारा है, जो किसी काम को करते समय आपके सोच-विचार और भावनाओं से बनता है। इन आदतों से त्राण पाना और इनकी जगह नई आदतें विकसित करना काफी अभ्यास और मेहनत की मांग करता है, परन्तु एक बार आपकी मन:स्थिति में वांछित परिवर्तन आ जाए तो यह क्रम पुरानी गलत आदत की

जगह नई आदत आना एक स्वतः प्रक्रिया बन सकती है। यह इस पर निर्भर करता है कि आप किस प्रकार इस सहज प्रक्रिया को स्थापित कर पाते हैं; कैसे किसी निर्णायक क्षण में आपकी कैसी सहज प्रतिक्रिया होती है।

वह मौन इंजीनियर अपनी स्थिति को ऐसा करके सुधार सकता था। यह उस पर निर्भर करता था कि या तो वह अपने क्यूबिकल में कंप्यूटर के साथ बैठा रहे या बाहर निकलकर अपने सहयोगियों से मिले और उनके साथ अंतर्क्रिया करे। यदि अपने आप वह ऐसा करने लगे तो यह एकाकीपन और अलगाव की उसकी समस्या स्वतः सुलझ जाएगी, पर इसके लिए उसे स्वयं ही पहल करना जरूरी है।

वे प्रबन्धक और कार्यकर्ता जो इस प्रकार स्थिति के मुताबिक अपनी आदतें परिवर्तित करने की क्षमता रखते हैं, उन लोगों से ज्यादा सफल होते हैं जो अपने एकान्त में घुटते रहते हैं, भले ही वे ज्यादा शिक्षित हों। मिलनसार व्यक्ति अपना काम ज्यादा अच्छी तरह निकाल सकते हैं। उन्हें मालूम होता है कि संघर्षों से कैसे बचें या कैसे निबटें। इस आत्मविश्वास से उनके मन में एक प्रकार की आशावादिता कायम रहती है। यदि कोई एक्जीक्यूटिव ज्यादा आशावादी, आत्मविश्वासी, सृजनात्मक, लचीले स्वभाव वाला, दूसरों की भावना समझने वाला होगा तो निश्चय ही वह अच्छे परिणाम पाएगा और अपने बॉस को अपनी सक्षमता से आश्वस्त कर वांछित प्रगति पाता रहेगा।

शोधों से यह भी स्पष्ट हो चुका है कि जितने ऊपर से यह स्वभाव एवं सहभागिता की भावना चलेगी, निश्चय वह उतने ही नीचे स्तर तक जाएगी क्योंकि शीर्षस्थ पद का प्रभाव अमूमन ज्यादा विस्तृत होता है। इसलिए अच्छा है अपनी पुरानी संकोची, दकियानूसी एवं मनहूसियत फैलाने वाली आदतों की जगह स्वभाव में मिलनसारिता पैदा करें और सबके प्रिय बनें। संस्थानों में काम करने वालों को ज्यादा मिलनसार, सदय एवं दूसरों के भावों को सम्मानित करने की आदत होनी चाहिए। ऐसा परिवर्तन कभी भी करना वांछनीय रहता है।

ई.क्यू. विकास के उदाहरण

नीचे कुछ उदाहरण दिए गए हैं यह दिखाने के लिए कि कैसे ई.क्यू. विकास संस्थानों को ज्यादा सफल बनाता है। धीरे-धीरे सभी संस्थान इस तरफ से इत्तेफाक करने लगे हैं कि भावनात्मक दक्षता प्रबन्धन दर्शन का एक आवश्यक अंग है। एक प्रबन्धक का कहना है– 'प्रतिस्पर्धा सिर्फ हमारे उत्पादों के मध्य

ही नहीं वरन् इसकी भी है कि कैसे हम अपने कार्मिकों का इस्तेमाल करते हैं।' एक बैंक के वाइस-प्रेसीडेंट की उक्ति है, "प्रबन्धक प्रशिक्षण की आधारशिला है भावनात्मक बुद्धिमत्ता। बार-बार इसकी अनुगूंज हमारे कानों में झंकृत होती रहती है।" दि केसोर्टियम फॉर रिसर्च ऑन इमोशनल इंटेलिजेंस इन ऑर्गेनाइज़ेशन्स (2005) ने कई उदाहरण दिए हैं यह सिद्ध करने के लिए कि कैसे ई.क्यू. किसी संस्थान की आधारशिला बनती है। यह उदाहरण मानव संसाधन के अध्येताओं के लिए बड़ी सीख का काम करते हैं। इन अध्ययनों के कुछ निष्कर्ष संक्षिप्त रूप में यहां दिए गए हैं।

1. पैरॉ सिस्टम्स के भूतपूर्व चेयरमैन और सी.ई.ओ. मोर्ट मेयरसन का अनुभव नीचे दिया गया है।

श्री मेयरसन ने कहा, "हमने अपनी कंपनी के 100 शीर्षस्थ अधिकारियों की मीटिंग बुलाई और उनसे कई प्रश्न पूछे। उन्हें अपनी कंपनी संस्कृति के बारे में क्या कहना है? हमारे शीर्षस्थ एक्जीक्यूटिव कैसा काम कर रहे हैं? ग्राहकों से हमारे सम्बन्ध कैसे हैं?"

जवाब में हमें शिकायतों का पिटारा मिला। वे लोग दु:खी, हताश और बेहद अप्रसन्न थे। उनकी शिकायतें सुनने के लिए हमने दल बनाए और उन्हें दूर करने का प्रयत्न किया, फिर उनसे उनकी प्रतिक्रिया पूछी, लेकिन उत्तर पहले जैसा ही मिला। अब हमने सारी कंपनी के लिए एक कार्यक्रम बनाया और लगभग दो तिहाई लोगों को उस कार्यक्रम में भाग लेने के लिए बुलाया। उन्हें बताया कि कैसे बिना किसी को आहत किए अपना विरोध प्रकट किया जा सकता है। इस प्रोग्राम में यूनाइटेड स्टेट्स और यूरोप के हमारे सभी कंपनी लीडरों ने भाग लिया। उन सभी को कोचिंग दी गई तथा बताया गया कि किस नई विधि से वे कंपनी लीडिंग का काम कर सकते हैं। ये सभी अपने अपने क्षेत्र में महारथी थे-बड़ी व्यापारिक योजनाओं को पूरा करने वाले तथा कंपनी को संपन्न बनाने वाले। अपने लक्ष्य तो प्राप्त करते थे, परन्तु इनका व्यवहार लोगों के साथ सही नहीं था। कुछ जो स्वयं को बदल नहीं सकते थे, उनकी बड़े मुआवजे के साथ छुट्टी की गई। उनको बताया गया कि किस प्रकार वे यहाँ नहीं रुक सकते। पहले लोगों (कार्मिकों) से कहा जाता था कि वे घर-परिवार की समस्या दफ्तर में न लाएं। अब उनसे कहा गया कि नहीं, उनकी व्यक्तिगत समस्याएं भी कंपनी की ही समस्याएं हैं। इस बात से बड़ा फर्क पड़ा। एक सेल्स एक्जीक्यूटिव के बच्चे के जन्म के समय उसके हृदय में एक छेद था। कंपनी ने उसका पूरा इलाज

करवाया और बच्चा पूरी तरह स्वस्थ हो गया। हमने कंपनी को एक बेजान नहीं वरन् एक जीवित परिवार की तरह बनाया। इससे न सिर्फ कंपनी का काम बढ़िया हुआ, वरन् हमारे ग्राहक भी इस व्यक्तिगत सम्बन्ध का आनन्द उठाने लगे। पहले ग्राहक के साथ थोड़ा मालिकाना व्यवहार होता था-अब बराबरी एवं साझेदारी का व्यवहार होने लगा। हमारी रणनीति सफल रही और हम कंपनी में भावनात्मक भरोसे का माहौल बनाने में सफल रहे।

2. "न्यू कोक" की मार्केटिंग के समय कोकाकोला कॉर्पोरेशन की नई प्रचार रणनीति कारगर सिद्ध नहीं हो रही थी। "न्यू कोक" शायद पिछले 10 वर्षों में कार्पोरेट जगत में असफलता की सबसे मशहूर दास्तान है। इसको चालू करते समय उत्पाद को हर तरह से जाँचा-परखा जा चुका था। टेस्ट पैनल की आम राय थी कि न्यू कोक, पुराने कोक से कहीं ज्यादा स्वादिष्ट है। उम्मीदें काफी बढ़ी हुई थीं, परन्तु जब इसकी मार्केटिंग किया गया तो बिक्री के आँकड़े अभूतपूर्व रूप से औंधे गिरे। ई.क्यू. विशेषज्ञों से राय ली गई तो पता चला अमेरिका की मात्र 10 प्रतिशत जनसंख्या को नया पेय ठीक लगा था। मनोवैज्ञानिक रूप से सत्य यह है कि नए उत्पाद को फौरन स्वीकार करने वाले कम ही होते हैं। ज्यादातर लोग ऐसे उत्पाद ही स्वीकार करते हैं जिनसे वे अच्छी तरह परिचित हों। वे लोग धीरे-धीरे ही इसे स्वीकार करने की स्थिति में आ पाते हैं, परन्तु कोका कोला इतना समय इन्तजार करने की स्थिति में नहीं था। इसलिए पुराना कोक 'क्लासिक कोक' के नाम से फिर बाजार में उतारा गया। इस बार इसके पुराने ग्राहकों में से 65 प्रतिशत ने इसे स्वीकार किया। ई.क्यू. विशेषज्ञों के अनुमान के अनुसार, यही होना था। इसके बाद कंपनी ने एक और उत्पाद "चैरी कोक" के नाम से बाजार में उतारा। वह भी छठवें दशक के उत्पाद की भांति 65 प्रतिशत का था। धीरे-धीरे "न्यू कोक" अपने बाजार में उतारे जाने के 18 महीने के बाद बाज़ार से गायब ही हो गया।

3. एक अमेरिकी कंपनी ने जितने भी सेल्समैनों को नौकरी दी, उनमें से 25 प्रतिशत पहले ही साल में नौकरी छोड़ गये। इसका मुख्य कारण था– उनकी खराब कारगुज़ारी। इसके कारण कर्मचारियों की ट्रेनिंग व उन्हें नौकरी देने की लागत (लगभग 3 मिलियन अमेरिकी डॉलर) भी कंपनी के लिए घाटे का सौदा साबित हुई। कंपनी ने भावनात्मक लब्धि (ई. क्यू.) को कर्मचारियों को चयनित करने की एक मुख्य पूर्व-पात्रता बनाने का निश्चय किया। अर्ध-सरंचनात्मक इंटरव्यू लेकर अभ्यर्थियों की छँटनी का कार्य आरम्भ किया गया। यह प्रक्रिया

वस्तुतः, अभ्यर्थी के मापांक की सेल्स की कामयाबी के सच्चे सांसारिक प्रतिरूप (मॉडल) के साथ तुलना करती थी तथा अभ्यर्थियों का वर्गीकरण करती थी। चूँकि यह प्रक्रिया विस्तृत छँटनी (स्क्रीनिंग) प्रक्रिया का भाग बना दी गई थी, सेल्स में असफलता के कारण उत्पन्न अनुशय 80 प्रतिशत से भी अधिक मात्रा में कम हो गया। इससे कर्मचारियों के छोड़कर जाने से हुई आर्थिक क्षति में काफी मात्रा में बचत हो गई। इसके अलावा, इसके कारण व्यक्ति, उसकी नौकरी तथा संस्था की संस्कृति के सामंजस्य (फिट) में सुधार हुआ। इस प्रतिरूप ने एक सड़क के मानचित्र की तरह कार्य किया जिससे नये भर्ती हुए लोगों के लिए प्रशिक्षण सामग्री तैयार हुई। अतः वे नए कर्मचारी सफ़लता के लिए इष्टतम हो गए। एक बार हम इन महत्त्वपूर्ण प्रवीणताओं को जान लें तो प्रशिक्षण कार्यक्रमों में संशोधन करके इन्हें उन कार्यक्रमों में डाला जाता है। परिणामों के द्वारा श्रेष्ठ प्रदर्शन करने वाली कंपनियों के लक्षणों की पुष्टि की गई है। इनमें से कुछ लक्षण यह बताते हैं कि प्रतिभा का कोई विकल्प नहीं है; सर्वश्रेष्ठ लोग सफल रहते हैं अर्थात वे लोग, जो यह जानते हैं कि वे क्या चाहते हैं तथा बिना उसे आज़माए उसका पूर्व मूल्यांकन कैसे करें। वे नवनियुक्त कर्मचारी, जिनको यह मालूम नहीं था कि उन्हें क्या चाहिए तथा वे स्वयं का मूल्यांकन कैसे करें, को 'असफल' कहा गया। परिणाम यह भी दर्शाता है कि यह जाने बिना कि कौन-सी भावनात्मक प्रवीणताएं सफलता का सम्बल बनती हैं, प्रशिक्षण कार्यक्रम से इष्टतम सफलता नहीं पा सकते।

4. मध्यम-स्तरीय जटिलता वाले कार्यों में (सेल्स क्लर्क या मिकैनिक का कार्य), सर्वोच्च स्तर पर कार्य करने वाले की निम्नतर स्तर पर कार्य करने वालों की तुलना में 12 प्रतिशत अधिक उत्पादी होने की संभावना है। वह मध्यम-स्तरीय उत्पादन देने वाले व्यक्ति की तुलना में 85 प्रतिशत अधिक उत्पादी होगा। अधिक जटिलता वाले कार्यों में (जैसे कि बीमा पॉलिसी बेचने वाले लोग तथा बही-खातों को बनाने वाले प्रबंधक), एक सर्वोच्च स्तरीय कार्य करने वाले कर्मचारी की किसी मध्यम-स्तरीय कर्मचारी से 127 प्रतिशत अधिक उत्पादी होने की संभावना है। एक सक्षमता शोध 200 से अधिक (विश्व में फैली) कंपनियों व संस्थाओं पर किया गया। इस शोध ने यह तथ्य उजागर किया कि इस अंतर का लगभग दो-तिहाई भाग भावनात्मक सक्षमता के कारण था। सर्वोच्च नेतृत्व वाले पदों पर, अंतर का 80 प्रतिशत भाग भावनात्मक सक्षमता के कारण पाया गया।

5. फर्नीचर की खुदरा बिक्री करने वाली एक राष्ट्रीय कंपनी के सेल्स के स्टाफ को उसकी भावनात्मक सक्षमता के आधार पर नियुक्त किया। उस कंपनी

ने रिपोर्ट दी कि इन सभी सेल्समैनों में अधिक सफलता की दर पाई गई थी। कुल 515 वरिष्ठ एक्ज़ीक्युटिव इस शोध में शोध कंपनी के द्वारा जाँचे गये थे। जिनका ई. क्यू. स्कोर अधिक था, उनके सफल रहने की संभावना अधिक थी, परंतु उन सबके सफल होने की संभावना उस वर्ग की तुलना में कम थी, जो पूर्व अनुभव तथा आई. क्यू. में से किसी भी एक मापदंड में काफी सशक्त थे। दूसरे शब्दों में, ई. क्यू. अनुभव उच्च आई. क्यू के मुकाबले में सफलता का एक बेहतर पूर्वकथन था। यदि हम और अधिक सुस्पष्ट होकर सोचें तो यह पता चलता है कि जिन एक्ज़ीक्यूटिवों का ई. क्यू अधिक था, उनका सफलताओं में 74 प्रतिशत योगदान था तथा वे 24 प्रतिशत असफलता के लिये ज़िम्मेदार पाए गए। इस शोध ने लैटिन अमेरिका, जर्मनी, जापान के एक्ज़ीक्युटिवों पर शोध व तथ्य आकलन के कार्य किए तथा पाया कि परिणाम तीनों देशों की संस्कृतियों में लगभग समान ही थे।

6. जब उत्पादन करने वाले प्लांटों के सुपर्वाइज़रों को भावनात्मक सक्षमता के बारे में प्रशिक्षित किया गया तो दुर्घटनाओं की प्रतिशतता में 50 प्रतिशत की कमी आई। औपचारिक शिकायतें औसतन 15 प्रति वर्ष से गिरकर 3 प्रति वर्ष के आंकड़े पर आ गईं। इसके साथ ही प्लांट का उत्पादकता लक्ष्य प्राप्त हुआ; यही नहीं, $ 2,50,000 के मूल्य का अतिरिक्त उत्पादन भी हुआ। भावनात्मक सक्षमता के प्रशिक्षण के दौरान इन सुपर्वाइज़रों को सिखाया गया था कि वे कैसे अधिक सहानुभूति से दूसरों की बात सुन सकते हैं या वे कर्मचारियों की उनकी अपनी समस्याएं स्वयं सुलझाने में कैसे मदद कर सकते हैं। एक अन्य प्लांट में, उत्पादकता 17 प्रतिशत बढ़ गई। एक अन्य सुपर्वाइज़रों के दल में ऐसी कोई उत्पादकता में वृद्धि दर्ज नहीं की गई। इस दल को भावनात्मक सक्षमता के संदर्भ में प्रशिक्षित नहीं किया गया था।

7. एक बड़ी विपणन संस्था में, कुछ सेल्समैन विशिष्ट भावनात्मक सक्षमता के आधार पर चयनित हुए। इन लोगों ने अन्य सेल्समैनों, जो समान्य (पुराने) चयन के तरीकों के द्वारा चयनित हुए थे, को बिक्री के मामले में पछाड़ दिया। वार्षिक स्तर पर, सेल्समैन भावनात्मक सक्षमता के आधार पर चयनित सेल्समैनों ने दूसरे सेल्समैनों की तुलना में 91,370 डॉलर अधिक का माल बेचा। इसी कारण उनकी कंपनी की शुद्ध बिक्री 2,558,360 डॉलर अधिक रही। इसके अलावा, (ई. क्यू में प्रशिक्षित) इन सेल्समैनों में, साधारण रूप से चयनित सेल्समैनों की तुलना में 63 प्रतिशत कम टर्नओवर पाई गई।

8. एक पेय पदार्थों की कंपनी ने क्षेत्रीय प्रेज़ीडेंट नियुक्त करने हेतु मानक

तरीकों का प्रयोग किया, परंतु 50 प्रतिशत क्षेत्रीय प्रेज़ीडेंट दो वर्षों के भीतर ही कंपनी छोड़कर चले गए; कारण मुख्यतः एक ही था– खराब प्रदर्शन। परंतु जब चयन की प्रक्रिया में भावनात्मक सक्षमताओं (जैसे कि पहल करना, आत्मविश्वास तथा नेतृत्व) के आधार पर किया गया तो केवल 6 प्रतिशत प्रेज़ीडेंट ही दो वर्षों में नौकरी छोड़कर गए। क्षेत्रीय नेता, जिनकी भावनात्मक क्षमताएं अधिक थीं, ने अपने लक्ष्यों से 15-20 प्रतिशत अधिक लक्ष्य प्राप्त किए। जिनकी भावनात्मक क्षमताए नहीं थीं, उनकी कारगुज़ारी में लगभग 20 प्रतिशत की गिरावट पाई गई।

9. राष्ट्रीय स्तर की एक बीमा कंपनी में जिन सेल्स एजेंटों में कमज़ोर भावनात्मक क्षमताएं (जैसे कि आत्म-विश्वास, पहल करना तथा दूसरों से समानुभूति करना) थीं, उन्होंने ऐसी पालिसियाँ बेचीं जिनका औसत प्रीमियम 54,000 डॉलर था, जबकि वे लोग, जिनमें 8 में से कम-से-कम 5 प्रमुख भावनात्मक क्षमताओं में ऊँचे थे, ने ऐसी पालिसियां बेचीं जिनका औसत प्रीमियम 114,000 डॉलर था।

10. एक रिटेल चेन में स्टोर प्रबंधकों की सफलता उनकी तनाव से निबटने की क्षमता से सम्बद्ध थी। सबसे अधिक सफल स्टोर प्रबंधक तनाव से निबटने में सक्षम थे। सफलता को शुद्ध लाभ, सेल्स प्रति वर्ग फुट, सेल्स प्रति कर्मचारी तथा प्रति डॉलर इन्वेंटरी निवेश के पैमानों पर आँका गया था।

11. आशावाद तथा अधिक उत्पादकता में सम्बंध पाया गया है। मेट लाइफ कंपनी के नये सेल्समैन, जिन्होंने आशावाद की एक परीक्षा में अधिक अंक प्राप्त किए थे, ने निराशावादी सेल्समैनों की तुलना में 37 प्रतिशत अधिक जीवन बीमा की पॉलिसियां बेचीं।

12. कुल 130 एक्ज़ीक्यूटिव एक अध्ययन में शामिल किए गए। पता चला कि जिस तरीके से वे अपनी स्वयं की भावनाओं से निबटते थे, उनके आसपास के लोग भी उसी प्रकार यह तय करते थे कि किस प्रकार से इन्हें (एक्ज़ीक्युटिव से) ये लोग मिलें व बरतें।

13. एक कम्प्यूटर कंपनी के सेल्समैन भावनात्मक सक्षमता के आधार पर चयनित हुए। ये लोग उन लोगों से 90 प्रतिशत अधिक प्रशिक्षण पूरा करने हेतु कटिबद्ध थे, जो आम चयन के तरीकों के द्वारा कंपनी में आए थे।

इन उदाहरणों एवं ताजा शोध के आधार पर यह बात स्पष्ट हो जाती है कि यदि ई.क्यू. को आधार बनाया जाए-आई.क्यू. को नहीं तो सफलता की संभावना हर उत्पाद में ज्यादा प्रकट होती है। 21वीं शताब्दी के

मनोवैज्ञानिक क्षेत्र में यह निष्कर्ष एक नई जमीन तोड़ने वाली गवेषणा बनकर उभरी है। यदि आप अपने भाव संवेगों के प्रति विमुख रहते हैं कुछ दिन तो शायद आप सही ढंग से मेहनत कर सकें परन्तु अन्ततः आपको अपने संवेगों के अनुरूप काम करना ही पड़ता है, यदि आप अपनी भावनाएं, व्यवहार, भावों और विचारों के उद्गम का कारण समझ सकते हैं तो आप उन्हें स्थिति के अनुसार परिवर्तित भी कर सकते हैं। यह स्मरण रखना चाहिए कि ई.क्यू. द्वारा आप किसी अवांछित या अप्रिय भावना से त्राण पाने में सफल हो सकते हैं। आप अपने भय पर भी इसके द्वारा काबू पा सकते हैं। अवांछित मनोवेगों या भाव संवेगों से त्राण पाने में ई.क्यू. का बहुत बड़ा हाथ होता है। यदि किसी काम में अवसाद आपको निष्क्रिय करता है तो बदले हुए भाव से किया गया काम आपके अवसाद को रोकता है; भय पर काबू करता है और एक नया क्षेत्र आपके सामने लाता है जिसको करने में आप एकाग्रचित्त हो जाते हैं। काम को मन-माफिक बनाना है तो काम बदलिए या मन। यदि काम का बदलाव संभव नहीं है तो आपको अपना मन बदलना होगा जो आप उच्च ई.क्यू. के माध्यम से कर सकते हैं। इसमें समय तो लगेगा क्योंकि आपको अपने मन का सहज सम्मान बदलना पड़ेगा, परन्तु यह सर्वथा संभव है।

प्रायः यह कहा जाता है कि "समय सब घावों को भर देता है।" परन्तु ऐसे कई साक्ष्य मौजूद हैं जो बताते हैं कि किसी आघात, दुःख या भय की स्मृति कभी खत्म नहीं होती। इनका प्रभाव कम करने के लिए आप एक चैन सुकून के माहौल में उन्हें दुहराते हैं जिससे उनकी तीव्रता कम से कमतर होती जाती है। यदि कोई अवांछित भावना आपको परेशान करती है तो पहले उससे निबटना चाहिए। भावनाओं का संवेग बदलना चाहिए। मान लीजिए, आप हर स्थिति से समझौता करने की प्रवृत्ति वाले हैं तो आप अपने मित्रों से कहिए कि वे आपकी अपनी बात जोर से कहने या विरोध करने को भड़काए और आपकी यथास्थिति की प्रवृत्ति को चुनौती दें। यहाँ जिन भावनात्मक दक्षताओं की बात की जा रही है, वे मूलतः कच्चे भाव हैं यथा चिन्ता, भय, क्रोध और दुःख। इनको आप अपना मन बदलकर परिवर्तित कर सकते हैं। वस्तुतः ये तरकीबें आप किसी समस्या को भावनात्मक रूप में परिवर्तित करने के लिए प्रयुक्त कर सकते हैं। यदि भावनाओं के कारण ही समझ में आ जाएं तो उनसे प्रभावी तौर पर निबटकर जीवन के महत्त्वपूर्ण हिस्से में एक सुखद बदलाव लाया जा सकता है।

ई.क्यू. विकसित करने के कुछ सरल उपाय

कभी भी नई भावनात्मक क्षमता प्राप्त करने हेतु निम्नलिखित स्वर्णिम नियम अपनाए जाने चाहिए:

- भावनाओं को सही प्रकार से हैण्डल करने वाले व्यक्ति से संपर्क करें या कोई अपना मॉडल ढूँढें।
- फिर देखें कि वह कैसे काम को अंजाम देता है।
- संकेतों को सतर्कता से ग्रहण करें।
- उस व्यक्ति से पूछें कि वह ऐसा कैसे करता है, फिर स्वयं भी उसके मार्गदर्शन में अभ्यास करें।
- उस व्यक्ति से कहें कि वह बताए कि आप कैसे कर रहे हैं।
- फिर अपने आप इसका स्वतंत्र अभ्यास करें।
- जब तक महारत हासिल न हो जाए, ऐसा करते रहें और फीडबैक प्राप्त करते रहें। दुहराते भी रहें।

(ई.क्यू. विकसित करने के लिए अध्याय 6 का अध्ययन करें।)

4

भावनात्मक दक्षताएं जो प्रबन्धकों को सीखनी चाहिए

"प्राय: जो हमें प्रिय नहीं लगता वह दूसरों को भी नहीं लगता, परन्तु इसका महत्त्व समझने के लिए पहले अपने भावों को समझें।"

भावनात्मक दक्षताएं जो भावनात्मक बुद्धिमत्ता बढ़ाने के लिए प्रबन्धकों को सीखनी चाहिए-इस पुस्तक लेखक के अनुसार त्रिआयामी होती हैं, जो इस प्रकार हैं: भावनात्मक संवेदनशीलता, भावनात्मक परिपक्वता और भावनात्मक सामर्थ्य। यहाँ योग्यता बुद्धिमत्ता के अर्थों में प्रयुक्त नहीं किया गया है यद्यपि बौद्धिक बुद्धिमत्ता की पूरी अवधारणा को ग्रहण करने में जरूर लाभान्वित करेगी।

भावनात्मक बुद्धिमता के तीन आयाम हैं– भावनात्मक संवेदनशीलता, भावनात्मक परिपक्वता तथा भावनात्मक सामर्थ्य।

इस परिवर्तनशील समाज में आपका बहुत समय तक एक ही रूप रखना घाटे का सौदा है। जल्दी अपने को बदल लेने की क्षमता और अपने को अपरिवर्तनशील रखने की जिद का फल बहुत शीघ्र आपके सामने आ जाएगा। इसका अनुभव आप घरेलू जीवन में पत्नी के साथ या मित्रों के साथ अपने सम्बन्धों का विश्लेषण करके कर सकते हैं। यदि दूसरों की भावनाएं ग्रहण कर आप स्वयं को यथोचित तरीके से परिवर्तित कर सकते हैं तो आपको जीवन बहुत कुछ दबाव रहित प्रतीत होगा। इसलिए आपको अपनी भावनात्मक जागरूकता को सक्रिय रखना होगा और बौद्धिक हठधर्मिता का रास्ता छोड़ना होगा और उन इच्छाओं का हल खोजना होगा जो आपके बहुत भीतर (या किसी के भी बहुत भीतर अंतर्तम) में विद्यमान रहता है।

भावनात्मक बुद्धिमत्ता से तय होता है कि आप किस हद तक व्यावहारिक दक्षताएँ प्राप्त कर सकते हैं। यह योग्यता आपकी क्षमता बताती है कि किस हद तक आप उसको काम करते समय प्रयुक्त कर सकते हैं। उदाहरण के लिए, ग्राहकों का अच्छा सत्कार करने की क्षमता आपकी दूसरों के साथ भाव-तादात्म्य स्थापित करने की योग्यता पर निर्भर होती है। यानी आप उसका भाव समझकर उसी के अनुरूप व्यवहार करेंगे तो ग्राहक निश्चय ही खुश होगा। लेकिन भावनात्मक बुद्धिमत्ता की उपस्थिति कोई गारंटी नहीं करती कि आपमें भावनात्मक सामर्थ्य भी मौजूद हो ही। यह तो सिर्फ यह बताती है कि आपमें इसको सीखने का वांछित माद्दा है। हो सकता है आप दूसरों के मन का भाव पढ़ लें, परन्तु स्वयं को उसके अनुरूप न ढाल सकें। संगीत का उदाहरण देते हुए कहा जा सकता है कि बढ़िया स्वर आपकी सिर्फ यह क्षमता बताता है कि आप अच्छे गायक हो सकते हैं, बशर्ते आप सही प्रशिक्षण प्राप्त कर सकें। उस्ताद तो तब ही होंगे, जब आपमें दोनों योग्यताएं मौजूद हों।

सत्य तो यह है कि भावनात्मक जीवन एक जटिल विषयक्रम होता है क्योंकि हर्ष और विषाद महसूस करने के क्षण सभी को मिलते हैं। इसमें संतुलन बिठा पाना बहुत जरूरी है यानी जब निराशा घेरे तो उसमें थोड़ा हर्ष का पुट मिलाने की क्षमता हो और जब बेहद हर्षित हों तो थोड़े निराशा के आयाम भी देख सकें। क्या हारे-थके महसूस करते हुए भी आप पूरी तरह सक्रिय रह सकते हैं या जब पूरे उत्साह से कार्यरत हों तो थोड़े शांत भी हो सकते हैं? हम सभी भावनाओं से आक्रान्त होते रहते हैं, परन्तु उनमें जितना नियंत्रण हम पा सकते हैं उतनी ही हमारी भावनात्मक बुद्धिमत्ता बढ़ी-चढ़ी मानी जाएगी। एक भावनात्मक रूप से बुद्धिमान प्रबन्धक इन क्षमताओं को विभिन्न मात्रा में विकसित करता है। इनके बारे में चुने हुए उपाय नीचे दिए गए हैं:

- अपनी भावनाओं की पहचान करना सीखें।
- दूसरों के साथ भाव तादात्म्य कायम करना सीखें।
- उच्च आत्मविश्वास विकसित करें।
- भावनात्मक विसंगतियों का कुशल प्रबन्धन सीखें।
- भावनात्मक रूप से 'विजेता बनने का प्रयास करें।
- दूसरों पर प्रभाव डालने की कला सीखें।
- अपने क्रोध पर काबू पाना सीखें।
- अन्य संबंधित क्षेत्रों की जानकारी रखें।

अपनी भावनाओं की पहचान करना

भावनात्मक बुद्धिमत्ता विकसित करने की प्रथम सीढ़ी है अपनी भावनाओं की पहचान कर उनको छाँट सकने की योग्यता। भावनाओं को अनुभव करना और उन्हें पहचान पाना बिल्कुल अलग-अलग बातें हैं। भावनाएं हम सभी महसूस करते हैं, पर उनमें से मात्र बिरले ही उन्हें पहचान पाते हैं। इसके लिए आपके मस्तिष्क की विश्लेषण शक्ति काफी बढ़ी-चढ़ी होनी चाहिए, जो ऐसा कर पाते हैं, उनकी भावनात्मक बुद्धिमत्ता का स्तर स्वतः ही बढ़ा-चढ़ा होता है।

> *यदि आप अपनी भावनाओं को पहचानने में सक्षम हो गए तो आप उनका प्रबंधन भी कर सकेंगे।*

भावनाओं को पहचानें कैसे? एक वरिष्ठ एक्ज़ीक्यूटिव को यह कहते सुना गया, 'उसे खुद ही नहीं मालूम पड़ता कि कब वह गुस्से में है। वह तो भड़ास निकालने के बाद ही उसे अनुभव होता है कि वह क्रोध में था।'

दूसरी ओर एक मातहत का कथन था- 'मैं अपने बॉस के भावों को न समझ पाता हूँ, न पहचान पाता हूँ। जब तक मेरी कुछ समझ में आ पाता है कि उसे क्या चाहिए, बात खत्म हो जाती है।' इसके लिए भावनात्मक बुद्धिमत्ता सम्बन्धी क्षमताएं विकसित करनी चाहिए। नीचे एक मामला उन लोगों का दिया गया है, जो अपने भाव समझ ही नहीं पाते।

पटरी से उतरी महिला एक्ज़ीक्यूटिव

यह उच्च प्रोफाइल वाले राष्ट्रीयकृत बैंक में कार्यरत एक महिला एक्जीक्यूटिव की दास्तान है। इनकी स्थायी अनुभूति थी कि इनका कोई ख्याल नहीं करता। वह स्पार्ट, मेहनती, कर्त्तव्यनिष्ठ तथा काफी व्यवस्थित महिला थी। उसे दूसरों की कतई परवाह नहीं थी। इसलिए जब कोई उत्सव होता और नियंत्रण पत्र भेजे जाते तो उसे कभी भी नहीं बुलाया जाता था। ऑफिस में भी वह लोगों के लंच प्लान्स सुनती रहती, परन्तु सदा अकेली ही अपना लंच खाती थी। वह किसी की अतिथि-फेहरिस्त में क्यों नहीं थी, इसका एक कारण है। वह एक गुस्सैल महिला थी, परन्तु उसे यह बात स्वयं नहीं मालूम थी, बल्कि वह यह विश्वास भी नहीं करना चाहती थी कि वह जरा-सी बात पर भड़क उठती है। शायद वह नाराज रहती थी: 'कि उसकी पदोन्नति नहीं हुई; माँ उसकी बहन को ज्यादा प्यार करती हैं; उसके बॉयफ्रैन्ड ने उसे धोखा दिया है।' कारण

कुछ भी हो, परन्तु वह यह तथ्य स्वीकार नहीं करना चाहती थी कि वह गुस्सैल महिला है।

वह अपनी भावनाओं को दूर भगाने के प्रयत्न में स्वयं से बात करती रहती थी- 'कोई मुझे कोई मौका ही नहीं देता, कितनी नाइंसाफी है मेरे साथ! क्या ये मेरी गलती है।' वस्तुत: यह सब वह अपने मन से निकालकर दूसरों पर चस्पा करती रहती थी, परन्तु चूँकि वह न स्वयं के और न दूसरों के भाव समझ पाती थी, इसलिए कभी-कभी असावधानी में पकड़ी भी जाती तथा सीधे संघर्ष में फंस भी जाती थी। इसलिए वह सदैव अपनी सफाई देती रहती। उदाहरण के लिए, यदि कमरा ज्यादा गर्म हो गया है तो वह पहले से ही कहने लगेगी कि मैं तो थर्मोस्टेट के पास भी नहीं फटकी। वह प्राय: अस्थिर और परेशान होती रहती क्योंकि वह दूसरों की प्रतिक्रिया समझ ही नहीं पाती थी, परन्तु हर बार यही कहती, 'मैंने तो कुछ भी गलत नहीं किया है।' लोग उसे भड़का देखकर उससे बचने लगे। इस बहिष्कार का मूल कारण समझने के बजाय वह यही कहती रहती कि लोगों का व्यवहार उसके साथ बहुत खराब है।'

इस हाई प्रोफाइल महिला के रोग का कारण आप विश्लेषित कर पाए? वह बहुत शीघ्र अपना मूड बदलकर अन्दर से महसूस हुए आहत भाव को अपने गुस्से से छिपाने का असफल प्रयत्न करती रहती है। यदि वह अपने भावों को सही समझकर उसके प्रत्युत्तर के लिए तैयार रहे तो वह अब निश्चय ही अपने क्रोध पर नियंत्रण पा सकती है। तब वह अप्रिय कटुक्तियाँ भी बिना क्रोधित या आहत हुए बर्दाश्त कर सकेगी। फलस्वरूप वह निश्चय ही ज्यादा प्रिय एवं सबके साथ युक्त होकर अंतर्क्रिया कर सकने वाली महिला बन जाएगी।

हममें से ज्यादातर लोग बगैर भावना समझे अपने निर्णय ले लेते हैं और बाद में खेद प्रकट करते रहते हैं। हम वास्तविकता से मुँह छिपाते हुए फालतू के समय में अपनी आवाज उठाते हैं और फिर अपने वादे में संदेहपूर्ण हो जाते हैं कि शायद हममें योग्यता ही नहीं है। ऐसा प्राय: हम गलत समय पर ही करते हैं। हमें पहले किसी क्रिया से पूर्व उसका भाव समझने का प्रयत्न करना आवश्यक है। अपने सहज भाव को नकार कर आप स्वयं अपनी ही भावना के 'शिकार' हो जाते हैं। इसके साथ ही अपने शरीर की प्रतिक्रिया भी समझें। यदि आपको पसीना आने लगे, दिल की धड़कन बढ़ जाए या तनाव महसूस होने लगे तो समझिए कि आपका दिल इस तथ्य को सहज रूप से स्वीकार नहीं कर पा रहा। किसी

भी भाव के प्रति प्रतिक्रिया दिखाने से पूर्व पूरी सूचना ग्रहण कर लें और उसका परिणाम भी समझ लें। इस पूरे चक्र का अध्ययन कर आपकी समझ में आ जाएगा कि कैसे किसी खास स्थिति या व्यक्ति के सामने आपको कैसे बर्ताव करना चाहिए। ऐसा करके आप जो निर्णय लेंगे, वे आपको कभी खेद प्रकट करने के लिए बाय नहीं करेंगे क्योंकि आपकी समझ में आ जाएगा कि कब कैसी प्रतिक्रिया देनी चाहिए। इसका अभ्यास कर आपको अपने व्यक्तित्व में एक सुखद परिवर्तन महसूस होगा। क्यों नहीं अभी से इसकी शुरुआत करते।

दूसरों के साथ भाव तादात्म्य या तद्नुभूति पैदा करना सीखें

आज से ही दूसरों के साथ ऐसे व्यवहार करें मानो वे आज आधी रात तक मर जाएंगे। उनका पूरा ख्याल करें, दया और समझ दिखाएं जितना आप कर सकते हैं। आपका जीवन मूल रूप से बदलने लगेगा। वह पहले जैसा कतई नहीं रहेगा।

तद्नुभूति का अर्थ है दूसरों की भावानुभूति को ताड़ लेना। इसका हर क्षेत्र में– दोस्तों के साथ, कैरियर में, बीवी–बच्चों के साथ सम्बन्धों में बड़ा महत्त्व है। यदि ऐसा करना आप सीख सकें तो मानो हर सम्बन्ध में सफलता की कुंजी आपके हाथ में आ जाएगी। कुछ लोगों में यह विशेषता होती है कि बिना किसी की बात सुने ही उसके भाव पढ़ लें। कॉर्पोरेट जगत में छोटी–छोटी बातों यथा 'थैंक्यू' कहना, कर्मचारियों के मत का समर्थन करना, दूसरों की ज्यादा आलोचना न करना, दूसरों की सही जगह पर तारीफ करना इत्यादि का बहुत असर होता है। कार्यकर्ताओं की भावानुभूति को समझने के यह आवश्यक नियामक है।

आज से शुरूआत करें। जिस किसी को भी आप मिलें, उसके साथ इस तरह से पेश आएं जैसे कि वह आज रात ही मरने वाला है। अपनी सारी दयालुता तथा अपनत्व की भावना उसको दें। तब आपका जीवन कभी भी पहले जैसा नहीं रहेगा।

तदनुभूति विकसित करने के लिए कोई खास रहस्य नहीं है। यदि आप दूसरों की सहायता, उनसे अच्छे व्यवहार करने को प्राथमिकता देते हैं तो परिणाम भी ऐसे आते हैं जैसे आपने सपने में भी नहीं सोचे हों। प्रायः प्रबन्धकगण स्वयं को हरफनमौला, समस्या सुलझाने वाले महारथी समझते हैं। अपने इस घमण्ड में वे उस सामान्य–बोधक व्यावहारिकता से विमुख हो जाते हैं जो कार्यकर्ताओं को प्रेरणा दे सकती है। आदर्श प्रबन्धन का अर्थ है कार्यकर्ता को मालूम हो कि आपकी उनसे क्या अपेक्षाएं हैं, क्या हुआ है, इसकी बारीक जाँच करने को तुरत–फुरत समय और जो सही हुआ है, उसकी तत्क्षण तारीफ करना। यदि प्रबन्धक बजाय आत्मकेन्द्रित परिणामों के दूसरों की तसल्ली के परिणाम देने

लगेंगे तो कार्यक्षेत्र में एक बड़ा धनात्मक परिणाम शीघ्र ही निकलने लगेगा।

कुछ कर्म ऐसे हैं जो बिना बजट बढ़ाए किए जा सकते हैं और जिनके परिणाम भी बेहद लाभकारी सिद्ध होते हैं। जो आपके लिए कार्यरत हैं, उनकी एक लिस्ट बनाकर एक हफ्ते बाद उन्हें बताएं कि उसने पिछले हफ्ते में क्या-क्या काम किया है और उसका क्या योगदान रहा। आलोचना से बचें [कोई आलोचना सकारात्मक या स्वस्थ नहीं होती, हर तरह से वह विनाशशील ही होती है]। यदि कुछ सही करना है तो काम के बाद नहीं, काम के दौरान ही करना चाहिए। यदि ऐसा करेंगे तो आप अपनी व्यावसायिक प्रबन्धक के रूप में प्राप्त मोटी तनख्वाह को न्यायोचित सिद्ध कर पाएंगे। अपने कार्यकर्ताओं से अनौपचारिक रूप से भी मुलाकात करते रहें। उनसे जानें कि क्या हो रहा है। उनकी कमजोरियों पर नहीं, वरन् उनकी ताकत पर ध्यान केन्द्रित करें। उनकी व्यक्तिगत योग्यताओं की कद्र करना सीखें। बतौर मैनेजर आपकी एक साधारण-सी उक्ति उनके लिए बड़ा महत्त्व रखती है। आप देखेंगे कि इन युक्तियों का तुरन्त प्रभाव पड़ेगा। इस तरह से काम करना (या लेना) बेहद अच्छे परिणाम प्रदान करेगा।

विश्व के साथ भाव तादात्म्य स्थापित करने के लिए आपमें तुरंत नवपरिवर्तन सोचने की या 'इन्नोवेटिव' होने की योग्यता होनी ही चाहिए। क्या आप सोच सकते हैं कि इस नवपरिवर्तन का दूसरे पर क्या प्रभाव पड़ेगा? क्या लोगों के प्रति अपने व्यवहार में आप ऋणात्मक प्रवृत्तियों को कम-से-कम कर सकते हैं? क्या उनके बदले क्या धनात्मक प्रभाव आएंगे, इसका अंदाजा आप लगा सकते हैं? क्या हर एक के लिए आपके पास कोई धनात्मक या सकारात्मक प्रतिक्रिया (रिस्पॉन्स) है? वैसे कहना तो आसान है, पर ऐसा करना बड़ा मुश्किल है। लोगों को अपने काम के प्रति प्रतिबद्ध कराने की आप किस हद तक कीमत दे सकते हैं जिससे परिणाम बेहतर आएं। यदि आपने ऐसा अभी तक नहीं किया है तो तुरन्त करना प्रारंभ कीजिए, फायदा आपका ही होगा।

तदनुभूति या एम्पैथी कोई रोमांटिक विचार मात्र नहीं है। दूसरों की भावनाओं को समझना कोई अमूर्त धारणा नहीं है, लेकिन यदि आप अपने भावों के प्रति ही विमुख हैं तो दूसरों के विचार क्या समझेंगे? जब तक आप स्वयं इसमें दक्ष नहीं होंगे, दूसरों के भाव बिल्कुल ही न समझ पाएंगे। अच्छे नेटवर्क वाले दूसरों से भाव साम्य ढूँढने में माहिर होते हैं। अगर दूसरों से अच्छा काम करवाना है तो ये क्षमता आपमें होनी ही चाहिए। आधुनिक व्यापार में इसका बड़ा महत्त्व है। इससे न सिर्फ काम की कीमत बचती है, वरन् काम भी बढ़िया होता है। दूसरों की भावनाएं समझ लेना आज के कार्पोरेट जगत में एक बड़ी योग्यता है।

इस समझ को विकसित करने में आपके ई.क्यू. का बड़ा योगदान होता है। मान लीजिए, आपका कोई मित्र है और वह अपने जन्मदिन की तारीख पर आपसे शुभकामनाएं पाने की उम्मीद करता है या आपका बॉस चाहता है कि समस्या पैदा होने पर आप मीटिंग बुलाकर उसका समाधान सोचें, न कि उस समस्या का दुष्प्रभाव उस तक पहुँचने दें या आपका मातहत काम अंजाम देने के बाद आपसे "थैंक यू" सुनना चाहता है। यदि आप उनकी भावनाएं समझकर उनकी अपेक्षाओं पर खरे उतरेंगे, तो निश्चित रूप से मानिए, वे भी आपकी सलाह और भाव प्रवणता का बहुत सम्मान करेंगे। इसके अलावा, याद रखिए, लोग उन्हीं घटनाओं को देर तक याद रखते हैं जिसमें वे भाव विह्वल हो जाएं। जो लोग दूसरों की भावनाओं का पूर्व आकलन कर व्यवहार नहीं करते वे न सिर्फ 'ठण्डे' माने जाते हैं, वरन् अपने कार्यकर्ताओं पर भी कोई स्थायी प्रभाव नहीं छोड़ पाते। नीचे एक ऐसे भी प्रबन्धक का कच्चा-चिट्ठा दिया गया है।

एक तदनुभूति–विहीन बिजनेस मैनेजर

एक बिजनेस मैनेजर ने अपना कबूलनामा इस तरह पेश किया, 'मैं वाकई बड़ा जिद्दी था। सिर्फ अपनी भावनाओं की कद्र करता था, दूसरों की सुनता ही नहीं था। मेरे मन के यदि कुछ भी विरुद्ध होता था तो वह मुझे बर्दाश्त नहीं होता था। मैं सीधा उसे दिल पर ले जाता था। यदि अपनी कोई कमजोरी भी है तो मैं उसे उजागर नहीं करना चाहता था। यदि किसी काम में मुझे असफलता मिल जाए तो कोई दूसरा काम करने के लिए मैं स्वयं को असहाय पाता था। इससे मुझे धन का भी घाटा होता था। मैं समझ ही नहीं पाता था कि लोग मुझसे क्या चाहते हैं। तब मैंने एक ई.क्यू. ट्रेनिंग कैम्प अटैन्ड किया। वाकई में सब कुछ मेरे सामने स्पष्ट हो गया। लगा कि मैं अपने ही कारण जीवन में कितना कुछ खो चुका हूँ। अब मेरा व्यवहार भी दूसरों के प्रति आत्मीय हो चला है। मैं भी अपनी पीड़ा किसी से छिपाता नही, किसी-न-किसी माध्यम से मैं स्पष्ट कर देता हूँ। आज मैं लोगों की सहानुभूति पाता भी हूँ तथा उनकी भावनाएं भी समझता हूँ। मेरी समझ में आ गया कि आप चाहें कितने भी भाव प्रवण हों, भावनाओं को समझें, पर उनको स्वयं पर हावी न होने दें। अब मेरा पक्का विश्वास है कि ई.क्यू. से न सिर्फ आपसी, वरन् आपकी अपनी भावनात्मक स्थिति बहुत सुदृढ़ होती है क्योंकि आप उनका कारण समझ लेते हैं। इससे दफ्तर और व्यवसाय में मेरी कार्यकुशलता पर बहुत धनात्मक प्रभाव पड़ा है।"

अपने अन्दर उच्च आत्मसम्मान का भाव विकसित करें

अपने बारे में आप क्या सोचते हैं, आत्मसम्मान का भाव इसी पर निर्भर करता है। यद्यपि यह भाव अपने आपकी व्यक्तिगत माप पर निर्भर करता है परन्तु कभी-कभी दूसरे भी इसको घटा या बढ़ा सकते हैं, खास तौर पर वे जिनके साथ आपका रागात्मक सम्बन्ध हो। आत्मसम्मान का भाव तब पैदा होता है जब आपको महसूस हो कि आपमें स्वयं पर विश्वास है और आदर का भाव है; लोगों को आपकी परवाह है और वे आपकी कद्र करते हैं। इससे आत्मसम्मान पैदा होता है और यह विश्वास भी पनपता है कि जीवन की बुरी परिस्थितियों से आप अपने बूते पर ही पार पा सकते हैं। यह भाव न सिर्फ कार्य-कुशलता बढ़ाता है, वरन् व्यक्तिगत सम्बन्धों को भी स्वस्थ रखता है। इससे संघर्ष और चुनौतियों को दृढ़ता से सामना करने की हिम्मत आती है। इसकी उपस्थिति आपको निरन्तर प्रगति के पथ पर कायम रखती है। इसके विपरीत यदि अपने बारे में एक अनादर का भाव हो तो निश्चिय ही वह आपको असफलता की तरफ ले जाता है। परिणामस्वरूप या तो आप हार मानते रहते हैं या स्वयं को बार-बार स्थापित करने का प्रयत्न करते रहते हैं। ऐसे लोग अंततः पलायनदायी हो जाते हैं; समस्याओं से सदैव बचना चाहते हैं। इनका निम्न ई.क्यू. उनको सदैव इतना भयग्रस्त रखता है कि वे वांछित परिणाम कभी प्राप्त नहीं कर सकते। इस आत्म-भय या आत्म प्रवंचना का भाव उन्हें नशे या अन्य ऐसे ही पदार्थों की तरफ ठेलने लगता है। ऐसे लोग अपनी विद्वता, धर्म-ज्ञान, नैतिकता इत्यादि का हर समय प्रदर्शन करना चाहते हैं। यह सब स्वयं के अनादर से पैदा हुई हीनता की भावना की भरपाई के लिए किया जाता है।

मनोवैज्ञानिकों का यह मानना है कि एक स्वस्थ, प्रसन्न तथा सफल व्यक्ति का सबसे महत्त्वपूर्ण विशेषक है उसका आत्म-सम्मान।

आत्मसम्मान का भाव विकसित करने में संस्थानों का जहाँ ये लोग काम करते हों अथवा इनके माँ-बाप का बहुत योगदान हो सकता है। ज्यादातर व्यावसायिक संस्थानों में ऐसी कोई व्यवस्था ही नहीं होती। ऊँची तनख्वाह, आकर्षित सुविधाएं तो वे दे सकते हैं, परन्तु आत्मसम्मान का भाव नहीं, जो बेहद जरूरी होता है। परिणामस्वरूप हजारों कार्यकर्ता आत्म-आहत भाव से काम करने पर मजबूर होते हैं और यह चोट ऐसे एम्प्लोयर या मालिकों की अनजाने में दी हुई होती है, जो वाकई में उनका भला चाहते हैं। कारण यह कि मालिक अपने कार्यकर्ता की भावना समझ ही नहीं पाता, बल्कि उन्हें मनोवैज्ञानिक रूप से अपंग बना सकता है क्योंकि

उनसे गलत माँगें प्राप्त करना चाहता है। भला करने की नासमझी से भरी प्रक्रिया में वह मालिक अपने कार्यकर्ताओं में भय, चिन्ता और पैदा कर देता है। उच्च व निम्न आत्मसम्मान से सम्बद्ध भावों की एक तालिका नीचे दी गई है।

उच्च आत्मसम्मान का भाव	*निम्न आत्मसम्मान का भाव*
यथेष्ट (महसूस करना)	एकाकीपन (महसूस करना)
प्रशंसित	आक्रान्त
सराहनीय	विश्वास भंजित (धोखा खाने का भाव)
दूसरों का पूरा ख्याल पाना	दूसरों के द्वारा तीखापन महसूस करना
स्व-योग्यता से काम करना	जबरदस्ती काम करना
आत्मविश्वासी	आलोचित
सहयोगिता	अलगाव
सुनियंत्रित	हारा हुआ
वांछित (जिसकी चाह हो)	अवसादग्रस्त
महत्त्वपूर्ण	तिरस्कृत
विश्वसनीय	अविश्वासनीय
हर्षित	अपराध भावना से युक्त
चहेता	असहाय
प्रेरणापूर्ण	हीन भाव से युक्त
जिसकी जरूरत हो	आक्रोशित
आशावादी	अलग-थलग
शक्तिवान	ईर्ष्यालु
उत्पादन-वर्द्धक	तिकड़मों में घिरा
उद्देश्यपूर्ण	निराश
आहत	शक्तिहीन
सुनिश्चित	तनावपूर्ण
भरोसे का	सारहीन
समझा हुआ	असहज
उपयोगी	महत्त्वहीन/बेकार
मूल्यवान	अनचाहा
जिसकी सब आकांक्षा करें	इस्तेमाल किया हुआ
योग्य	फालतू

यह सारणी या तालिका स्पष्ट करती है कि आत्मसम्मान व्यक्तिगत योग्यता की मान्यता का नाम है, जो कार्यकुशलता एवं आपसी समझ तथा सद्भाव से पैदा होती है। आत्मसम्मान की निर्भरता अंतर्मन की आवाज सुनने और उसके अनुसार अपना आकलन करने पर आधारित होता है। यहाँ दिया गया है कि किस प्रकार आत्मसम्मान हमारे जीवन को प्रभावित करता है।

कौन ज़्यादा बीमा पॉलिसियाँ बेचता है

"मुझे विश्वास नहीं होता कि बीमा के क्षेत्र में भावनात्मक बुद्धिमत्ता इतना अंतर ला सकती है।" यह उक्ति है 36 वर्ष बीमा क्षेत्र में काम कर चुके एक जनरल मैनेजर की, जो अब बीमा के लिए युवा विक्रेताओं को प्रशिक्षण देने वाले एक अंतर्राष्ट्रीय मान्यता प्राप्त केन्द्र के प्रमुख हैं। वह आगे कहते हैं, "पारम्परिक रूप से यही माना जाता था कि शैक्षणिक रूप से मेधावी लोग ज्यादा पॉलिसी बेच सकते हैं, परन्तु नया-शोध इस मान्यता को लगत सिद्ध कर रहा है। कोई भी उत्पाद, विचार या सेवा तब बेची जा सकती है, जब आपकी भावना उसके प्रति सहज रूप से आकर्षित हो। संख्या या तथ्यों की बात तो बाद में आती है।"

'एक बेहतर बीमा-विक्रेता के क्या लक्षण होने चाहिए?' जब भी यह प्रश्न मुझसे पूछा गया तो मैंने कभी इस दृष्टिकोण से उसे देखा ही नहीं। अब मैंने सैकड़ों नए बीमा-विक्रेता खड़े कर दिए हैं जो हमारे द्वारा प्रशिक्षित हैं और हमें सभी बड़ी बीमा कंपनियों से प्रशिक्षणार्थी मिल रहे है। हम उन्हें उनकी कंपनी के वित्तीय और साधारण पक्षों की ट्रेनिंग देते हैं। कंपनियां एक लिखित परीक्षा द्वारा उनका चुनाव शैक्षणिक योग्यता के आधार पर करती हैं। अनुभव से ज्ञात होता है कि उनमें से आधे तो साल-भर के अन्दर ही कूच कर जाते हैं और पाँच में से चार-पाँच वर्षों के अन्दर खिसक लेते हैं। कारण है, जीवन बीमा की पॉलिसी बेचना यानी बार-बार अपने मुँह पर दरवाजा बन्द किया जाने को सहना। फिर इस हताशापूर्ण अनादर को एक चुनौती के रूप में स्वीकार करना न कि एक दुत्कार समझना। यहाँ आत्मसम्मान का भाव अपना बड़ा योगदान देता है। जब आशावादी असफल होते हैं तो वे उसका कारण बाहरी परिस्थितियां बताते हैं, न कि अपने अन्दर की कोई अयोग्यता जिससे वे युक्त नहीं हो पा रहे हैं। मैं तो समझता हूँ कि बीमा पॉलिसी बेचने के लिए एम.बी.ए. लोगों की कोई दरकार नहीं है। यह काम तो कम शिक्षित व्यक्ति भी बड़े आराम से कर सकता है। आखिरी दशक

(पिछली शताब्दी) के आखिरी दिनों में मैंने अपनी कंपनी के लिए 25 लोगों का चुनाव किया। आश्चर्य तब हुआ जब उनमें से ग्रामीण पृष्ठभूमि वाले लड़कों ने ज्यादा अच्छा काम किया। वे न तो प्रभावशाली व्यक्तित्व के मालिक थे और न पढ़ाई-लिखाई में ज्यादा होशियार। उन्होंने इतना अच्छा काम किया कि तीन महीने के अन्दर ही 40 लाख रुपयों की पॉलिसियां बेच दीं, जबकि उनके 'मेधावी' सहयोगी अपने 5 लाख के लक्ष्य को प्राप्त करने की जी-तोड़ कोशिश कर रहे थे। मैंने देखा कि सफल नए रंगरूटों में आत्मसम्मान और आशावादिता कूट-कूट कर भरी थी।

मैं अब आश्वस्त हूँ कि बीमा-विक्रेताओं में आत्मसम्मान का भाव ऊँचा होना चाहिए, इसके साथ ही में आशावादिता, सृजनात्मक क्षमता, दूसरों के साथ सहयोग प्राप्त करने की अक्ल तथा पहल करने की हिम्मत। इस पेशे में ये आवश्यक लक्षण हैं। उदाहरण के लिए मान लीजिए, आपको अपनी कंपनी की पॉलिसियां बिक्री योग्य बनानी हैं। पहले उन सारी पॉलिसियों का विवरण बनाएं, जो कम्पनी दे रही हैं। अपने प्रतिस्पर्द्धियों की तुलना में उनमें ज्यादा आकर्षक तत्त्व खोजें तथा छाँटें कि क्या आपके संभावित ग्राहक को सर्वाधिक रुचिकर प्रतीत हो सकता है। सोचें कि इनमें क्या और सुधार किया जा सकता है। मात्र सामान्य बोध से ई.क्यू. बीमा क्षेत्र में काफी प्रभावी हो सकता है, परन्तु दुर्भाग्यवश ऐसा आम चलन नहीं है।

अब मैं अपने लगभग तीन दशकों के इस कड़ी प्रतिस्पर्द्धा के क्षेत्र में अनुभव के पश्चात् कह सकता हूँ कि जब आपका ई.क्यू. ऊँचा होता है तो आप अपनी योग्यता का सही आकलन कर सकते हैं। इससे आपके संस्थान को भी बड़ा लाभ मिलता है। बीमा क्षेत्र में यदि आपको ज्ञात है कि क्या जोखिम उठाने हैं और किनसे बचना है, तो आप चमत्कार कर सकते हैं। ई. क्यू. निर्णय लेने की आपकी क्षमता, संभावित फल और समस्याओं को बेहतर रूप से अवगत करा सकता है। दूसरों का भाव समझकर ही तो आप अपना माल बेच पाते हैं। दुर्भाग्यवश ज्यादातर बीमा कंपनियां इस तथ्य से वाकिफ तो है, पर अपनी प्रशिक्षणार्थी चुनाव की नीतियों में परिवर्तन नही लातीं।'

भावनात्मक झटकों से उबरना सीखें

भावनात्मक रूप से झटके हुए व्यक्ति का काम खराब होता है। यदि उससे उबरना नहीं आया या इसका सही प्रबंधन प्राप्त नहीं कर पाए तो व्यक्ति अपनी पूरी क्षमता से अपनी उत्पादकता से न्याय नहीं कर सकता। आज के शीघ्र बदलने

वाले समाज में लगन एक बहुत जरूरी गुण है। वह भी झटकों से सही उबरने की कला की अनुपस्थिति में टूट सकती है। मान लीजिए, आप एक प्रबंधक हैं और ग्राहक सेवा प्रदान कर रहे हैं। ऐसे में दूसरों की भावनाएं आपके सामने टकराती ही हैं। यदि आप अपने भावों को संभाल सकते हैं तो दूसरों के भावों को संभालने में आपको ज्यादा परेशानी नहीं होगी। यदि भावनात्मक झटकों से आपको उबरना आता है तो इससे आपका आत्मविश्वास भी अक्षत रहेगा। जब आपको अपनी करनी पर भरोसा होगा तो आप हर चुनौती का सामना करने में सक्षम होंगे।

अब हम दो प्रकार की परिस्थितियों पर चर्चा करेंगे, जो भावनात्मक झटकों तक पहुँचाती हैं। ये हैं– दबाव और टकराव की स्थिति या संघर्ष।

दबाव एक महत्त्वपूर्ण मुद्दा है भावनात्मक झटकों के संदर्भ में। आजकल व्यावसायिक जगत में इसकी बड़ी चर्चा है। इसे 'मौन हत्याराा' भी कहा जाता है क्योंकि इसके दुष्प्रभाव तुरन्त तो नजर नहीं आते, परन्तु लम्बे समय तक इनका रहना एक स्थायी हानि देकर जाता है। इसका शिकार कोई भी हो सकता है। मनोवैज्ञानिकों के अनुसार, आजकल तो पाँच वर्ष के बालक भी इनसे अछूते नहीं हैं।

जो संस्थान दबाव का ख्याल नहीं करते, इसकी भारी कीमत अदा करते हैं।

दबाव के शारीरिक और मनोवैज्ञानिक दुष्प्रभाव पर सैकड़ों दस्तावेज हैं। क्या? उदाहरणार्थ, कोई प्रबन्धन जानता है कि उसके कर्मचारी नाराज, हताश और चिन्ताग्रस्त रहते हैं तथा एकाग्रता विहीन होकर काम करते है और कंपनी से जिनका विश्वास उठता जा रहा है। हो सकता है कि उन पर काम का बोझ ज्यादा हो या प्रबन्धन बहुत दबाव डाल रहा हो। जो मालिक गण कार्यस्थल पर दबाव की मात्रा बुरे स्वास्थ्य या असुरक्षा की भावना तक ही सीमित समझते हैं, उसकी बड़ी कीमत कार्यकर्ताओं की बार-बार छुट्टी लेने की आदत, जरूरत से ज्यादा लोगों का काम पर घटी हुई उत्पादकता, अधिक चोट-चपेट तथा मुकदमेबाजी के रूप में चुकाने को बाध्य होते हैं। यदि काम में दबाव है तो काम से संतोष नहीं मिलेगा, जो दबाव का एक सहज मनोवैज्ञानिक दुष्फल है। शोधों से ज्ञात हुआ है कि ऐसे लोग प्रायः हृदय सम्बन्धी रोगों के शिकार हो जाते हैं।

वे संस्थाएं, जो तनाव को नजरअंदाज कर देती हैं, बहुत भारी मूल्य चुकाती हैं।

दबाव अपना प्रभाव तनाव, चिन्ता, चिड़चिड़ापन, बोरियत और ढीलमढाल काम करने के तरीकों में स्पष्ट करता है। व्यवहार में परिवर्तन आने लगता है और उत्पादकता कम होती है। छुट्टियां ज्यादा ली जाती हैं, खाने-पीने का ढर्रा बिगड़ने

लगता है, सिगरेट, शराब इत्यादि के कारण भड़भड़ाकर बोलना और गहरी नींद न सो पाना आदि परेशानियां दिखाई पड़ने लगती हैं। इनके कारण अल्सर, हृदय रोग, दुर्घटना-बहुलता, प्रतिरोधात्मक शक्ति का ह्रास, डाइबिटीज, अवसाद, अनवरत पीड़ा की अनुभूति इत्यादि कई विकार पैदा हो जाते हैं। आदमी स्वयं को सदैव थका-माँदा ही पाता है। यद्यपि इनकी तुरन्त पहचान मुश्किल है मगर इनमें से यदि कोई भी लक्षण नजर आएं तो मालिकों को होशियार हो जाना चाहिए कि समस्या प्रारंभ हो रही है। इसकी पहचान सिर्फ वही प्रबंधन कर सकता है जो भावनात्मक बुद्धिमत्ता की समझ रखता हो, तभी वह जरूरी कदम भी उठा पाएगा।

ज्यादातर दबाव को ऋणात्मक परिप्रेक्ष्य में ही देखा जाता है कि कुछ बुरा हो गया है [यथा बॉस का बुरे काम के लिए डाँट-फटकार करना] लेकिन इसका एक धनात्मक पक्ष भी होता है [यथा दूसरे स्थान पर पदोन्नति और स्थानांतरण]। अतः दबाव की परिभाषा यूँ की जा सकती है– एक व्यक्ति के साथ उसके पर्यावरण या बाहरी वातावरण की अन्तर्क्रिया। यह एक गतिज स्थिति की शुरुआत बताता है जिसमें व्यक्ति के सन्मुख एक मौका, बन्धन और माँग आती है जिनका फल अनिश्चित ओर अनिर्णायक है। जैसा पहले कहा गया है, दबाव सदैव बुरा ही नहीं होता है।

दबाव का प्रभाव किसी व्यक्ति पर एकदम या स्वतः नहीं पड़ता, न उसका प्रभाव उसकी कार्यशैली या संस्थान के प्रदर्शन पर दिखाई पड़ता है। वस्तुतः यह भी माना जाता है थोड़ा-बहुत दबाव तो व्यक्ति के काम में बेहतरी ही प्रकट करता है। जैसे मान लीजिए, सर पर नया सुपरवाइजर आ गया या अनैच्छिक रूप से आपका ट्रांसफर कर दिया गया। इस दबाव के कारण आप अपने काम को बेहतर समझने के लिए ज्यादा-से-ज्यादा सूचना प्राप्त करने का प्रयत्न करेंगे। कम दबाव की अनुभूति में गतिविधियां बढ़ जाती हैं तथा प्रदर्शन में साधारणतया बेहतरी ही आती है। बिक्री का काम करने वाले या सृजनात्मक क्षेत्र के लोग (मीडिया तंत्र के कार्यकर्ता जो समय सीमा के दबाव में अमूमन काम करते हैं) हल्के दबाव में बेहतर परिणाम देते हैं। कभी-कभी दबाव की स्थिति खिलाड़ियों का प्रदर्शन सुधार देती है। ऐसे लोगों को हल्का दबाव फायदा देता है, परन्तु पुलिस अफसर या डॉक्टरों को लगातार हल्का दबाव फायदेमंद नहीं रहेगा।

वैसे भी दबाव का असर हर व्यक्ति पर एक-सा नहीं होता। कुछ लोग हल्के दबाव में भी बिखर जाते हैं, जबकि कुछ भारी दबाव सहजता से झेल लेते हैं।

ऐसे में ई.क्यू. हमारा मार्गदर्शन कर सकता है कि दबाव का कैसा असर किस पर ज्यादा या कम होगा।

दबाव के तीन संभावित स्रोत हैं– पर्यावरणीय, कार्यक्षेत्रीय और व्यक्तिगत। ये कब और कैसा दबाव देंगे यह बहुत कुछ कार्य सम्बन्धी व्यक्तिगत मित्रता पर निर्भर करता है। दबाव की अनुभूति का प्रतिफल मनोवैज्ञानिक, शरीर-वृत्ति सम्बन्धी या व्यवहारों के लक्षण में दिखाई पड़ता है। उदाहरण के लिए, कानून व्यवस्था के जिम्मेदारों का मामला लीजिए। जो कानून स्थापित करने के प्रहरी होते हैं, उनके लिए दबाव एक छिपे कातिल के रूप में कार्य करता है। इसीलिए पुलिस वालों में काम का दबाव एल्कोहल के ज्यादा प्रयोग, सोने-खाने-पीने के क्रम में गड़बड़ी के रूप में प्रकट होता है। वे ऐसी स्थिति में सदा भयभीत, क्रोधित और अपनी जीवन-समाप्ति की चिन्ता से ग्रसित रहते हैं। दबाव का कारण घर-परिवार के क्लेश, सहयोगियों से नाइत्तेफाकी, प्रबन्धन-समस्याओं, मृत्यु से जुड़ा, आघात-भय, आर्थिक समस्याएं तथा सेवा-निवृत्ति से सम्बन्धी समस्याओं से भी जुड़ा रहता है। कार्यक्षेत्रीय दबाव के कारण बहु आयामी घटक हैं। बाहरी तत्त्वों के अलावा संगठन या संस्थान के अन्य सूक्ष्म कारण भी हो सकते हैं यथा प्रबन्धन की नीतियों, वेतन क्रमों में विषमता, कड़े नियम, वर्किंग शिफ्टों का गलत चक्र, बेतुका कार्य-निर्धारण इत्यादि। चूँकि आजकल कंपनियाँ कड़ी प्रतिस्पर्धा के साथ काम करती हैं। इनमें काम करने वालों पर दबाव काफी हो जाता है। जैसे-जैसे कंपनियों का आकार एवं संगठन बढ़ेगा, कार्यशैली जटिलतर होती जाएगी, जो कार्यकर्ताओं के दबाव को बढ़ाती रहेगी। 'फॉर्चून' के 500 कंपनियों के सर्वेक्षण से पता चला है कि जितनी कंपनी बड़ी होती जाएगी, उसको अपने सी.ई.ओ. पर दबाव बढ़ाना ही पड़ेगा, तभी वह बाजार में रुक पाएगी क्योंकि आजकल वैश्विक स्तर पर प्रतिस्पर्धा ही बड़ी भीषण है।

जैसा पहले इशारा किया गया है कि कुछ लोग दबावों में ही चमकते हैं तो कुछ शीघ्र मुरझा जाते हैं। इनके दबाव सहन करने की शक्ति के पीछे क्या मूल कारण हैं? कहने की जरूरत नहीं कि उनका 'ई.क्यू.' है जिससे वे अपनी परिस्थितियों में उस खास स्थिति को झेलते हैं। अच्छा ई.क्यू. दबाव की स्थिति से निबटने का बेहतर माद्दा पैदा करता है। इसीलिए दबाव प्रबन्धन का दारोमदार संभावित दबाव की स्थिति में आपकी प्रतिक्रिया पर बहुत हद तक निर्भर है। इसके अलावा सामाजिक परिवेश में मदद और आपकी अपने कार्यकर्ताओं से आपसी सम्बन्ध, अपने सुपरवाइजर से आपसी व्यवहार एक 'वफर स्टेट' की

तरह काम कर आपको राहत प्रदान कर सकता है। सिर्फ वे व्यवसायी जिनका 'ई.क्यू.' बेहतर है, ऐसे तंत्र का प्रभावी लाभ उठा सकते हैं।

टकराव की स्थिति या संघर्ष : यह एक दूसरा बड़ा कारण है रोजमर्रा के जीवन में भावनात्मक झटके खाने का। आपसी अंतर्क्रिया में जब दो या ज्यादा व्यक्तियों के व्यवहारों में विशद भिन्नता होती है और जिनके लक्ष्य अलग-अलग होते हैं, तब खराब की स्थितियां पैदा होती हैं। अमेरिकन मैनेजमेंट एसोसिएशन के एक प्रबन्धकों के सर्वेक्षण से स्पष्ट हुआ कि आजकल मैनेजरों का 24 प्रतिशत काम टकरावों की स्थितियों से निबटने में ही खर्च होता है। अतः स्पष्ट है कि खराब स्थिति का निदान ढूँढना कितना आवश्यक है।

संघर्ष को दूर करने या रफा-दफा करने के लिए भावनात्मक बुद्धिमत्ता की समझ और प्रयोग बहुत जरूरी है। संघर्ष यानी दो विपरीत विचारों का टकराव। यह टकराव धनात्मक एवं ऋणात्मक दोनों हो सकता है। धनात्मक टकराव व्यक्तियों और संस्थानों को ज्यादा सृजनात्मक एवं उत्पादक बना सकता है क्योंकि वह एक चुनौती बनकर उभरता है। ऋणात्मक टकराव कंपनी या व्यक्ति के संसाधनों का विनाश कर वैमनस्य एवं द्वेष ही बढ़ाता है। यदि कोई अवांछित टकराव सुलझाया न जाए तो निश्चित रूप से वह एक बड़ी समस्या बनकर उभरता है। एक बार टकराव का प्रकार तय हो जाए तो फिर उसका निदान पाने के लिए जरूरी तकनीक चुनी जानी चाहिए। वैसे कुछ ऐसी भी स्थितियां होती हैं, जहाँ टकराव से बचना ज्यादा सही होता है, परन्तु ज्यादातर टकराव को नकारना बड़ी समस्या को ही जन्म देना होता है। कोई मैनेजर किस प्रकार टकराव को सुलझाता है, यह उसकी व्यक्तिगत एवं सांगठनिक क्षमता दिखाता है यानी कैसे सम्बद्ध व्यक्तियों ने संतोष पाया और कैसे कार्यक्षेत्र की सेहत सुधरी। मनोवैज्ञानिकों की राय है कि संघर्ष या टकरावों को निबटाने में सम्बद्ध व्यक्तियों और स्थितियों का सम्यक विवेचन और विश्लेषण होना चाहिए। यदि कोई फाँस रह गई तो वो फिर आगे उभर सकती है और ज्यादा बड़ा दबाव भी पैदा कर सकती है।

यदि संघर्ष या टकराव की स्थिति पैदा हो गई है तो व्यक्तियों के पास अपना मतभेद जाहिर करने के लिए कई तरीके होने चाहिए। इसमें शामिल है पारम्परिक तरीके (धीमे काम करना या नौकरी छोड़ देना) या अपारंपरिक तरीके (नियम भंग करना या चोरी-चकारी में लिप्त होना)। मैनेजरों को इस बारे में पूरा प्रशिक्षण प्राप्त होना चाहिए कि कैसे टकरावों को सुलझाएं। इसको जानने के लिए ई.क्यू. की समझ बेहद जरूरी है। नीचे एक कॉमर्शियल बैंक का मामला दिया गया है।

एक कॉमर्शियल बैंक में भावनात्मक झटकों को संभालना

प्रस्तावना

नई दिल्ली के व्यापारिक गतिविधियों से भरे क्षेत्र में निजी सेक्टर ने एक कॉमर्शियल बैंक खोला, परन्तु प्रशिक्षित कार्यकर्ता और मजबूत मूलभूत ढाँचा होते हुए भी पहले छह महीनों में नए ग्राहकों को यह आकर्षित नहीं कर पाया। बैंक मैनेजर की समझ में नहीं आ रहा था कि कहाँ गड़बड़ी है। उधर शीर्षस्थ प्रबन्धन का दबाव था या काम दिखाओ या नौकरी छोड़ दो। उसने प्रबन्धन क्षेत्र में प्रयुक्त सभी तरकीबें लगाईं जिससे कार्मिकों की आदतें वह समझ सके तथा उनमें सुधार ला सके, पर कोई फल नहीं निकला।

"यह लगता है कि यहाँ के ये लोग कोई धनात्मक परिवर्तन चाहते ही नहीं हैं," मैनेजर ने उदास होकर अपने मन में कहा।

निदान

उस साल के वाणिज्यक वर्ष के लगभग मध्य में उस मैनेजर की नजर राष्ट्रीय दैनिक में छपे एक 'ई.क्यू.' पर आधारित लेख पर पड़ी। उसे लगा कि यह कुछ काम की बात है। उसने ई.क्यू. विशेषज्ञों को वहाँ बुलाया और उनसे राय माँगी। उन विशेषज्ञों ने सारे कार्मिकों के साथ एक पूरे दिन वर्कशॉप चलाई सप्ताहांत में जिसमें उन्होंने भागीदारों को दीक्षित किया कि कैसे अपना आकलन करें। उनसे कहा गया कि एक ई.क्यू. की व्यक्तिगत प्रतिबद्धता दिखाने का चार्ट बनाएं और इसे अपने रोजमर्रा के जीवन में ले आएं। उनका एक ई.क्यू. टेस्ट भी किया गया और आँकड़ों की तालिका बनाई गई। मैनेजरों के अंतः-व्यक्तिगत स्तर पर काफी अन्तर पाया गया। भावनात्मक बुद्धिमत्ता के बड़े पैरामीटरों में उनमें से ज्यादा कामयाब नहीं हो सके। भावनात्मक झटकों से उबरना तो किसी को भी नहीं आता था। उनका स्ट्रेस लेवल बहुत ऊँचा, अविश्वसनीय ढंग से ऊँचा निकला जिसके कारण वे बेहद आलोचनात्मक, असंवेदनशील एवं 'डिमांडिंग' हो गए थे। वह पूरा समूह ही दबाव और टकरावों की सफाई ही देता रहा तथा कई बार तो इसे छिपाने का प्रयत्न भी किया गया। उनमें आत्मनियंत्रण की कमी, कार्य सम्बन्धी असंतोष, तनाव, चिन्ता, बोरियत, चिड़चिड़ापन, एक तरह का

बेलचीलापन और सम्बन्ध निर्वाह में असमर्थता का भाव पाया गया। जो काम नहीं कर पाते थे, वे बेहद महत्त्वाकांक्षी पाए गए तथा दूसरों के सीने पर पैर धरकर आगे निकलने को तत्पर लगे। चूँकि उनमें संवेदनशीलता का अभाव था इसलिए वे आपस में सहयोग का वह नेटवर्क कायम करने में असमर्थ रहे जिससे सभी को फायदा मिलता। न तो वे संगठनात्मक संस्कृति पैदा कर सके और न ही दूसरों से उचित प्रतिक्रिया (रिसपॉन्स) या 'फीड बैक' प्राप्त कर सके। और फलस्वरूप न वे कुछ सीख सके और न कुछ सुन सके।

विशेषज्ञों का हस्तक्षेप

ई.क्यू. के विशेषज्ञों ने उस बैंक के हर एक सदस्य को -वरिष्ठों, मातहतों और अनुभवी लोगों से 'फीडबैक' दिलवाने का पूरा इतजाम किया। भावनात्मक सामर्थ्य से जो जरा नीचे थे, उनके आँकड़े इकट्ठे किए गए। 'फोकस ग्रुप' और 'इन्डीविजुअल इन्टरैक्टशनों' का 'फीड बैक' उन लोगों तक पहुँचाया गया। इसके बाद उन लोगों को मनोवैज्ञानिक प्रशिक्षण प्रदान किया गया। पहले उनसे कहा गया कि वे अपने स्कोरों की व्याख्या स्वयं करें और देखें कि क्या परिवर्तन उनके कार्य में बेहतरी ला सकते हैं; क्या बैंक का काम कैसे सुधर सकता है। उन्हें अपनी भावनाओं की पहचान के बारे में भी कोचिंग दी गई। इससे उनकी कुछ समझ में आया कि उनका काम अनुभवी वरिष्ठों द्वारा किस प्रकार आँका जाता है और किस प्रकार वे उनकी समझ और अपनी समझ में ताल-मेल बैठा सकते हैं। इसके अलावा जैसा निदान में पाया गया, उनकी भावनात्मक कमजोरियों को भी दूर करने का प्रशिक्षण दिया गया, फिर ई.क्यू. विशेषज्ञों ने बैंक के लिए लघु अवधि और दीर्घ अवधि की योजनाएं तैयार कीं तथा दो लघु अवधि के प्रोग्राम भी चलाए गए जिससे कार्मिकों की 'ई.क्यू.' योग्यताओं में इजाफा हो सके।

परिणाम

इस ई.क्यू. हस्तक्षेप से वे कार्मिक दबाव सहन करने और ग्राहकों के भावनात्मक प्रलाप और गुस्से को झेलने के लिए काफी तैयार हो गए। कई लोगों ने कबूल किया कि अब वे हर स्थिति में अपना काम बेहतर तरीके से अंजाम दे सकते हैं। उनमें जिम्मेदारी का भाव आ गया और वे अपनी गलतियों या असफलताओं इत्यादि में बेहतर रूप से सुधार कर सकते हैं। उनकी संप्रेषण योग्यता भी सुधरी तथा ग्राहकों को भी बेहतर संतोष मिलने

लगा। आगे दी गई तालिका इन अंतरों को आंकड़े के माध्यम से दिखाती है:

विषय	*2003*	*2004*
ग्राहक संतोष (10 प्वाइंट के भाव में)	2.1%	8.4%
इलाके के बाजार पर अधिकार	26%	80%
राजस्व बढ़ोतरी	50%	90%
छुट्टी लेने की प्रवृत्ति	8%	2% से कम
कार्मिकों की शिकायतें	22%	3% से कम
दबाव प्रबन्धन	सुषुप्त	सक्रिय
सम्पर्क/टकराव-निबटारा	सुषुप्त	सक्रिय

ई.क्यू. विशेषज्ञों के हस्तक्षेप के बाद एक ग्राहक का कहना था, 'अब यहाँ हर चीज सुखद रूप से बदली लग रही है। अब यहाँ के लोग पहले जैसे नहीं रहे। उनके व्यवहार में ही बड़ा अन्तर आ गया है।'

वहाँ के मैनेजर ने वाणिज्यिक वर्षान्त की एक मीटिंग में घोषणा की, "अब हम अप्रत्याशित को प्राप्त कर चुके हैं। परिणाम और आपसी संबंध इसके साक्षी हैं। मैं कभी सोच भी नहीं सकता था कि भावनात्मक सशक्तिकरण के पश्चात् मेरे बैंक के लोग इतना अच्छा काम अंजाम दे सकेंगे, वह भी इतने कम समय में।" उन सभी लोगों ने ई.क्यू. विशेषज्ञों के प्रति आधार प्रकट किया। एक महिला कार्यकत्री का कथन था, "मेरे व्यक्तिगत जीवन में भी सुधार आया है। मेरा परिवार अब मेरी बात पहले से बेहतर ढंग से सुनता है और मेरा दृष्टिकोण सही रूप में समझा जाता है।"

एक भावनात्मक 'विजेता' बनें

भावनात्मक बुद्धिमत्ता का अर्थ है भावनात्मक रूप से विजेता बनना कि पराजित व्यक्ति। जब कोई आदमी दूसरे को मुस्कान, अभिवादन इत्यादि से पहचानता है तो वह भावनात्मक नेटवर्क का ही प्रयोग करता है। ये नेटवर्क कई प्रकार के भाव प्रकट करता है: क्रोध से लेकर चिन्ता, हताशा, शोक, संतोष, स्नेह में निराशा,

बहुत कम लोग 100 प्रतिशत विजेता या हारे हुए व्यक्ति होते हैं। यह तो डिग्री का अंतर ही है।
आपकी परिस्थितयों को प्रभावित करने की कला या तो आपको एक स्टार परफॉर्मर बना देगी अन्यथा यह आपको अनर्थकारी असफलता में बदल देगी।

शांति, भरोसा, सराहना और प्रेरणा तक। यही वह क्षेत्र है जहाँ भावनात्मक बुद्धिमत्ता अपना काम दिखाती है। यह बताती है कि कैसी परिस्थिति में किस प्रकार की प्रतिक्रिया दें। जो भावनात्मक रूप से बुद्धिमान है, वह अपने और दूसरों के भावों को समझते हुए सही निर्णय लेने में समर्थ होगा अर्थात् जो सही निर्णय लेता है, वह 'विजेता' और जो नहीं ले पाता वह 'पराजित'। हर आदमी संसार के लिए एक नया आदमी ही होता है तथा हर एक के पास सामर्थ्य होती है जीवन में विजेता बनने के लिए। हर एक का अपना तरीका होता है, देखने-सुनने, छूने, स्वाद लेने और सोचने का। हर एक की अपनी संभावित सीमा है। अतः इस परिप्रेक्ष्य में विजेता और पराजित के कई अर्थ हो सकते हैं। जब हम किसी को विजेता कहते हैं तो हमारा मतलब यही नहीं होता कि हम किसी और को हराते हैं। यहाँ विजेता का तात्पर्य है जो पूरी तरह विश्वसनीय, भरोसे का, प्रत्युत्तर देने वाला, सच्चा इन्सान है, चाहे उसे व्यक्ति रूप में देखें या सामाजिक रूप में। 'पराजित' का मतलब है वह इंसान जो सही प्रकार की प्रतिक्रिया नहीं दे पाता। 100 प्रतिशत विजेता और 100 प्रतिशत पराजित तो शायद ही कोई होता है। विजेता और पराजित विभिन्न स्थितियों में सर्वथा भिन्न तरीके से अपना प्रत्युत्तर या प्रतिक्रिया देते हैं।

विजेता को ज्ञात है कि:	*पराजित वह है जो सदा रोता रहता है कि:*
♦ कब आक्रामक होना चाहिए और कब से में आना चाहिए।	काश मैंने किसी और बचाव शादी की होती।
♦ सबके साथ होना चाहिए और कब एकान्त में होना चाहिए।	काश मेरी नौकरी दूसरे तरह की होती।
♦ कब प्यार करना चाहिए और कब लड़ाई।	काश मैंने स्कूली समय पूरा कर लिया होता।
♦ कब काम करना चाहिए और कब खेलना चाहिए।	काश मैं खूबसूरत/सुन्दर होता।
♦ कब रोना चाहिए और कब हँसना।	काश मेरे जीवन साथी ने पीना बन्द कर दिया होता!
♦ कब भिड़ना चाहिए और कब पीछे हटना चाहिए।	काश मैं पैदाइशी अमीर होता।
♦ कब बोलना चाहिए और कब मौन रहना चाहिए।	काश मेरे माँ-बाप बेहतर होते।
♦ कब जल्दबाजी करनी चाहिए और कब धैर्य से प्रतीक्षा करनी चाहिए।	काश मेरे सच्चे दोस्त होते।

विजेता अपने काम में एकाग्रचित्त रहते हैं और उत्तम काम करते हैं क्योंकि उनका ई.क्यू. काफी ऊँचा होता है। दूसरे भी उन्हें अपने काम में डूबा इन्सान समझते हैं और वाकिफ होते हैं उनकी सृजनात्मक शक्ति, विचार, ऊर्जा एवं 'इलहामों' से। दूसरी किस्म के लोग 'पराजित' श्रेणी में आते हैं—इनको तो सभी जानते हैं। वे अपने रोजमर्रा के काम की लकीर पीटते हैं। प्राय: 'बोर' होते रहते हैं और अपने आपको सबसे कटा-कटा महसूस करते हैं। इनके बारे में क्या कहा जाए। एक होटल की रिसेप्शनिस्ट का उदाहरण देखें। वह कहती है, 'यहाँ बैठे-बैठे मुस्कराते रहना और टाइप करते रहना-कितना बोरिंग काम है। ये आठ से नौ घंटे का समय सिर्फ बर्बादी ही है।' इसके बजाय उसी होटल की एक दूसरी रिसेप्शनिस्ट का कहना है कि यह काम बड़ा ताजगी भरा, सुफल देने वाला और कई बेहतरीन मौके प्रदान करने वाला है। हर समय आपकी नए लोगों से मुलाकात होती रहती है। एक सेकंड को यहाँ बोरियत नहीं है। पूरे दिन मजा रहता है। नीचे दिया हुआ एक मामला देखें जिससे कि यह बात और स्पष्ट हो जाए।

विजेता बनाम पराजित

एक ही परिस्थिति में विजेता और पराजितों की प्रतिक्रिया में बिल्कुल अंतर होती है। यह मामला दो एक्जीक्यूटिवों का है जिनकी पदोन्नति नहीं हुई क्योंकि उनके वरिष्ठों ने उनका ऋणात्मक आकलन किया था। एक की प्रतिक्रिया थी कि वह अपने बॉस की मार डालेगा। वह गुस्से से भरा हुआ था। जो भी उससे मिलता, पीने के बाद उसका यही प्रलाप होता, 'मेरी जिन्दगी तो अब खत्म है।' वह अपने बॉस से नजर बचाता रहता। कभी हॉल में मिलते तो कन्नी काट जाता।

'हालांकि मैं गुस्सा था-मुझे लगता था कि मेरे साथ बेईमानी हुई है, परन्तु दिल की गहराई में मुझे भी यही लगता था कि मेरे बॉस ने ठीक किया है-मैं हूँ ही बेकार-असफल मैं इस स्थिति को बदलने के लिए कुछ कर भी नहीं सकता!'

इसके बजाय दूसरे एक्जीक्यूटिव की प्रतिक्रिया देखें, जो उतना ही स्तब्ध और क्रोध था परन्तु उसका दिमाग ज्यादा खुला था, 'मैं यह तो नहीं कह सकता कि मुझे ताज्जुब हुआ मेरे बॉस और मेरे विचार कभी नहीं मिलते थे। हमारी बहसें होती थीं।' यह एक्जीक्यूटिव घर गया और अपनी पत्नी से राय-मशविरा किया कि गड़बड़ कहाँ हुई। इस आत्म-निरीक्षण के दौर में उसे महसूस हुआ कि वह पूरे मन से काम करता भी नहीं था। इस विचार

से उसका क्रोध जरा ठण्डा पड़ा। उसने तय किया कि वो अपने बॉस से बात करेगा। परिणामस्वरूप, 'नतीजा अच्छा ही रहा। मेरी उनसे खुलकर बात हुई। वह भी थोड़ा परेशान था कि उसने क्या कर दिया और मैं भी कि मैं पूरे मनोयोग से काम नहीं कर पाया। तब से हमारे बीच अच्छी पट रही है। कोई शिकायत नहीं।'

आप समझ ही गए होंगे कि यहाँ मुख्य भेद भावनात्मक बुद्धिमत्ता का ही है, जो बताती है कि हम अपने झटकों से कैसे पार पा लेते हैं। पहले एक्जीक्यूटिव की प्रतिक्रिया थी कि उसमें ही कोई बड़ी कमी है, जो वह कभी सुधार नहीं सकता। इस हारी हुई मानसिकता से वह सदा असहाय ही महसूस करता रहा, परन्तु जरा सोचिए, यदि आपका असफल रहना आपका भाग्य है तो ऐसा क्यों है? इसके बजाय, दूसरा 'विजेता' एक्जीक्यूटिव यह सोचता है कि यदि उसमें कोई कमी है तो वह उसे ठीक से उजागर कर उसको सही कर देगा अर्थात् यदि आप विजेता हैं तो हर झटके से कुछ सीखकर अपनी धनात्मक प्रतिक्रिया ही देते हैं। ये झटके वे पाठ हैं, जो आपको आगे बढ़ाते हैं।

विजेता कभी चिन्ताओं से आक्रान्त नहीं होता और सदा दिमाग खुला रखता है। इसके लिए दरकार है लगन की। अपने काम में डूब जाओ और पूरे मनोयोग से काम करो। विजेता के रूप में आप अपने परिवेश के प्रति ज्यादा सजग रहते हैं और उसकी जरूरत के अनुसार खुद को ढालने का माद्दा रखते हैं। यानी आप 'बहाव' में रहते हैं, तभी आप ज्यादातर परिस्थितियों में विजेता बनकर उभरते हैं।

दूसरों को प्रभावित करने की कला सीखिए

जितना आप अपने भावों से वाकिफ रहेंगे, उतना ही उनका सही प्रयोग करेंगे और उतनी ही आपकी दूसरों को प्रभावित करने की योग्यता बढ़ी-चढ़ी रहेगी। यह तो सभी मानेंगे कि लोग सिर्फ तर्क से ही प्रभावित नहीं होते, भावनाओं का भी बड़ा महत्त्व होता है। जब आप दूसरों के साथ काम करते हैं तो उनकी भावनाएं समझकर वैसा ही व्यवहार कर उनको प्रभावित करते हैं, जैसा वे चाहते हैं। इस प्रकार काम करने में भी ज्यादा मजा आता है। अपनी और दूसरों की भावनाओं का सही आकलन आपके सम्बन्ध दूसरों से मधुर बनाता है। इस कला में महारत तो किसी भी संस्थान में व्यक्ति-व्यक्ति को अलग-अलग सार की होती है। जिनका ई.क्यू. सचल होता है, उनकी दूसरों को प्रभावित करने की

कला में भी अंतर आता है। जरा देखें कि कैसे इस कला का उपयोग लोग कर पाते हैं।

दो फर्मों का विलय

जब अमेरिका की दो विशाल फर्मों के विलय की घोषणा हुई तो समाचार पत्रों ने इसे "महत्त्वपूर्ण उपलब्धि" की संज्ञा दी। इस घोषणा के तुरन्त बाद ही हफ्तों तक कई मीटिंगों का दौर चला, यह तय करने को कि इतनी भारी-भरकम फर्मों का विलय किस प्रकार होगा। जैसा कि इस प्रकार के विलय में सदा होता है, सैकड़ों कर्मियों को हटाने की संभावना भी थी क्योंकि उन दोनों फर्मों में कई विभाग एक से ही काम करते थे। दोनों के कार्मिक तो रखे नहीं जा सकते। अब सवाल ये था कि इस खबर को कार्मिकों तक कैसे पहुंचाई जाए? कार्मिकों का मन भी न दुखे और खबर भी हो जाए।

एक विभाग के प्रमुख ने इस खबर को बहुत बुरी तरह से लोगों तक पहुँचाया। उन्होंने ऐसे कहा कि सब लोग आहत और दुःखी महसूस करने लगे। विभाग प्रमुख ने कहा, 'मुझे नहीं पता कि मैं क्या करूँ, पर इतना जरूर है कि मुझसे यह उम्मीद मत रखना कि मैं कोई मधुर सूचना दूँगा। तुम लोगों में से आधों की छुट्टी होने वाली है। मैं नहीं समझ पा रहा हूँ कि कैसे इस काम को अंजाम दूँ। मैं तो चाहता हूँ कि आपमें से एक-एक कर लोग आएं तथा अपनी पृष्ठभूमि और योग्यताएं बताते जाएं जिससे मैं आप लोगों की छुट्टी करता जाऊँ।'

इसके विपरीत दूसरी फर्म के एक विभाग प्रमुख ने ज्यादा समझदारी दिखाई, 'अब हमारी नई कंपनी है और काम करने को हमें एक नया मंच मिला है। हमें कई प्रतिभाशाली व्यक्तियों का साथ मिलेगा। हम आप लोगों को अपना निर्णय शीघ्र ही सुनाएंगे, परन्तु पहले हम आप लोगों के बारे में पूरी सूचना एकत्र कर लें। हम शीघ्र ही आपको सूचित करेंगे। हमारा निर्णय सिर्फ वस्तुपरक प्रदर्शन पर ही आधारित नहीं होगा, वरन् आपकी गुणात्मक योग्यता-यथा टीम में काम करना भी देखा जाएगा।

आपने देखा कि दोनों विभाग प्रमुखों के बात कहने के तरीकों में कितना अंतर है। पहली फर्म के सारे कार्मिक एकदम निस्तेज हो गए। सभी का कहना था कि हमारे साथ अन्याय हुआ है। मैं इस फर्म में अब कभी फसूँगा भी नहीं। परन्तु दूसरी फर्म के कार्मिक उल्लास और उम्मीद से भरे हुए थे और एक बेहतर भविष्य का ताना-बाना बुन रहे थे। उनको लग रहा था कि चाहे उनकी नौकरी कायम रहे या न रहे, कंपनी का निर्णय तर्कपूर्ण एवं न्यायोचित है।

लोगों पर प्रभाव डालने के ये दो तरीके हैं–ऊपर के मामले में एक आशा का संचार करता है तो दूसरा निराशा भर देता है। वे स्टार परफॉर्मर, जो भावनात्मक संकेत भेजने में माहिर होते हैं, न सिर्फ अपनी बात बड़े प्रभावी ढंग से कहते हैं, वरन् श्रोताओं को अपनी रौ में बहाने का भी माद्दा रखते हैं। क्योंकि उनका ई.क्यू. बढ़ा-चढ़ा होता है। इसके बजाय जो दूसरों के भाव समझ नहीं पाते, प्रबन्धन क्षेत्र में भी बुरे परिणाम ही हासिल कर पाते हैं। ऐसे लोगों का ई. क्यू. ज्यादातर निम्न ही रहता है।

अपने क्रोध को संभालो

क्रोध प्रबंधन ट्रैफिक की बत्तियों का इस्तेमाल करने जैसा है। लाल बत्ती का अर्थ है– रुक जाएं तथा स्वयं को शान्त करें। पीली बत्ती का अर्थ है– समस्या पर विचार करें। हरी बत्ती का अर्थ है– एक सकारात्मक आक्रमण रहित समाधान।

क्रोध तो सभी को कभी-न-कभी आता ही है। यह स्वाभाविक एवं सहज है। कोई भी क्रोधित तो हो सकता है, परन्तु इसको संभालना या इस पर नियंत्रण पाना बड़ी टेढ़ी खीर है। इसके लिए खास योग्यता होनी चाहिए। आइए देखते हैं कि क्रोध पर नियंत्रण रखने के क्या तरीके हैं। क्या इससे अंततः संभाला भी जा सकता है या नहीं? यह तो सभी जानते हैं और कहते भी रहते हैं कि गुस्सा मारक होता है, उम्र कम कर देता है, कई भयंकर रोगों यथा हृदय रोग, उच्च रक्तचाप, अवसाद, भावनात्मक असंतुलन या कैंसर रोगों का जनक भी हो सकता है। क्रोध के साथ ही जुड़े हैं शराबखोरी, नशाखोरी तथा "वर्क एल्कोहिलिज़्म" (काम की लत) इत्यादि।

क्रोध को संभालना यानी सड़क पर ट्रैफिक लाइट्स का इस्तेमाल करना लाल बत्ती–रुक जाओ, शान्त हो जाओ; पीली बत्ती–समस्या पर थोड़ा विचार करो, मनन करो; हरी बत्ती-एक धनात्मक और शांतिपूर्ण हल लेकर आगे बढ़ो।

कभी-कभी तो विवाहेत्तर सम्बन्ध भी अनियंत्रित क्रोध के कारण ही पैदा होते हैं। क्रोधी लोग सदा शरीर में दर्द और खिंचाव की शिकायत करते रहते हैं। इनमें सर्दी, मौसम, गलत खान-पान का तुरन्त दुष्प्रभाव प्रकट होता है। प्रयोगशाला के प्रयोगों और अनुभवों से ज्ञात हुआ है कि हल्का क्रोध भी आपकी समस्या का समाधान ढूँढने की योग्यता को कम कर देता है। क्रोध से आपका दृष्टिकोण भी बेहद संकीर्ण हो जाता है जिसमें कोई और परिप्रेक्ष्य घुस ही नहीं पाता। कार्यस्थल पर तो क्रोध काम बिगाड़ता ही है। यह आपको तुरन्त प्रतिक्रिया देने वाला बना देता है। इसके कारण आप बजाय क्रिया करने के तुरंत प्रतिक्रिया देने

वाले 'प्रतिक्रियावादी' हो जाते हैं। क्रोध को ऋणात्मक और धनात्मक भाव वर्गों में नहीं बाँटा जा सकता, परन्तु व्यावहारिक अनुभव बताता है कि कई बार व्यक्तिगत और व्यावसायिक स्थितियों में यदि जान-बूझकर थोड़ा क्रोध का भाव रखा जाए तो 'क्रोध' एक धनात्मक भाव का काम करता है। ऐसे समय में थोड़ा क्रोध शीघ्रता से अच्छा काम करने का संवाहक हो जाता है। क्रोध सदैव किसी आन्तरिक चोट और पीड़ा का कारण होता है। इसमें एक बदले का भाव या दण्ड देने की चाह निहित रहती है और व्यक्ति स्वयं को बड़ा धर्म धुरंधर समझने लगता है। वह दूसरे की सत्ता के प्रति बगावत कर स्वयं सत्ताधारी होने का प्रयत्न करने लगता है।

क्रोध में आदमी को एक ही 'सही' मार्ग सुझाई देता है, जो प्रायः सर्वोत्तम रास्ता नहीं होता, परन्तु पारंपरिक समझ बताती है कि क्रोध में आप जो काम करते हैं, उसी काम को क्रोधहीन होने पर आप ज्यादा बेहतर ढंग से कर सकते हैं। मनोवैज्ञानिकों का दावा है कि भावपूर्ण बुद्धिमत्तापूर्ण प्रतिक्रिया से गुस्से की संभावना कम हो सकती है, परन्तु इसके लिए आपको कुछ भावनात्मक दक्षताएं हासिल करनी होंगी।

क्रोध को कभी बगैर क्रोध के अपनी सामर्थ्य के अनुसार सफलता पाने से वंचित मत करने दें। क्रोध को संभालें, इससे पूर्व कि आप पर क्रोध हावी हो जाए। दुनिया में क्रोध बहुत है और इसका थोड़ा भाग तो बहुत खतरनाक भी हो सकता है। तिरस्कार, महत्त्वहीनता, दोषारोपण, अपराधबोध, अविश्वास, अवमूल्य, शक्तिहीनता और अवांछनीय व्यवहार पाने की आशंका प्रायः लोगों का पारा चढ़ा देता है। यह भाव-विक्षेप पारिवारिक सदस्यों, सहकर्मियों या समाज के तत्त्वों के कारण पैदा होता है जिन पर आपका बस नहीं चलता। क्रोध पर नियंत्रण के लिए अपने प्रति दयालुता का भाव, अपने आदर्शों का पुनर्स्थापन तथा दूसरों के प्रति भी करुणा की अनुभूति महसूस करना आवश्यक है। क्रोध का सही प्रबन्धन भी भावनात्मक बुद्धिमत्ता से ही हो सकता है क्योंकि अपने अन्तर के भावों की समझ इसकी उक्त पहचानकर इसे ज्यादा दयालुता के साथ शान्त करने में सहायक होता है। यह अनुभूति दूसरों के प्रति भी एक तदनुभूति जागृत करती है और इस प्रकार क्रोध का कारण बहुत हल्का होता जाता है।

> *अनियन्त्रणीय गुस्से जैसी कोई भी चीज़ नहीं होती है।*

इसमें साथ ही आपाताकाल में प्रयुक्त होने वाली युक्तियां भी लागू करनी चाहिए। बुरे भावों से त्राण पाने के लिए न स्वयं को आहत करें और न उनको

जिन्हें आप प्यार करते हैं। चाहे स्वयं आहत महसूस करें, परन्तु यह भाव भी रखें कि आपके पास है अपने प्रियों को आहत न करने की पूरी शक्ति। आपके पास आंतरिक शक्ति का बड़ा भंडार है जिसके जरिए आप गुस्से की प्रतिक्रिया को शांत कर सकते हैं। सबसे पहले अपने क्रोध के लक्षणों को शीघ्र पहचानना प्रारंभ करें कि कब आपके दिमाग में गर्मी भरती है, नाक फड़कती है इत्यादि। क्रोध का उदय आहत भाव से होता है। कोशिश यही करें कि बजाय क्रोध के उसी आहत भाव पर अपना ध्यान केन्द्रित रखें। कौन-सी बात है जो आपके चुभ रही है? क्या अपनी स्थिति में सुधार कर सकते हैं? ये सवाल स्वयं से पूछें, बिना मानसिक रूप से गाली-गलौज करने के। क्रोध तो इसी आहत भाव की प्रतिक्रिया होती है। अन्त में यही सोचें कि इसका सरल निदान समय को गुजरने देना है [कमरे से बाहर निकल जाएं-कैसे भी इस स्थिति को गुजर जाने दें]। यदि वह क्षण निकल गया तो क्रोध की तीव्रता और आहत भाव की पीड़ा स्वतः ही कम हो जाएगी। क्रोध की अवधि कुछ मिनटों तक ही चलती है, यद्यपि विरोध का भाव चिड़चिड़ापन और खुंदक घंटों क्या दिनों तक विद्यमान रह सकती है।

यदि क्रोध पर नियंत्रण पा सकते हैं तो आपके ई.क्यू. में स्वतः वृद्धि होगा तथा 'खुंदक' का भाव इत्यादि स्वाभाविक रूप से घटने लगता है। तलाक, घरेलू हिंसा, शराबखोरी इत्यादि कई बुरी भावनाओं की फसल वैसे भी उजड़ने लगेगी। जीवन का भावनात्मक स्तर सुधरता है, काम में कुशलता बढ़ती है, सामाजिकता, हर्ष, आत्मीयता के भाव ज्यादा गहन होने लगते हैं। वस्तुतः क्रोध का भाव अपनी असहायता और दयनीयता की स्थिति की कल्पना से ज्यादा बढ़ता है क्योंकि आपकी अस्मिता या अहम पर चोट पड़ती है जिसके कारण आपका आत्मिक स्थायित्व खंड-खंड हो जाता है। यदि यह भाव ठोस रहे तो क्रोध का प्रभाव इतना पड़ेगा ही नहीं। उदाहरण के लिए, मान लीजिए आपको दफ्तर में किसी प्रकार की असफलता झेलनी पड़ी हो या तिरस्कार हुआ हो, ऐसी स्थिति में आप घर आकर देखते हैं कि ड्राइंगरूम में जूते या कपड़े बिखरे हुए हैं। निश्चिय ही आपका पारा एकदम हाई हो जाएगा क्योंकि आप स्वयं बिखरे हुए हैं। परन्तु यदि दफ्तर में प्रोत्साहन मिला हो, तनख्वाह बढ़ी हो, तब आप घर में आकर वही स्थिति देखते हैं तो आपको यही लगेगा, 'अरे भाई, यह तो गृहस्थ का घर है, कोई होटल नहीं।' इस तरह की स्थितियाँ तो हम सब रोज ही देखते हैं और इनसे निर्वाह करते हैं।

क्रोध का सही प्रबन्धन किसी भी संस्थान के लिए उतना ही आवश्यक है जितना इसमें काम करने वालों का क्रोध पर कंट्रोल करना। आज के औद्योगिक

वातावरण में हड़ताल, हिंसा, यूनियनबाजी इत्यादि से वातावरण सदैव विस्फोटक-सा बना रहता है। किसी भी क्रोध की एक चिंगारी बड़ा विप्लव पैदा कर सकती है। यदि ऐसे में क्रोध का प्रबन्धन सिद्ध कर लिया गया तो कई बड़ी विपदाओं से बचाव हो सकता है।

आपको वह भावनात्मक क्षमताएँ विकसित करना सीखना चाहिए जिसके द्वारा आप व्यर्थ के अवांछित भावों की छुट्टी कर सकें। जब आप क्रोधित, तिरस्कृत, ईर्ष्यालु या किसी षड्यंत्र का शिकार हो जाते हैं तो आप क्या करते हैं? धीरे-धीरे उसकी तीव्रता को कम ही करना चाहते हैं। याद रखें, किसी क्षण की उत्तेजना में पैदा हुए उस भाव के संतोष हेतु आप अपनी प्रतिक्रिया को जितना विलंबित कर सकते हैं, उतना ही आप अपने उस क्षण पैदा हुए क्रोध का बेहतर प्रबन्धन कर पाएंगे। यह बात नीचे दिए हुए एक मामले से और ज्यादा स्पष्ट हो जाएगी।

एक क्रोधी महिला

यह एक सुशिक्षित व्यावसायिक महिला का मामला है। एक उच्च व्यापारिक घराने की वह सी.ई.ओ. है, जो स्थिति उसे विरासत में मिली है। अपने काम के तकनीकी पक्षों में तो वह महारत रखती है, परन्तु बहुत तुनुकमिजाज है और जल्द ही ताव खा जाती हैं। व्यावसायिक विशेषज्ञता प्राप्त होने के बावजूद वह एक अव्यवस्थित व्यक्तित्व वाली है जिसके काम में तार्किकता का अभाव रहता है। अपने क्रोधी स्वभाव के कारण वह मातहतों को डाँटती-फटकारती रहती है और ज्यादातर अपने चैम्बर में चुपचाप बैठी रहती है। धीरज तो उसमें है ही नहीं, हर काम उसके लिए 'कल ही' हो जाना चाहिए था। वह स्वयं को बहुत योग्य समझती है तथा अपने हर शब्द को 'वेद वाक्य' मानती है। बेहद शक्की मिजाज है, जो उसके अनुसार उसका खानदानी गुण है। तदनुभूति का भाव तो उसमें है ही नहीं और अपने मनोवैज्ञानिक अभाव की भरपाई क्रोध दिखाकर करती है। दूसरों पर भरोसा भी वह नहीं कर सकती इसलिए किसी से खुलकर मिलती भी नहीं है। परिणामस्वरूप बिना किसी कारण के वह अपना गुस्सा दिखाती रहती है और अपने इस अजीब-से व्यवहार की व्याख्या करने को उसके पास हजारों तर्क हैं। ज्यादातर दूसरों पर ही दोष मढ़कर खुद ग्लानि सदृश तीखे भावों को झेलने से बचती रहती है। अपना काम करते हुए अनजाने में वह ऐसी बात जरूर कह देती है, जो दूसरों को बुरी लगे। जब कभी लोग शिकायत भी

करते हैं तो वह ताज्जुब करती है कि इसमें भला इतना बुरा मानने की क्या बात है? उसका व्यक्तित्व उसके शोकाकुल पालन-पोषण, त्रासदायी अनुभव और हर स्तर पर हताशा की दलील देते हुए लगते हैं।

वह एक क्रोधी महिला है, जो भावात्मक रूप में जीरो ही है। स्मार्ट होते हुए भी उसका ऋणात्मक व्यवहार रहता है। कार्यक्षेत्र में क्रोध नियंत्रित करने जैसी जटिल समस्याओं से वह कतई पार नहीं पा सकती। दुर्भाग्यवश उसका ऐसा व्यवहार भी नहीं है जिससे कोई उसके अवांछित व्यवहार की ओर इंगित भी कर सके। वह तो इस क्या किसी संस्थान में फिट नहीं रह सकती और अपने तर्क के अनुसार दूसरों को ही हर परेशानी का कारण समझती है। कम ई.क्यू. वाले लोग भी भाषण प्रवण तो होते हैं, परन्तु उनके भाव इतने 'ज्वलनशील' होते हैं कि जल्द ही विस्फोटक स्थिति में पहुँच जाते हैं। ऐसे लोग बहुत शीघ्र भावना में बह जाते हैं बजाय उनके जो अपने भावों का स्थूल लक्षण पहचान लेते हैं। इस कारण इस महिला सदृश लोग शीघ्र ही शारीरिक विकृतियों या बीमारियों का शिकार हो जाते हैं।

सरल शब्दों में कहा जाए तो थोड़ा धीरज रखें और किसी काम की चाह होते हुए भी उससे करने को न कूदें, तभी क्रोध बेहतर रूप से नियंत्रित होगा। क्रोध की स्थिति में भी दूसरों की पूरी बात सुनने का प्रयत्न करें। इससे किसी स्थिति में आप आपे से बाहर नहीं हो पाएंगे और समस्या का मूल समझने के लिए भी ज्यादा समय मिल सकेगा। ई.क्यू. के माहिरों का कहना है कि यदि क्रोध आने पर आप मानसिक रूप से दस की गिनती भी गिनते हैं तो क्रोध दूर होने लगता है। क्रोध की उम्र 6 से 10 सेकंण्ड्स से ज्यादा की नहीं होती। थोड़े लचीलेपन से काम लेंगे तो बड़ी-से-बड़ी समस्याएं भी सुलझती रहेंगी।

ई.क्यू. विकास के लिए अन्य सम्बद्ध क्षेत्र

ई.क्यू. विकास का प्रभाव जीवन के कई क्षेत्रों पर पड़ता है। ई.क्यू. में कुछ विशेष भावनात्मक दक्षताएँ विकसित करनी पड़ती हैं। प्रबन्धन के दूसरे सम्बद्ध क्षेत्र जिनमें ई.क्यू. का प्रभाव महत्त्वपूर्ण है, इस प्रकार हैं–

कॉर्पोरेट संस्कृतिः ऐसा माहौल बनाना जिसमें कार्मिक गण सुरक्षित, भरोसेमन्द, विशिष्ट, जरूरी, महत्त्वपूर्ण सहयोगी, लक्ष्य-केन्द्रित, उत्पादनशील, प्रेरणापूर्ण, सम्मानित और स्वयं को मूल्यवान महसूस करें।

नौकरी पर रखनाः ऐसे लोगों का चुनाव करना जिनकी तुलनात्मक रूप

से भावनात्मक बुद्धिमत्ता बढ़ी-चढ़ी हो अर्थात् वे भावनात्मक रूप से संवेदनशील, जागरूक, आशावादी, लगनशील धनात्मक और जिम्मेदार हों।

ग्राहक सेवाः इस प्रकार ई.क्यू. विकसित किया जाए कि ग्राहक की बात सुनी और समझी जाए तथा उन्हें ये प्रतीत हो जैसे वे महत्त्वपूर्ण, वांछित और मूल्यवान हैं।

उच्च प्रौद्योगिकी प्रबन्धनः तकनीकी दल के विशेषज्ञों को भावनात्मक एवं लोगों से सहज अंतर्क्रिया करने की दक्षता सिखाई जाए अर्थात् वातावरण को हाई-टेक, हाई-टच कार्यस्थल बनाया जाए।

टर्नओवरः कार्मिकों में यह भावना पैदा करके कि उनके काम की सराहना होती है, उसे मान्यता दी जाती है, सहायता दी जाती है तथा चुनौतियां स्वीकार कर पूरा करने पर पुरस्कृत और सम्मानित भी किया जाता है।

प्रशिक्षणः भावनात्मक साक्षरता (ज्ञान) बढ़ाकर कार्यशाला में सर्वत्र ई.क्यू. का स्तर बढ़ाया जाए।

उत्पादकताः भावनात्मक प्रेरक शक्ति, संस्थान के प्रति प्रतिबद्धता सहयोग एवं एकरसता के भाव को बढ़ाकर, संघर्षों एवं टहरावों को कम कर सुरक्षा की भावना बढ़ाई जाए।

लक्ष्यनिर्धारणः भावाधारित लक्ष्य निर्धारित किए जाएं। जैसे ग्राहक संतोष और कार्मिक संतोष का लक्ष्य उनसे भावात्मक फीडबैक के अनुसर निर्धारित लक्ष्यों को प्राप्त करने के मापदण्ड बनाए जाएं तथा प्रदर्शन पर निगाह रखी जाए।

भावनात्मक मददः ऋणात्मक भाव यथा भय, चिन्ता, दबाव इत्याादि को घटाने का प्रयत्न किया जाए क्योंकि ये भाव कई प्रकार की बीमारियों को बढ़ाते हैं एवं उनके प्रति प्रतिरोधात्मक क्षमता को घटाते हैं। यह देखा गया है कि भावनात्मक मदद कार्मिकों के स्वास्थ्य को बेहतर करने में बहुत योगदान देती है।

नेतृत्वः उच्च आई.क्यू. वाला नेता भावनात्मक रूप से काफी जागरूक व्यक्ति होता है। वह भावनात्मक रूप से ज्यादा ज्ञान रखता है और दूसरों के भावों को अच्छे ढंग से पढ़ सकता है। उसका शब्द ज्ञान भी ज्यादा होता है जिससे वह सही शब्दों द्वारा अपनी भावाभिव्यक्ति करने में सक्षम रहता है। अतः ऐसा नेता आसानी से न उत्तेजित किया जा सकता है न बचाव की मुद्रा में ठेला जा सकता है। उसमें तदनुभूति का माद्दा भी बहुत होता है तथा दयालुता एवं करुणापूर्ण ढंग से वह दूसरों की समस्याओं को सुन सकता है। ऐसे व्यक्ति में सहनशीलता भी काफी होती है। वह सिर्फ लोगों का नेतृत्व ही नहीं करता, उन्हें प्रेरणा देकर पूरी निष्ठा से कार्यरत होना भी सिखाता है।

5

भावनात्मक बुद्धिमत्ताः अनुभवजन्य साक्ष्य

इस क्षेत्र में पुराने शोध पत्रादि देखे जाएं तो मालूम पड़ता है कि जब मनोवैज्ञानिकों ने बुद्धिमत्ता के बारे में अपने शोध प्रारंभ किए तो उन्होंने साधारणतया विचार-प्रक्रिया, पहचान शक्ति, बुद्धि, स्मृति एवं समस्या, समाधान आदि विषयों पर ही अपना केन्द्र बिन्दु रखा, जो वस्तुतः आई.क्यू. के घटक थे। बाद में जब भाव पक्ष पर शोध हुआ यथा भावनाओं, मूड, संवेग-तो ई.क्यू. शोध के केन्द्र में रहा। हम इस अध्याय में विशेषतः भावनात्मक बुद्धिमत्ता के क्षेत्र में हुए शोधों एवं अध्ययनों पर विचार करेंगे-

1. भावनात्मक बुद्धिमत्ता को परिभाषित करना।
2. विभिन्न कामों के लिए वांछित ई.क्यू. स्तर।
3. भावनात्मक बुद्धिमत्ता हेतु क्षमताएँ।
4. भारतीय परिप्रेक्ष्य में ई.क्यू.।
5. क्या विभिन्न व्यवसायों में ई.क्यू. के विभिन्न स्तर चाहिए?
6. आई.ए.एस. अफसरों की भावनात्मक बुद्धिमत्ता।
7. भावनात्मक बुद्धिमत्ता और नेतृत्व के लिए व्यवहार।
8. किशोरों में ई.क्यू. एवं आई.क्यू. के मध्य सम्बन्ध।
9. ई.क्यू. एवं प्रबन्धन सम्बन्धी प्रभावशीलताः एक अंतर्राष्ट्रीय अध्ययन।
10. ई.क्यू. और किशोरों में सुखद अनुभूति।
11. कठोर नेता होने के लिए जरूरी नरम कला।
12. भावनात्मक बुद्धिमत्ता और दबाव प्रबन्धन।
13. मानव पूंजी प्रबन्धनः एक ई.क्यू. परिप्रेक्ष्य में।
14. एक ई.क्यू. टेस्ट का प्रारूप बनाना।
15. अन्य शोध अध्ययनों के निष्कर्ष।

1. भावनात्मक बुद्धिमत्ता को परिभाषित करना

ई.एल. थॉर्नडाइक (1920) ने सबसे पहले इस दिशा में खोज करते हुए भावनात्मक बुद्धिमत्ता को सबसे "सामाजिक बुद्धिमत्ता" कहा और इसकी परिभाषा इस प्रकार दी।

"अपने समाज के स्त्री पुरुष, लड़के-लड़कियों को समझने की एवं अपने सम्बन्धों को सही समझने-संभालने की योग्यता भावनात्मक बुद्धिमत्ता कहलाती है। यह एक ऐसी क्षमता है जो स्वयं को आसानी से नर्सरियों, खेल के मैदानों में, कारखानों तथा सेल्स स्टाफ के कमरों में दिखा देती है।" परंतु थॉर्नडाईक ने पाया कि इन गुणों को मापना आई. क्यू. को मापने जितना आसान नहीं था। उसने जाना कि समामजिक बुद्धिमत्ता कई क्षमताओं का एक मिश्रण था। अन्यथा, यह कई असंख्य सामाजिक आदतों व अभिवृत्तियों का मिश्रण था। उसके सामाजिक बुद्धिमता के संदर्भो में तीन तत्व शामिल थे: (क) व्यक्ति की समाज के प्रति अभिवृत्तियाँ, जैसे कि राजनीति, अर्थशास्त्र, विज्ञान तथा मूल्य (जैसे कि ईमानदारी); (ख) सामाजिक ज्ञान जैसे कि समसामयिक विषयों में पूर्णतया पारंगत होना तथा समाज के बारे में सामान्य ज्ञान पूरा रखना; तथा (ग) व्यक्ति की सामाजिक समायोजन की क्षमता, जैसे कि पारस्परिक संबंध तथा पारिवारिक बंधन। यहाँ यह याद रखना होगा कि थॉर्नडाईक की सामाजिक बुद्धिमता की परिभाषा के तीसरा आयाम में कुछ तत्व शामिल हैं, जैसे कि "लोगों से बरतने की क्षमता" तथा "अन्तर्मुखता व बहिर्मुखता।" ये दोनों आज की भावनात्मक बुद्धिमत्ता के ही समान हैं। परंतु यहाँ यह साफ बताना आवश्यक है कि थॉर्नडाईक की परिभाषा में मानवीय बुद्धिमत्ता से संबद्ध लगभग सभी कारक शामिल हैं। ये हैं– सामाजिक, मनोवैज्ञानिक, आर्थिक, भावनात्मक, व्यक्तित्व के प्रकार, भावात्मक तथा अभावात्मक। जहाँ तक वर्तमान चर्चा का प्रश्न है, हम यह निष्कर्ष निकाल सकते हैं कि थॉर्नडाईक ने अपनी परिभाषा में कुछ भावनात्मक आयामों का संदर्भ अवश्य दिया था; यह उन्होंने 1920 में ही दे दिया था। उनकी मान्यताएं आधुनिक शोधकर्ताओं को महान वैज्ञानिक सहायता प्रदान करती हैं जो भावनात्मक बुद्धिमता की वैद्यता का निर्माण करना चाहते हैं।

ई. क्यू. पुरुषों, लड़कों तथा लड़कियों को समझकर उनका प्रबंधन करने की योग्यता है। साथ ही, यह मानव संबंधों के संदर्भ में बुद्धिमता से कार्य करने का नाम भी है।

डी. वेशलर (1940) ने बुद्धिमत्ता को "एक व्यक्ति की सम्पूर्ण योग्यता के साथ अपने पर्यावरण को समझने और तार्किक रूप से उसका प्रयोग करने" को

बुद्धिमत्ता का नाम दिया। उन्होंने पाया कि किसी व्यक्तित्व के सम्यक विकास में भावनात्मक बुद्धिमत्ता का भी बहुत बड़ा हाथ है, परन्तु इस परिभाषा को पूरी तरह स्वीकार नहीं किया गया और आज भी आधा विश्व, खास-तौर पर विकासशील देश अकादमिक योग्यता को ही सब कुछ समझते हैं।

भावनात्मक योग्यताएं किसी भी व्यक्ति को जीवन में सफल होने हेतु क्षमता के निर्धारण के लिए अति आवश्यक है।

हॉवर्ड गार्डनर (1993) ने बहुआयामी बुद्धिमत्ता का जिक्र कर व्यक्ति की अपनी एवं उसकी अन्य लोगों से व्यवहार करने की बुद्धिमत्ता का हवाला देते हुए कहा कि "इन्टरपर्सनल बुद्धिमत्ता (अन्य व्यक्तियों के साथ व्यवहार करने की) का सम्बन्ध उन लोगों से होता है जो नेतृत्व गण से भरपूर होते हैं, समाज के निर्धारक होते हैं तथा जिनकी संप्रेषणीय योग्यता (अपनी बात दूसरे तक पहुँचाने की योग्यता) बढ़ी-चढ़ी होती है।" इनके अनुसार ऐसे लोगों में दूसरों के भावों का आकलन करने की पूर्ण क्षमता होती है।

इन्टरपर्सनल बुद्धिमता उन लोगों से संबद्ध होती है जो अपने काम करने वाले साथियों में नेता बनकर उभरते हैं तथा जिनका संप्रेषण कौशल काफी अच्छा होता है।

पीटर सेलोवे और जॉन मेयर (1990) ने ही सबसे पहले इमोशनल इंटेलिजेंस शब्द गठित किया था। उनका कहना था कि यह एक सामाजिक बुद्धिमत्ता (सोशल इंटेलिजेंस) का ही प्रकार होता है जिसमें न सिर्फ अपने भाव एवं संवेग, वरन दूसरों के भावों को समझने और उनके अनुरूप तार्किक रूप से व्यवहार करने की समझ होती है।

सेलोवे तथा मेयर ने "भावनात्मक बुद्धिमता" को परिभाषित किया।

डैनियल गोलमैन (1998) ने भावनात्मक बुद्धिमत्ता की परिभाषा दी है। वह कहते हैं, "भावनात्मक बुद्धिमत्ता हमारी अपनी भावनाओं को पहचानने की क्षमता है तथा दूसरों की भावनाओं को भी पहचानने की क्षमता है। ताकि हम स्वयं को प्रेरित कर सकें तथा हम स्वयं की भावनाओं तथा संबंधों का प्रबंधन कर सकें। भावनात्मक बुद्धिमत्ता ऐसी योग्यताओं का वर्णन करती है जो शैक्षिक बुद्धिमता से अलग हैं व उसकी पूरक भी हैं, या वे पूर्णतया संज्ञानात्मक क्षमताएं हैं जो आई. क्यू. के द्वारा मापी जाती हैं।" उन्होंने भावनात्मक क्षमताओं के एक समूह की भी पहचान की जो व्यक्तियों को एक-दूसरे से अलग करते हैं। यह क्षमताएं चार वर्गों में बाँटी गई हैं:

(क) **स्व-अभिज्ञता:** किसी व्यक्ति की स्वयं की भावनाओं, शक्तिओं तथा कमजोरियों को समझने की क्षमता;

(ख) **स्व-प्रबंधन:** अपने प्रयोजनों का प्रभावपूर्ण प्रबंधन करने की क्षमता तथा स्वयं का व्यवहार नियंत्रित करने की क्षमता;

(ग) **सामाजिक अभिज्ञता:** यह समझने की क्षमता कि दूसरे लोग क्या कह रहे हैं या महसूस कर रहे, ऐसा क्यों महसूस कर रहे हैं तथा क्यों विशिष्ट रूप से बर्ताव कर रहे हैं; तथा

(घ) **सामाजिक निपुणतायें:** इस प्रकार से कार्य या बर्ताव करने की क्षमता ताकि व्यक्ति दूसरों से वांछित परिणाम पा सके तथा अपने व्यक्तिगत उद्देश्य प्राप्त कर सके। गोलमैन ने कहा कि ये सक्षमताएं नेताओं की मदद करती हैं ताकि वे संस्थाओं को महान बना सकें।

> *भावनात्मक बुद्धिमता ऐसी योग्यताओं का वर्णन करता है जो शैक्षिक बुद्धिमता से अलग हैं व उसकी पूरक भी हैं, या वे पूर्णतया संज्ञानवात्मक क्षमताएं हैं जो आई. क्यू. के द्वारा मापी जाती हैं।*

सेल्समैन इनके द्वारा मज़बूत तथा लाभकारी संबंध अपने ग्राहकों के साथ बना पाते हैं। साथ ही, इनके द्वारा कर्मचारी अपने ग्राहकों को प्रसन्न रखने में सक्षम हो जाते हैं जो उनसे प्रतिदिन मिलते हैं। इसके अलावा यह सक्षमताएं बच्चों को उनके जीवन के आरम्भिक दौर में सिखाई जानी चाहिएं। ऐसा देखा जा सकता है कि गोलमैन ने मनोविज्ञान के क्षेत्र के पुराने शोधकर्ताओं (जो सामन्य बुद्धिमत्ता पर कार्य कर चुके हैं) से काफी कुछ उधार लिया है (जब उन्होंने सामान्य बुद्धिमत्ता की परिभाषा दी थी)। उनके दावे मुख्यत: उनके पत्रकार के निजी अनुभवों पर आधारित हैं (जब वे "द न्यूयॉर्क टाईम्स" के पत्रकार थे व उन्होंने 'दिमाग' व "व्यवहार विज्ञान" पर कई वर्षों तक रिपोर्ट दी थी)। इसके अतिरिक्त, वह अपने प्रतिरूप को "थ्यूरी ऑफ परफार्मेंस" कहते हैं न कि "थ्यूरी ऑफ पर्सनेलिटी।" उनका ज़ोर भावनात्मक बुद्धिमता के लिए एक व्यवसाय केस बनाने पर है, जो भावनात्मक सक्षमता के दृष्टांतों पर अपनी इमारत खड़ी करता है। परंतु वह वैज्ञानिक संसार को व्यक्ति की "भावनात्मक सक्षमताओं" व "भावनात्मक व्यक्तित्व लक्षणों" के बीच का अंतर नहीं बता सके हैं। उनकी हाल ही में लिखी रचनाओं (लेखों) से पता लगता है कि वह "थ्यूरीज़ ऑफ पर्सनेलिटी" के बारे में ज़्यादा बात करते हैं जो कि थॉर्नडाईक,

गार्डनर व अन्य मनोवैज्ञानिकों द्वारा प्रस्तुत की गई थीं। उनकी "पर्सनैलिटी थ्यूरी" से अलग-थलग रहने की वृत्ति की "थ्यूरी ऑफ परफार्मेंस" के द्वारा पुष्टि नहीं की गई है।

डॉक्टर गोलमैन "कंसॉर्शियम फॉर रिसर्च ऑन ईमोशनल इंटेलिजैंस इन आर्गेनाज़ेशन्ज़" के संस्थापक-चेयरमैन हैं। यह संस्था रतगर्ज़ विश्वविद्यालय के "ग्रेजुएट स्कूल ऑफ एप्लाइड व प्रोफेशनल साइकॉलोजी" का एक अंग है। यह कंसार्शियम सर्वश्रेष्ठ कार्य पद्धतियों की सिफारिश करता है ताकि भावनात्मक सक्षमता उत्पन्न की जा सके। वह अभी भी भावनात्मक बुद्धिमत्ता की सर्वसम्मत परिभाषा नहीं दे पाए हैं। वस्तुतः उन्होंने अपनी परिभाषा को कई बार बदला है। उन्होंने शोधकर्ताओं को "मूल शोध" करने के लिए प्रेरित किया है ताकि भावनात्मक बुद्धिमता की परिभाषा की "सरंचना वैधता" स्थापित की जा सके। परंतु वह भावनात्मक बुद्धिमत्ता की धारणा को संसार को सादी भाषा में समझा पाने में सफल रहे हैं।

र्यूवेन बार-ऑन (1997) ने भावनात्मक बुद्धिमत्ता को इस प्रकार परिभाषित किया, 'अपने आसपास के रोजमर्रा के माहौल की चुनौतियों को स्वीकार करते हुए अपने व्यक्तिगत एवं व्यावसायिक क्रियाकलापों की सफलता की संभावना व्यक्त करने की क्षमता का नाम भावनात्मक बुद्धिमत्ता है।' इन्होंने ही सर्वप्रथम ई.क्यू. लघु नाम (इमोशनल क्वोशेंट या भावनात्मक घटक) को आई.क्यू. की तरह प्रयुक्त किया था।

> *बार-ऑन ने 1985 में ई. क्यू. की सृष्टि की जिसे हम भावनात्मक लब्धि भी कहते हैं। उन्होंने ऐसा भावनात्मक बुद्धिमता के आकलन के लिए अपने प्रस्ताव को समझाने हेतु किया।*

दलीप सिंह (2003) के अनुसार भावनात्मक बुद्धिमत्ता की परिभाषा है: "वह योग्यता जो व्यक्ति को अपने माहौल के भावोद्दीपक संवेगों के प्रति सही प्रत्युत्तर देना सिखाती है, चाहे उसके अपने अन्तर्मन के हों या माहौल के, का नाम भावनात्मक बुद्धिमत्ता है। इनके अनुसार भावनात्मक बुद्धिमत्ता के तीन प्रमुख घटक हैं जिनका आयाम प्रमुखतः मनोवैज्ञानिक ही होता है। ये हैं– भावनात्मक संवेदनशीलता, भावनात्मक परिपक्वता और भावनात्मक सामर्थ्य। ये तीनों ही मिलकर मानव व्यवहार की सही पहचान कर उनकी सही व्याख्या और सही प्रकार से भावोद्वेगों को संभाल पाते हैं।"

इन तीनों का विवरण आगे दिया गया है।

(i) भावनात्मक सक्षमता: इसमें शामिल हैं भावनात्मक झटकों से उबरना;

उच्च आत्मसम्मान रखना; अक्लमन्दी से भावोद्दीपकों के प्रति प्रतिक्रिया (रिस्पोन्स) देना; अपने अहम् को काबू में रखना।

(ii) भावनात्मक परिपक्वता: इसमें शामिल हैं आत्म-जागरूकता, दूसरों को विकास-क्रम में डालना; इन्द्रियों (मन) के तुष्टीकरण को ज्यादा-से-ज्यादा देर तक रोकना; संयोजन और लचीलापन विकसित करना।

(iii) भावनात्मक संवेदनशीलता: इसमें शामिल है भावनात्मक उद्वेग को शुरुआत में ही समझ लेना; तद्नुभूति का भाव पैदा करना; अन्य व्यक्तियों से सम्बन्धों में सुधार की चेष्टा करना; भावनाओं को सही ढंग से संप्रेषित करना।

2. विभिन्न कामों के लिए वांछित ई.क्यू. के स्तर

हर काम अपने लिए विशिष्ट भावनात्मक घटक (ई.क्यू.) की जरूरत रखता है। उदाहरणार्थ, बिक्री के क्षेत्र में सफलता के लिए ग्राहकों के मूड और भावों के साथ एक तादात्म्य स्थापित करने की योग्यता बहुत जरूरी होती है, जबकि एकल उत्कर्ष के क्षेत्र यथा टैनिस खेलना या चित्रकारी में प्रेरणा और आत्मानुशासन बेहद आवश्यक होता है। यहाँ दी गई तालिका में हर जॉब के लिए निम्न ई. क्यू. से उच्च ई. क्यू. की ज़रूरत दर्शायी गई है। तालिका 5.1 देखें।

तालिका 5.1: विभिन्न कार्यों के लिए ई. क्यू. का अपेक्षित स्तर (निम्न से अधिक ई. क्यू.)

बायोकैमिस्ट (निम्नतम)
शैफ (रसोइया)
बिलिंग क्लर्क
फोरेस्टर (जंगलात का आदमी)
सिस्टम्स एनालिस्ट
इलेक्ट्रीकल इंजीनियर
ऑडीटर
अंडरराइटर
एकाउन्टेंट
जिओफिजिस्ट (भू-भौतिक शास्त्री)
जेनेटिसिस्ट (अनुवांशिक शास्त्री)
एम.आई.एस. मैनेजर

सॉफ्टवेयर इंजीनियर
कैमिकल इंजीनियर
सिविल इंजीनियर
लाइब्रेरियन
ई.ई.जी. टेक्नोलॉजिस्ट
कन्सल्टेन्ट (परामर्शदाता)
ब्रोकर (दलाल)
रेडियोलॉजिकल टेक्नीशियन
डेन्टल हाईजीनिस्ट
बेनेफिट्स/कंपेनसेशन एनालिस्ट (मुआवजा विश्लेषक)
रिटेल सेल्फ एसोसिएट (खुदरा बिक्री सहयोगी)
फायर मैन
एनविरोनमेन्टल लॉईय्यर (पर्यावरण वकील)
राइटर (लेखक)
एनविरोनमेन्टल एजुकेटर (पर्यावरण की शिक्षा देने वाले)
डैन्टिस्ट
पुलिस अफसर
सहायक नर्स
नर्स (व्यावसायिक तीमारदार), ऑक्यूपेशनल थेरेपिस्ट
रेस्तरां मैनेजर
वेटर/वेट्रेस
मेडिकल एसिस्टेंट
मेडिकल सैक्रेटरी
डेन्टल लैबोरेट्री तकनीकी विशेषज्ञ
ट्रेवल एजेन्ट्स
कन्ट्रोलर
पैरालीगल (सहयोगी विधि शास्त्री)
सेक्रेटरी
मैडिकल रिकॉर्ड टेक्नीशियन
ऑप्टीशियन
लोन ऑफिसर (ऋण अधिकारी)
बीमा एजेन्ट

संपादक
बिक्री प्रतिनिधि
अर्बन प्लैनर [शहर स्थापन संयोजक]
रिक्रीएशनल थेरेपिस्ट (मनोरंजन से स्वस्थ करने वाले)
ट्रेनिंग मैनेजर
एडल्ट एजुकेशन टीचर
पब्लिक रिलेशन प्रोफेशनल्स
नर्स
ह्यूमन रिसोर्स मैनेजर
टीचर
फिज़ीकल थेरेपिस्ट
साइक्रेट्रिक सहयोगी
स्पेशल एजुकेशन टीचर
फैमिली मैडिकल डॉक्टर
इन्टरनिस्ट
जेरीएट्रिक केयर स्पेशलिस्ट (बुढ़ापे सम्बन्धी रोग विशेषज्ञ)
सामाजिक कार्यकर्ता
मानव सेवा कार्यकर्ता
मनोचिकित्सक (सर्वाधिक ऊँचा ई.क्यू.)

स्पष्ट है कि किसी मनोचिकित्सक का ई.क्यू. सर्वाधिक ऊँचा होना चाहिए क्योंकि वह रोगी के मन में उतरकर समस्या का निदान एवं उपचार ढूँढता है। यह लिस्ट 'दि कन्सोर्शियम फॉर रिसर्च ऑन इमोशनल इन्टेलिजेंस इन ऑर्गेनाइज़ेशन' ने तैयार की है। एक बड़े एशियन बैंक ने भी लोगों के समूह का ई.क्यू. और आई.क्यू. कार्य प्रदर्शन के अनुसार बनाया है। ऊपर की लिस्ट से स्पष्ट है कि जिसमें लोगों के साथ गहन या आत्मीय अन्तर्क्रिया करनी होती है, उसमें ई.क्यू. ज्यादा ऊँचा ही चाहिए। बेशक स्थिति के अनुसार परिवर्तन तो संभव होते ही हैं, परन्तु मोटे तौर पर यह तालिका काम के अनुसार ई.क्यू. का सही मान दिखलाती है।

3. भावनात्मक बुद्धिमत्ता हेतु क्षमताएं

आर. बोयात्ज़ीस तथा अन्य (2000) ने भावनात्मक बुद्धिमता की क्षमताओं

पर एक प्रतिरूप पेश किया था। यह प्रतिरूप अधिकतर किताबी लगता है क्योंकि यह व्यवहारिक परिस्थितियों में परखा नहीं जा सका। तालिका 5.2 में इस प्रतिरूप का ख़ाका दिया गया है। यदि यह सचमुच के परिस्थितियों में परखा जाय तो इस प्रतिरूप में काफी अच्छी मूल्य वृद्धि हो सकती है।

तालिका 5.2: भावनात्मक क्षमताओं का एक खाका

	स्वयं *व्यक्तिगत क्षमता*	*अन्य* *सामाजिक क्षमता*
पहचान	**स्व अभिज्ञान** • भावनात्मक स्वअभिज्ञान • सही स्व-आकलन • आत्मविश्वास	**सामाजिक अभिज्ञान** • समानुभूति • सेवा प्रवृत्ति • संस्थागत अभिज्ञान
नियंत्रण	**स्व-प्रबंधन** • आत्मनियंत्रण • विश्ववसनीयता • अंतर्विवेकशीलता • अनुकूलनशीलता • प्राप्ति लालसा • पहल • टीमवर्क व भागीदारी	**संबंध प्रबंधन** • दूसरों का विकास • प्रभाव • सम्प्रेषण • संघर्ष प्रबंधन • नेतृत्व • परिवर्तन उत्प्रेरक • संबंध बनाना

ये समूह आगे के पृष्ठों में विस्तारपूर्वक बताए गए हैं।

(i) आत्म-जागरूकता समूह

यह समूह निम्न क्षमताओं से बनता है

भावनात्मक आत्म-जागरूकता: अपनी भावनाओं के बारे में जागरूकता जो आपके व्यवहार में प्रकट होती है। उसमें भी कंपनी जो वाणिज्यिक सेवाएं प्रदान करती है, उसमें इसका बड़ा महत्त्व है।

सही स्व-आकलन: अपनी ताकत और कमजोरियों का सही आकलन। 12 विभिन्न संगठनों में सैकड़ों प्रबन्धकों के स्व-आकलन ने बेहतर कार्य-निष्पादन प्रकट किया। ये प्रबंधक फीडबैक भी पाते रहे और अपने स्व-आकलन को बेहतर बनाते रहे।

आत्मविश्वास: सभी का औसत प्रदर्शन कायम रखने में प्रबन्धकों,

सुपरवाइजरों, एक्जीक्यूटिव का आत्मविश्वास बहुत मायने रखता है।

(ii) आत्म-प्रबंधन समूह

इसके अन्तर्गत आने वाली क्षमताओं का आकलन निम्न छह गुणों से होता है–

भावनात्मक आत्म-नियंत्रण: शीघ्र परेशानी महसूस करने वाली भावनाओं एवं अन्य भंजक भावनाओं का अभाव। इसके लक्षण हैं दबाव की स्थितियों में अविचलित रहना और शत्रुतापूर्ण व्यवहार करने वाले ग्राहक से निबटने की क्षमता रखना।

भरोसेमन्द होना: दूसरों का विश्वास जीतना कि यह व्यक्ति अपने आदर्श और मूल्यों में गहरी निष्ठा रखता है और धोखा नहीं देगा।

कर्त्तव्यनिष्ठता: अपनी जिम्मेदारियों को पूरी निष्ठा और क्षमता से निभाना।

अनुकूलनशीलता: आज के माहौल में यह गुण अपरिहार्य है। इसका अर्थ है हर प्रकार के वातावरण में स्वयं को ढाल लेना। प्रबन्धन के क्षेत्र में इसका महत्त्व सर्वविदित है।

उपलब्धि-केन्द्रित होना: उद्यमशील लोगों के लिए उपलब्धि-केन्द्रित होना बेहद आवश्यक गुण है। सिर्फ काम ही नहीं करना, वरन् अपना लक्ष्य प्राप्त करना। आशावादिता से काम करने वाले निरन्तर अपना प्रदर्शन सुधारते रहते हैं।

पहल लेने की तत्परता: दूसरे कहें इससे पूर्व ही स्वयं पहल करके काम में जुट जाना। प्राय: इसका अर्थ होता है पहले से ही वह कार्य पूरा करना जिससे समस्याएं उभर ही न पाएं या मौके को ताड़कर उसका पूरा लाभ उठाने के लिए सदैव तत्पर रहना।

(iii) सामाजिक जागरुकता समूह

इसके अन्तर्गत लोगों या उनके समूहों के भाव पहले ही पढ़ सकने की योग्यता होना जिससे काम बेहतर बने। इसमें निम्न क्षमताएं विकसित करने की दरकार होती है।

एम्पैथी (तदनुभूति): दूसरों के भावों में पैठ बनाकर स्वयं उनकी अनुभूति, सरोकार या जरूरतें समझ लेना।

सेवा: एक दीर्घगामी परिप्रेक्ष्य लेकर ग्राहकों की पूरी सेवा देने की तत्परता। कभी-कभी तुरन्त प्राप्त होने वाले फायदों की कीमत पर भी ग्राहकों के साथ सम्बन्ध कायम रखना।

संस्थान सम्बन्धी जागरूकता: अपने संस्थान के परिप्रेक्ष्य में लोगों की भावनाएं एवं राजनीतिक वास्तविकताओं का आकलन कर पर्दे के पीछे से

चुपचाप इस प्रकार काम करना, बिना व्यावसायिक भूमिका पर ध्यान दिए जिससे सही सम्पर्क सूत्र कायम होता रहे।

(iv) सम्बन्ध प्रबन्धन समूह

इसके अन्तर्गत 12 किस्म की क्षमताएं देखी जाती हैं, जो काम के प्रदर्शन से सीधा सम्बन्ध रखती हैं।

दूसरों को विकसित करने की चेष्टा करना: दूसरों की विकास जरूरतों पर निगाह रखते हुए उन्हें अपनी योग्यता बढ़ाने के लिए प्रोत्साहित करना, यह गुण अच्छे प्रशिक्षक और नेताओं की अपरिहार्य जरूरत होता है।

प्रभावशीलता: प्रभावशील लोग प्राय: दूसरों की प्रतिक्रिया देखकर उनको अपनी सूक्ष्म प्रतिक्रियाओं के जरिए सर्वोत्तम राह के चुनाव में मदद देते हैं।

संप्रेषणीयता: एक खुला वातावरण सृजित करना जिसमें लोग निस्संकोच रूप से अपने मन की बात स्पष्ट कर सकें और भावनात्मक प्रतिक्रियाओं का नि:संग रूप में आदान-प्रदान कर सकें, एक-दूसरे के प्रति भावनात्मक जरूरत महसूस कर सकें तथा एक-दूसरे के प्रति संवेदनशील रहें।

टकराव प्रबन्धन: विभिन्न विभागों के बीच टकराव की स्थिति का निबटारा करने की क्षमता। प्राय: उत्पादक एवं खुदरा-विक्रेता के बीच ऐसी टकराव की स्थितियां पैदा होती ही रहती हैं। जितना कम टकराव होगा, उतना ही संस्थान की सेहत ठीक रहेगी। उत्पादक विभाग और खुदरा विक्रेता विभाग के आपसी सम्बन्धों को दृढ़ बनाने की योग्यता अंतत: सभी के लिए लाभकारी सिद्ध होती है।

दूरदर्शिता पूर्ण नेतृत्व: ऐसा नेता अपनी व्यक्तिगत योग्यताओं से दूसरों को प्रेरणा देकर उनसे अपना लक्ष्य प्राप्त करवाने में माहिर होता है। ऐसे लोग दूसरों का उत्साह जागृत करने में निष्णात होते हैं ओर उनका सम्मिलित रूप से मार्गदर्शन कर उनमें उत्तरदायित्व का भाव भी पैदा करते हैं।

परिवर्तन हेतु उत्प्रेरक बनना

वांछित परिवर्तन हेतु एक उत्प्रेरक का काम कर अपने संस्थागत उद्देश्य प्राप्त करने के लिए अनुयायियों को बाध्य कर देता है, अपने सर्वोत्तम प्रदर्शन हेतु जिससे वे प्रभावी रूप से अपना जौहर दिखा सकें।

संपर्क तंतुओं को विकसित करना

इंजीनियरिंग, कंप्यूटर विज्ञान, बायो टेक्नोलॉजी सदृश क्षेत्रों में कार्मिकों में

आपसी संपर्क सूत्र विकसित करना बहुत आवश्यक होता है। खास तौर पर उन कामों में जिनमें समग्र प्रयत्न द्वारा एक लक्ष्य प्राप्त किया जाता है। इसमें लोगों की विशिष्ट योग्यता के मद्देनजर उनका काम करने के लिए चुनाव आवश्यक होता है।

टीमवर्क के साथ पूर्ण सहयोग से काम करना

टीमवर्क के साथ पूर्ण सहयोग के साथ काम करने को पिछले दशक से बहुत वरीयता मिलने लगी है। टीमवर्क में सामूहिक रूप से भावनात्मक तादात्म्य प्राप्त करना बहुत जरूरी होता है। जिन दलों में ऐसा तादात्म्य स्थापित हो जाता है, वे निश्चय ही बेहतर प्रदर्शन करने में समर्थ हो पाते हैं।

यद्यपि सैद्धांतिक रूप से इन क्षमताओं का होना आवश्यक है ही, जीवन के विभिन्न क्षेत्रों में भी इनका विभिन्न प्रकार से उपयोग होता है। एक ही भाव प्रवणता के साथ कार्य करने की क्षमता पैदा करने में आत्मविश्वास और आपसी समझ का बहुत महत्त्व है। उदाहरण के लिए, भावनात्मक आत्म-नियंत्रण तदनुभूति का साम्य जगाने के लिए बहुत आवश्यक है।

4. भारतीय परिप्रेक्ष्य में ई.क्यू.

अपने प्रायोगिक अध्ययनों के पश्चात् दिलीप सिंह (2003) ने भारतीय परिप्रेक्ष्य में भावनात्मक बुद्धिमत्ता की एक परिभाषा निकाली है। भारतीय परिवारों तथा संस्थानों में मानवीय व्यवहार अध्ययनों से स्पष्ट हुआ है कि भारतीय परिवार एक गहरी गुंथी कड़ी होती है जिसके भावनात्मक जुड़ाव बहुत मजबूत होते हैं। परिवार के सदस्य आर्थिक, सामाजिक ही नहीं, वरन् भावनात्मक रूप से एक-दूसरे पर निर्भर रहते हैं। यह जुड़ाव असीमित होता है और चिर स्थायी भी। जब भारतीय लोग विदेशों में जाते हैं तो उन्हें अपने घर-परिवार की बेहद याद सताती है। यह भावनात्मक जुड़ाव पति-पत्नी, माँ-बाप और बच्चे या संतानों में आपसी तौर पर होता है।

> *भारतीय परिवार एक पूरी तरह से गुंधा हुआ सत्व है इसमें भावनात्मक बंधन साफ नज़र आते हैं।*

इसी प्रकार भारतीय व्यापार भी एक भावनात्मक माहौल प्रतिबिम्बित करता है। यहाँ पारिवारिक सम्बन्ध के तत्त्व कार्यक्षेत्र में फैलते हैं जिसका विवरण मासिक नौकर के आपसी सम्बन्धों में भी दिखाई पड़ता है। विकसित देशों की भांति भारतीय व्यापार अभी पूरी तरह से पेशेवर रवैया अख्तियार नहीं कर पाया

है जिसमें अव्यक्तिगत सम्बन्धों का जोर रहता है और भावनात्मक तत्त्व बिल्कुल अनुपस्थित रहता है। भारतीय व्यापार क्षेत्र में अभी भी पारिवारिक माहौल हावी रहता है तथा भाव सम्बन्ध के जुड़ाव का बड़ा प्रभाव रहता है। व्यापार या घरेलू व्यापार के प्रति प्रतिबद्धता सदैव पूरी रहती है जिसमें किसी विवाद की कोई संभावना नहीं होती। इसके प्रभाव से कार्मिकों में एक अर्द्धभावनात्मक सम्बन्ध बनता है और वे अपने संस्थान के लिए ताउम्र काम करने की ललक रखते हैं। भारतीय एक्ज़ीक्यूटिव का व्यवहार तद्नुभूतिपूर्ण, समझदारी का और तिकड़मबाजी से रहित सदयता लिए हुए रहता है। भारतीय एक्जीक्यूटिव प्राय: एक संस्थान में लम्बे समय तक रहता है। जल्दी नौकरी छोड़कर दूसरे में शीघ्र चले जाना यहाँ अभी ज्यादा प्रचलित नहीं हो पाया है। भारतीय ढंग से प्रबंधन का आधार भी सांस्कृतिक जड़ें और पालन-पोषण के संस्कार ही रहते हैं।

एक भारतीय का विकास ऐसे वातावरण में होता है, जहाँ पारिवारिक सम्बन्ध और निष्ठा पर बहुत जोर रहता है। इसी कारण ऐसी पृष्ठभूमि से आने वाला युवा जब नौकरी का वातावरण विशुद्ध व्यावसायिक मूल्यों पर आधारित देखता है तो उसे एक सदमा-सा जरूर लगता है। अमेरिका और यूरोप में पारिवारिक निष्ठा इतनी मजबूत नहीं होती। अमेरिका और भारत के व्यावसायिक माहौल में प्रबंधन शास्त्र का मूल भेद यही होता है कि बाहर नौकरी का आधार निश्चित समयावधि के लिए एक ठेके या कॉन्ट्रेक्ट की तरह का होता है, जबकि भारत में नौकरी करने का मन्तव्य जिन्दगी-भर का होता है। यहाँ यह माना जाता है कि नवयुवक जिन्दगी-भर अपने संस्थान के प्रति निष्ठावान रहेगा। अमेरिका का ढंग 'हायर और फायर' का होता है, जो भारतीयों को अनुकूल नहीं लगता, क्योंकि उनकी निष्ठा का आधार भावप्रवणता होती है। आधुनिकतम शोधों का निष्कर्ष बताता है कि यूरोप, अमेरिका या अन्य विकसित समाज के लोगों की तुलना में भारतीय सहज रूप से ज्यादा भावुक होते हैं। इसी शोध ने यह भी स्पष्ट किया कि भारत में सर्वाधिक सफल लोग ज्यादा प्रसन्न नहीं हो पाते, क्योंकि सफलता की सीढ़ी चढ़ते हुए उन्हें अपनी भावनाओं और निष्ठा की तिलांजलि देनी पड़ती है। भारतीय सदा भावनात्मक संबंधों की बहुत कद्र करता है और लम्बे समय तक उनको कायम रखने की उनकी चेष्टा रहती है, परन्तु अफसोस है कि प्रसिद्ध भारतीय प्रबन्धन संस्थाएं इस बारीकी को नहीं समझ पाई हैं। वे अब भी अपने प्रचार में अपने शिक्षकों के अमेरिका में प्रशिक्षित होने पर जोर देकर प्रचार करती है, बिना यह समझे कि भारतीय मन:स्थिति के लिए यह एक प्रकार का दुष्प्रचार बनकर उभरता है। उनमें से कोई भी इस तथ्य को रेखांकित करता हुआ नहीं

प्रचारित करता कि उनकी प्रबन्धन शास्त्र शिक्षा भारतीय ढंग और मूल्यों पर आधारित है। यह भारतीय प्रबन्धन क्षेत्र में एक विरोधाभास के रूप में उभरता है जिसे दूर किया जाना बहुत जरूरी है।

वस्तुतः भावनात्मक बुद्धिमत्ता की सारी परिभाषाएं अमेरिका से ही निकली हैं क्योंकि भावनात्मक बुद्धिमत्ता की प्रथम अवधारणा भी उन्हीं की है। इसलिए वे परिभाषाएं अमेरिकी कार्मिकों को ज्यादा सही लग सकती हैं, भारतीयों को नहीं। इसका कारण इन परिभाषाओं का सांस्कृतिक झुकाव ही है। इसीलिए भारतीय परिप्रेक्ष्य में वे खरी नहीं उतर पातीं। भारतीय परिप्रेक्ष्य में भावनात्मक बुद्धिमत्ता की सही परिभाषा खोजने के लिए 16 अगस्त, 2002 को पी.एच.डी. चैम्बर ऑफ कॉमर्स ने एक राष्ट्रीय स्तर की अन्तर्क्रियात्मक कार्यशाला का आयोजन किया था। इसका कार्यशाला में 'कार्यरत भावनात्मक बुद्धिमत्ता' पर काफी चर्चा हुई। 1905 से स्थापित हुई पी.एच.डी.सी.सी.आई. अब भारत की सर्वोच्च संस्थाओं में से है, जो व्यापार और उद्योग को अपनी सेवाएं प्रदान कर रही है। बड़े, मध्यम और लघु सेक्टरों की संस्थाओं से इसके 1500 से अधिक सदस्य हैं। इसके 112 एसोसिएट सदस्य भी हैं जिनके जरिए यह 35,000 लघु-माप की यूनिटों से संपर्क में रहती है। देश की इस प्रमुख संस्था पी.एच. डी.सी.सी.आई. में भारत के शीर्षस्थ उद्योगपतियों, व्यापारियों तथा संस्थाओं की उपस्थिति इसको भारतीय परिवेश के अनुसार व्यापार विकास के मानक तैयार करने में व्यस्त रखती है। इसके द्वारा जो ई.क्यू. का सेमिनार किया गया था, उसमें भारत की विभिन्न शीर्ष संस्थाएं 100 से अधिक एक्जीक्यूटिव, मैनेजिंग डायरेक्टर्स तथा प्रमुख भारतीय विश्वविद्यालयों से मनोवैज्ञानिक इत्यादि आए। इसमें प्रोफेसर एन.के. चड्ढा ने इस पुस्तक के लेखक के साथ मिलकर लोकप्रिय ई.क्यू. टेस्ट बनाया, वहाँ आए प्रतिभागियों को उससे गुजारा तथा परिणामों की तुरन्त समीक्षा भी की। पुस्तक के लेखक डॉ. सिंह ने भावनात्मक बुद्धिमत्ता की बारीकियाँ समझाईं तथा व्यावसायिक और व्यक्तिगत जीवन में उसके महत्त्व पर प्रकाश डाला।

चर्चा के पश्चात् प्रतिभागियों में मतैक्य था कि भावनात्मक बुद्धिमत्ता की वर्तमान परिभाषाओं में सांस्कृतिक पक्षपात की स्पष्ट छाया है। इसलिए इस अवधारणा की एक नई परिभाषा निकलनी चाहिए। यह भी महसूस किया गया कि विश्व के सभी मनोवैज्ञानिकों द्वारा निकाले गए भावनात्मक लक्षण सम्पूर्ण मानव भावों या संवेगों को नहीं समेट पाते।

इस उद्देश्य को ध्यान में रखते हुए मनोवैज्ञानिक विशेषज्ञों ने वहाँ आए

प्रतिभागियों से पूछा कि आपको क्या 'महसूस' होता है, जब आप भावनात्मक बुद्धिमत्ता के बारे में सोचते हैं? वर्कशॉप की समाप्ति पर सभी प्रतिभागियों से एक प्रश्न पूछा गया जिसका उत्तर उन्हें तुरन्त ही वहीं देना था। उनसे कहा गया कि उत्तर देते समय भावनात्मक बुद्धिमत्ता की मोटा-सी अवधारणा अपने जेहन में रखें तथा ई.क्यू. टेस्ट में प्राप्त अंकों का भी खयाल करें। अपने व्यक्तिगत भावों पर विचार करते हुए बाह्य वातावरण और आंतरिक मनःस्थिति इस प्रश्न का उत्तर दें, जो नीचे दिया गया है।

प्रश्न : आप क्या 'अनुभव' करते हैं कि भावनात्मक बुद्धिमत्ता को गठित करने में किन घटकों/लक्षणों/विशिष्टताओं का हाथ होता है? अपनी पाँच रुचियाँ क्रमानुसार दें:

उत्तर :

1. ____________________
2. ____________________
3. ____________________
4. ____________________
5. ____________________

नाम (स्वैच्छिक) ______________________________

व्यवसाय/वर्ग ______________________________

आयु ______________________________

लिंग पुरुष और स्त्री ______________________________

तारीख और स्थान ______________________________

विशेषज्ञों ने यही प्रश्न विश्वविद्यालयों के स्नातक एवं परास्नातक विद्यार्थियों से भी पूछने का निर्णय लिया, खास-तौर पर वे जिनका मनोविज्ञान एक विषय था। इन सभी के अध्ययन के लिए तालिका 5.3 आगे दी गई है।

तालिका 5.3: स्नातकोत्तर तथा पूर्व स्नातक छात्रों का अध्ययन

क्रम	*प्रतिभागी*	*संख्या*	*अध्ययन संस्थान*
1.	सी.ई.ओ./युवा उद्यमी उद्योगपति	74	पी.एच.डी. चैम्बर ऑफ कॉमर्स एण्ड इण्डस्ट्री, नई दिल्ली
2.	स्नातकोत्तर विद्यार्थी	42	मनोविज्ञान विभाग, दिल्ली विश्वविद्यालय
3.	स्नातकोत्तर विद्यार्थी	26	मनोविज्ञान विभाग, पंजाब विश्वविद्यालय चण्डीगढ़
4.	स्नातकोत्तर विद्यार्थी	20	फैकल्टी ऑफ मैनेजमेंट स्टडीज, दिल्ली विश्वविद्यालय
5.	स्नातकोत्तर विद्यार्थी	15	मैनेजमेंट डेवलपमेंट इन्स्टीट्यूट, गुड़गांव, हरियाणा
6.	स्नातकोत्तर विद्यार्थी	23	मनोविज्ञान विभाग, कुरुक्षेत्र वश्वविद्यालय, हरियाणा
7.	स्नातकोत्तर विद्यार्थी	20	मनोविज्ञान विभाग, एम.डी.यू. यूनिवर्सिटी, रोहतक
8.	स्नातकोत्तर विद्यार्थी	22	कंप्यूटर एप्लीकेशन विभाग, हरियाणा, टेक्निकल यूनिवर्सिटी, हिसार
9.	स्नातक विद्यार्थी	25	मनोविज्ञान विभाग, गवर्नमेंट कॉलेज, सेक्टर-46, चण्डीगढ़
10.	स्नातक विद्यार्थी	25	इंस्टीट्यूट ऑफ मैनेजमेंट एजुकेशन, साहिबाबाद, उत्तर प्रदेश
11.	स्नातक विद्यार्थी	30	वाणिज्य संकाय, दिल्ली स्कूल ऑफ इकोनॉमिक्स, दिल्ली विश्वविद्यालय
	कुल संख्या	**322**	

बाद में मनोवैज्ञानिक परीक्षा लेने में विशेषज्ञता प्राप्त दिल्ली विश्वविद्यालय; डिफेन्स इन्स्टीट्यूट ऑफ साइकोलोजिकल रिसर्च, मिनिस्ट्री ऑफ डिफेन्स भारत सरकार; मनोविज्ञान विभाग, पंजाब विश्वविद्यालय के विशेषज्ञों ने परिणामों का विश्लेषण किया। कुल 1610 (322 × 5) प्रत्युत्तर प्राप्त हुए। विशेषज्ञों के गहन विश्लेषण और वर्गीकरण के चार प्रमुख आयाम प्राप्त हुए जो तालिका 5.

4 में दिए गए हैं। इन प्रत्युत्तरों को टैली मार्क कर दिया गया था जिससे हर एक आयाम स्पष्ट रूप से रेखांकित हो सके। तालिका 5.4 में चारों आयामों के आंकड़े दिए जा रहे हैं।

तालिका 5.4: प्रतिक्रिया की बारंबारता

क्रम	*आयाम*	*प्रत्युत्तरन की आवृत्ति*	*प्रतिशत*
1.	भावनात्मक सामर्थ्य	545	33.85
2.	भावनात्मक परिपक्वता	450	27.95
3.	भावनात्मक संवेदनशीलता	375	23.30
4.	अन्य/अमान्य*	240	14.90
	कुल	1610	100.00

* 240 प्रत्युत्तरों (14.90 प्रतिशत) को शामिल नहीं किया गया क्योंकि इनमें बहुत कम बदलाव (1 से 3 प्रतिशत) ही पाया गया। इसलिए इन्हें अमान्य घोषित कर दिया गया। इस आयाम में कुछ प्रत्युत्तर पारिवारिक पृष्ठभूमि, मानसिक प्रतिभासों (मेन्टल फिनोमिना), कड़ी मेहनत करना, भावनाओं की समझ, इच्छाशक्ति, तार्किक सोच, सामाजिक अन्तर्क्रिया और ज्ञान-बाँटने से सम्बद्ध थे।

इन रिस्पॉन्सेज़ (प्रत्युत्तरों) को ग्राफिक रूप में चित्र 5.1 में दिखाया गया है।

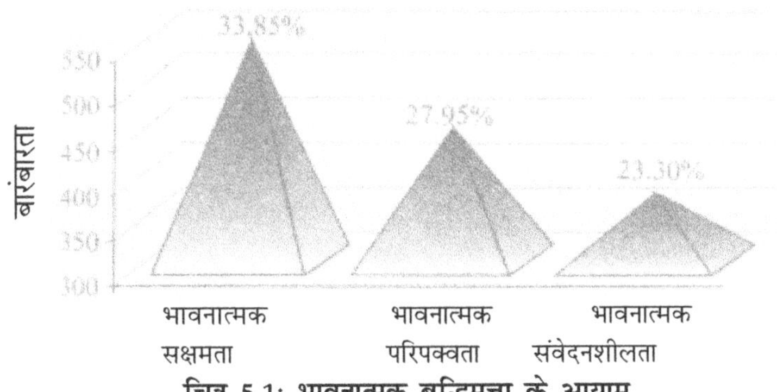

चित्र 5.1: भावनात्मक बुद्धिमत्ता के आयाम

इस विश्लेषण के अनुसार, भावनात्मक सामर्थ्य (33.85 प्रतिशत), भावनात्मक परिपक्वता (27.95 प्रतिशत) और भावनात्मक संवेदनशीलता (23.30 प्रतिशत) पाई गई अर्थात् ये आयाम इस अनुपात में मिलकर भावनात्मक बुद्धिमत्ता को गठित करते हैं। इसके अनुसार इनकी परिभाषाएं होंगी–

भावनात्मक सक्षमता: विभिन्न स्थितियों में उत्पन्न विभिन्न भावावेगों को युक्तिपूर्वक प्रत्युत्तर दे सकने की क्षमता–स्थिति में शामिल हैं उच्च आत्म–सम्मान का भाव और आशावादिता, संप्रेषण की योग्यता, हताशा, टकराव, अहम, हीन भावना सदृश भावनात्मक झटकों को संभालना, भावों का आनन्द उठाना, सफलता प्रदायक काम करना, दूसरों से जुड़ सकने की योग्यता, भावनात्मक आत्मनियंत्रण, दबाव इत्यादि को झेलते हुए भावनात्मक रूप से न थकना और ऋणात्मक भावों से बचना।

भावनात्मक परिपक्वता: अपने और दूसरों के भावों का मूल्यांकन कर सकने की योग्यता, भावनाओं को पहचानकर उन्हें व्यक्त करना, दिल और दिमाग में संतुलन बिठाना, दूसरों के दृष्टिकोण को समझ पाना, दूसरों को विकसित करने की योग्यता, तत्काल मनोवैज्ञानिक संतोष प्राप्ति के लिए उठे भावों को ज्यादा–से–ज्यादा विकसित कर पाने की क्षमता तथा स्थितियों के साथ समायोजन करने के लिए लचीलापन रखना।

भावनात्मक संवेदनशीलता: यह घटक उस समझ को विकसित करता है जो किसी भावोद्वेग को शुरू में ही पहचान लेता है; अपने निकटस्थ पर्यावरण को सही तरह संभालना, दूसरों के साथ अच्छी तरह घुलना–मिलना और सहज महसूस करना तथा उनको भी ऐसा ही महसूस कराना। इसमें आपसी व्यवहार में ईमानदारी, भावनात्मक संकेतों की सही व्याख्या करना, भावनाओं के आपसी संप्रेषण को, मूड तथा संवेगों को समझने की योग्यता, दूसरे आपसी भावनाओं का कैसे आकलन करते हैं, उसकी सूक्ष्म एवं गहन दृष्टि रखना।

यही आयाम चित्र 5.2 द्वारा स्पष्ट किए गए हैं।

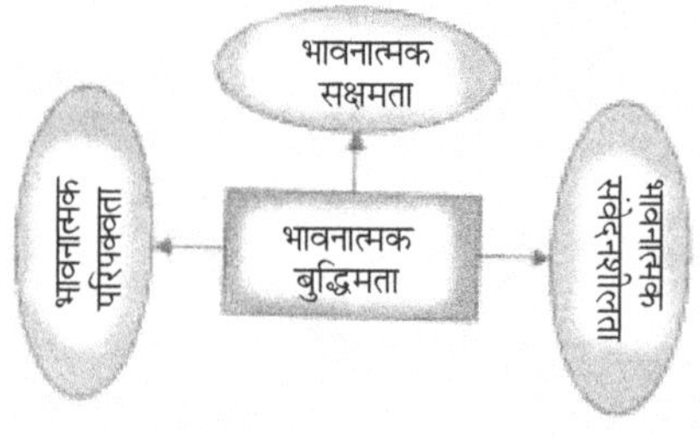

चित्र 5.2: भावनात्मक बुद्धिमता की परिभाषा

इस व्यावहारिक प्रयोग के पश्चात् इस पुस्तक के लेखक के अनुसार भारतीय परिप्रेक्ष्य में भावनात्मक बुद्धिमत्ता की परिभाषा निम्नलिखित हो सकती है।

किसी व्यक्ति की उचित प्रकार से एवं सफलतापूर्वक बाहर और अन्दर से उठने वाले विभिन्न भाव संवेगों का सही प्रत्युित्तर (रिस्पोन्स) देने की क्षमता को भावनात्मक बुद्धिमत्ता कहते हैं, जो तीन आयामों से गठित होती है: भावनात्मक संवेदनशीलता, भावनात्मक परिपक्वता एवं भावनात्मक सामर्थ्य, जो किसी व्यक्ति को प्रेरित करती है कि वह मानवीय व्यवहार के गतिशील परिवर्तनों को सत्यता के साथ ग्रहण कर सके, उनकी ईमानदारी से व्याख्या कर सके और उन्हें सही प्रकार से संभाल सके।

इस क्षेत्र के महारथियों यथा हैंस आईसैंक, एल्फ्रेड एडलर, कार्ल जंग, सिंगमण्ड फ्रायड इत्यादि ने शब्द व्यक्तित्त्व को स्पष्ट करते हुए कहा था कि व्यक्तित्त्व को निरूपित करने वाले वे स्थायी या अस्थायी व्यक्ति-व्यवहार हैं, जो उस व्यक्ति को अन्य व्यक्तियों से अलग बनाते हैं। इसको निरुपित करने वाले तत्त्वों में शामिल हैं-(उस व्यक्ति का) सामाजिक सरोकार, टिके रहने की लगन, उतावलापन, संयोजकता, गर्व या निस्पृहता इत्यादि। इन तत्त्वों का आपस में साम्य भी ढूँढा जा सकता है जैसे ज्यादा सामाजिक लोग प्राय: उतावलापन लिए होते हैं, वे जोखिम उठाते हैं और शारीरिक रूप से सक्रिय होने के साथ-साथ वाचाल भी होते हैं।

जब व्यक्तित्व की ये खासियतें आपस में समता रखती हैं तो उनकी एक विशिष्ट किस्म पैदा होती है-जैसे अंतर्मुखी और बर्हिमुखी व्यक्तित्व जो एक-दूसरे के बिल्कुल विपरीत होते हैं। दूसरी किस्म होती है वे लोग जो ज्यादा भावप्रवण होते हैं या ज्यादा स्वार्थी मन:स्थिति रखने वाले। मनोवैज्ञानिकों का विश्वास है कि इन किस्मों के निर्धारण में अनुवांशिकी घटकों का काफी हाथ होता है, परन्तु भावप्रवणता का मूल कारण मस्तिष्क एवं अवयव-संस्थान का सम्बन्ध होता है। हारमोनों का भी असर भावनात्मक स्थायित्व प्रयाण करने में रहता है। व्यक्तिगत बुद्धिमत्ता की तरह भाव प्रवणता भी व्यक्तित्व की अपनी पहचान बनती है। वस्तुत: 'बुद्धिमत्ता' की परिभाषा भी व्यक्तित्व-निरूपण सम्बन्धी सिद्धान्तों से ही मिलती है। बुद्धिमत्ता यानी किसी भी परिस्थिति से निबटने की कुशलता और भावनात्मकता यानी भाव संवेगों को ग्रहण करने की क्षमता। इनका अंतर स्पष्ट तब होता है, जब एक ही किस्म वाले दो व्यक्तियों की तुलना करते हैं। उदाहरण के

लिए एक बुद्धिमान बहिर्मुखी व्यक्तित्व और एक मूर्ख बहिर्मुखी व्यक्तित्व में जमीन-आसमान का फर्क रहता है।

5. क्या विभिन्न व्यवसायों में ई.क्यू. के विभिन्न स्तर चाहिए?

प्रस्तावनाः एक अन्य शोध के जरिए दलीप सिंह (2003) ने इस प्रश्न का उत्तर जानने का प्रयत्न किया। इस शोध पत्र के प्रमुख तत्त्व नीचे स्पष्ट किए गए हैं। इस प्रश्न का उत्तर सकारात्मक ही है। क्योंकि अलग-अलग व्यवसायों की अलग-अलग प्राथमिकताएँ होती हैं। अतः उनकी माँग में भी बहुत अंतर होता है। उदाहरण के लिए, उस क्षेत्र में जहाँ ज्यादा-से-ज्यादा लोगों से मिलना हो, दल के रूप में कार्य करना हो तथा सम्बन्धों को थोड़ा आत्मीय एवं औपचारिक बनाने की जरूरत हो। वहां नेता का ई.क्यू. काफी ऊँचा होना चाहिए क्योंकि न सिर्फ कई लोगों के साथ उससे सम्बन्ध बनाना और प्रेरणा प्रदान करना होता है, वरन् अपने लक्ष्य के प्रति भी सदैव सचेत रहना जरूरी है। इसी तरह बिक्री के क्षेत्र में ग्राहक का मूड समझ पाने का सर्वाधिक महत्त्व होता है, परन्तु एकल-प्रतिभा वाले क्षेत्र यथा पेंटिंग या टेनिस में आत्म-नियंत्रण और आंतरिक प्रेरक शक्ति का महत्त्व ई.क्यू. से ज्यादा होगा। वस्तुतः पाँच तत्त्व हैं जिनका भावनात्मक बुद्धिमत्ता में बहुत योगदान होता है– आत्म-जागरूकता, आंतरिक प्रेरणा शक्ति, आत्म-नियंत्रण, तदनुभूति (एम्पैथी) तथा सम्बन्धों के निर्वहन में निपुणता। व्यक्ति की भावनात्मक सामर्थ्य से ज्ञात होता है कि उसकी कितनी क्षमता हाथ में लिए काम को सुचारू रूप से करने में काम आती है। उदाहरणार्थ बेहतर ग्राहक सेवा देने वाले लोगों में तदनुभूति की योग्यता बढ़ी-चढ़ी होनी चाहिए। इसी प्रकार भरोसे का भाव अपने संवेगों और भावावेगों को बेहतर ढंग से नियंत्रित करने से प्राप्त होगा।

शोधकर्ता की प्राक्कल्पना यह है कि अलग-अलग व्यवसायों के लिए भावनात्मक बुद्धिमता के विभिन्न स्तरों की आवश्यकता होती है।

आगे चर्चा जारी रखने से पूर्व जरा एक नजर शब्द 'सफलता' पर भी डालना उचित रहेगा। आखिर सफलता है क्या बला! अलग-अलग लोगों के लिए इसका अलग महत्त्व है और उसी के अनुसार परिभाषा भी बदलती रहती है। एक पेशेवर इन्सान अपने व्यवसाय के शीर्ष स्थान पर पहुँचकर स्वयं को सफल मान सकता है, चाहे उसका पारिवारिक जीवन सुखद न रहा हो। इसके बजाय एक घरेलू महिला की सफलता संतोषदायी घरेलू जीवनयापन की क्षमता में ही निहित है।

इसीलिए इस शोध में विषयों (व्यक्तियों) को उनके अनुभव, वरिष्ठता, व्यवसाय में स्थान, व्यापार टर्न ओवर इत्यादि तथ्यों को ध्यान में रखकर ही चुना गया था।

शोध का लक्ष्यः प्रायोगिक या व्यावहारिक रूप से यह सुनिश्चित करना कि विभिन्न व्यवसायों में क्या विभिन्न स्तरों के ई.क्यू. की आवश्यकता होती है और यह भी कि ई.क्यू. के घटते क्रम में व्यवसायों का आपसी मान तय करना।

विधिः इसमें ई.क्यू. टेस्ट का तरीका वही था, जो श्री चड्ढा ने 2003 में विकसित किया था। इसमें 15 स्थितियां सोची गई थीं जिनके बारे में चुने हुए व्यक्तियों का प्रतियुत्तर दिखाई दिया। उदाहरणार्थ, एक स्थिति इस प्रकार सोची गई– मान लीजिए आप एक पुलिस अफसर हैं, जो एक संवेदनशील इलाके में तैनात हैं। आपको खबर लगती है कि दो धार्मिक संप्रदायों में काफी खून-खराबा हुआ है जिसमें जान और माल का दोनों पक्षों को काफी नुकसान हुआ है। अब आप क्या कार्यवाही करेंगे?

(क) अपने जीवन को खतरे में डालने के अंदेशे में आप वहाँ (दंगे की जगह) जाएंगे ही नहीं।

(ख) आराम से सोच-समझकर अपनी कार्यवाही चुनेंगे, आखिर दंगा कोई पहली बार तो नहीं हुआ है।

(ग) परिस्थिति को पूरी तरह संभालने का प्रयत्न करेंगे, दोनों पक्षों से बात कर उनके आहत भावों पर मरहम लगाने का प्रयत्न करेंगे और दंगे के मुख्य कारण तक जाएँगे तथा हर संभव उपाय करेंगे जिससे ऐसी घटना दोबारा न हो।

(घ) अपने मातहत को पूरी स्थिति का जायजा लेने भेजेंगे।

(ङ) पीड़ित परिवारों को उनके सदस्यों के शव, पोस्टमॉर्टम के पश्चात् सौंपने का पूरा इन्तजाम करेंगे।

इस शोध-कार्यशाला के परिणाम ई.क्यू. और व्याख्या सहित तालिका 5.5 में दिए गए हैं। इनमें 18 व्यवसायी उच्च 'आई.क्यू.' वाले चुने गए थे।

कृपया तालिका 5.5 के आंकड़े देखें।

तालिका 5.5: शोध के परिणाम

क्रम संख्या	व्यवसाय	विषयों की संख्या	औसत ई.क्यू. प्राप्तांक ज़्यादा से कम	व्याख्या	मानक विचलन
1.	कलाकार	15	290	बहुत ऊँचा	5.7
2.	बीमा क्षेत्र	25	285	बहुत ऊँचा	17.5
3.	विज्ञापन क्षेत्र	20	285	बहुत ऊँचा	11.5
4.	सामाजिक कार्यकर्ता	15	285	बहुत ऊँचा	31.8
5.	शिक्षक	20	280	उच्च	23.5
6.	विधि क्षेत्र	25	260	उच्च	8.9
7.	पर्यटन क्षेत्र	22	255	उच्च	14.6
8.	राजनीति क्षेत्र	15	255	उच्च	8.2
9.	व्यापार/उद्योग क्षेत्र	15	255	उच्च	16.8
10.	पुलिस विभाग	25	250	उच्च	26.7
11.	न्यायिक क्षेत्र	15	245	औसत	5.5
12.	प्रशासन	25	215	औसत	7.4
13.	सूचना क्षेत्र/ प्रौद्योगिकी क्षेत्र	15	210	औसत	11.6
14.	औषधि-क्षेत्र	20	210	औसत	14.5
15.	बैंकिंग	20	200	औसत	23.4
16.	अभियांत्रिकी	20	200	औसत	7.3
17.	लेखा (एकाउन्ट्स)	20	195	औसत	27.9
18.	नर्सिंग	15	185	औसत	14.0

इस परिणाम तालिका 5.5 के आंकड़ों की कलस्टर एनालाइसिस (सामूहिक या समूह के अनुसार विश्लेषण) की गई जिससे किस समूह में ई.क्यू. का मान लगभग एक-सा आता है। इस विश्लेषण के अनुसार परिणाम (समूह) निकाले गए, जो तालिका 5.6 में दिए गए हैं।

तालिका 5.6: समूह तथा व्यवसाय

क्लस्टर	*प्रोफेशन शामिल*	*व्याख्या*
क्लस्टर I	कलाकार, बीमा क्षेत्र, विज्ञापन क्षेत्र, सामाजिक कार्य	बहुत ऊँचा
क्लस्टर II	शिक्षण, विधि क्षेत्र, पर्यटन, राजनीति, व्यापार/उद्यम, पुलिस	ऊँचा
क्लस्टर III	न्यायिक क्षेत्र, प्रशासन, सूचना प्रौद्योगिकी, औषधि, बैंकिंग, अभियान्त्रिकी, एकाउंटेन्सी, नर्सिंग	औसत

इस कलस्टर विश्लेषण से स्पष्ट है कि सभी 18 व्यवसाय तीन समूहों में विभाज्य हैं। प्रथम समूह में चार व्यवसाय शामिल हैं– कलाकार, विज्ञापन, बीमा और सामाजिक कार्य। इन चारों में ई.क्यू. बहुत ऊँचा होगा, तभी इसमें कार्यरत लोगों को जॉब सैटिस्फैक्शन प्राप्त हो जाएगा। द्वितीय कलस्टर में छह अन्य व्यवसायों को शामिल किया गया और तीसरे कलस्टर में बाकी आठ व्यवसायों को शामिल किया गया जिनका विवरण तालिका 5.6 में दिया गया है। कौन-सा व्यवसाय कितने उच्च ई.क्यू. की माँग करता है, यह तालिका 5.6 में दिखाया गया है।

ऊपरलिखित ई.क्यू. प्राप्तांकों को चित्र 5.3 के द्वारा आगे प्रदर्शित किया गया है।

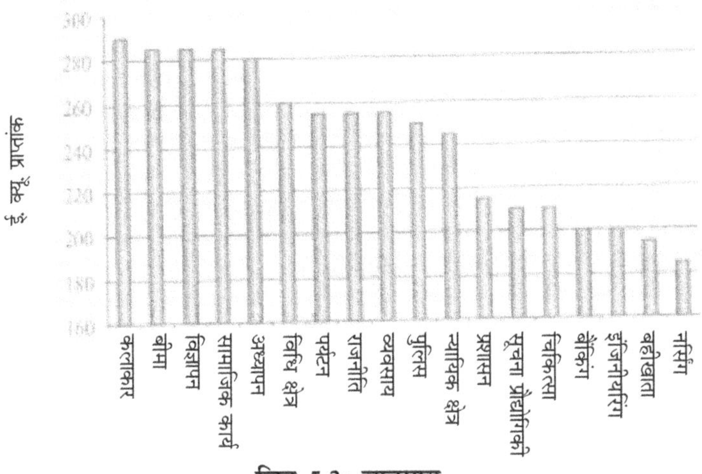

चित्र 5.3: व्यवसाय

चर्चा: प्रथम कलस्टर या समूह में अपनी भावनात्क योग्यताओं को संगठित करना पड़ता है। इसमें लोगों की भावनाओं के साथ तादात्म्य स्थापित करने की क्षमता तथा अपने भावों और संवेगों को संभालने की योग्यता आवश्यक है। यही कारण है कि इन व्यवसायों में उच्च ई.क्यू. की दरकार रहती है। ये भावनात्मक सामर्थ्य समस्या सुलझाने और निर्णय लेने में काफी मदद करते हैं। संप्रेषणीय योग्यता यथा भावाभिव्यक्ति बिना बोले अपनी बात समझाना, आवाज का उतार-चढ़ाव, चेहरे के भावों तथा हाव-भाव का बड़ा असर होता है। उदाहरण के लिए, बीमा एजेन्ट को ही लें। प्रायः उसके मुँह पर संभावित ग्राहक 'धड़ाम' से मुँह बन्द कर देता है जिससे एजेन्ट को बड़ी हताशा होती है। इसलिए न सिर्फ अपनी भावनाओं पर नियंत्रण रखना, वरन् दूसरे की बात में भी कुछ तथ्य निकालकर पुनः प्रयत्न करने के लिए जुट जाना बड़े ऊँचे ई. क्यू. की माँग करता है।

दूसरे कलस्टर या समूह के व्यवसायों में भी उच्च ई.क्यू. चाहिए। उदाहरण के लिए, शिक्षा देने के काम की चर्चा करें। इसमें विद्यार्थी से एक निजी सम्पर्क कायम कर उसी के स्तर पर पाठ देना आवश्यक है। एक उच्च आई.क्यू. वाला शिक्षक उच्च ई.क्यू. वाला नहीं हो सकता, जो इस क्षेत्र में चाहिए। इसी प्रकार पुलिस के क्षेत्र में भी उच्च ई.क्यू. के अफसर लोगों की भावनाएं समझकर अपनी बात उनको मानने के लिए राजी कर सकता है। राजनीति क्षेत्र में तो दूसरे पर प्रभाव डालने की क्षमता में ही सफलता निहित रहती है। यही माँग पर्यटन एवं व्यापार उद्यमों की भी है।

बाकी बचे तीसरे समूह के आठ व्यवसाय-यांत्रिक क्षेत्र, प्रशासन, सूचना प्रौद्योगिकी, औषधि, बैंकिंग, इंजीनियरिंग, एकाउंटेन्सी एवं नर्सिंग के लिए औसत ई.क्यू. की जरूरत पाई गई।

इस शोध अध्ययन से यह बात स्पष्ट है कि हर व्यवसाय के लिए एक खास स्तर का ई.क्यू. चाहिए। इसमें कोई ऊँचे या नीचे होने की आवश्यकता नहीं, वरन् जरूरत के अनुसार ई.क्यू. की माँग होती है और हर व्यवसाय की अपनी माँग होती है।

6. आई.ए.एस. अफसरों की भावनात्मक बुद्धिमत्ता

यह अध्ययन दिल्ली विश्वविद्यालय के मनोविज्ञान दिमाग की रूपस्मिता राजखोवा द्वारा 2002 में किया गया था।

आई.ए.एस. वर्तमान भारत की उच्चतम नागरिक सेवा है, जो ब्रिटिश राज के 'स्टीव फ्रेम' आई.सी.एस. की उत्तराधिकारी मानी जाती है। इन प्रशासकों का

चुनाव यू.पी.एस.सी. द्वारा एक लम्बी प्रक्रिया–प्रारंभिक लेखन परीक्षा, उच्च लेखन परीक्षा एवं मौखिक परीक्षा या इन्टरव्यू द्वारा की जाती है। फिर इनकी चिकित्सीय परीक्षा होती है और अन्ततः इन्हें भारतीय प्रशासनिक सेवा में शामिल कर लिया जाता है। यद्यपि इनको नियुक्त करने की अंतिम सत्ता केन्द्रीय सरकार के पास होती है, परन्तु सुविधा और चुनाव के लिए इन्हें राज्यों को भी दिया जाता है और प्रान्तीय कॉडर प्रदान किया जाता है। डेपूटेशन पर इन्हें केन्द्र में भी भेजा जाता है। यह सेवा भारतीय प्रशासनिक तंत्र की रीढ़ है।

साधारणतया आई.ए.एस. अफसर एक सिकुड़े हुए केकड़े की मानिन्द व्यवहार करता प्रतीत होता है। साधारण निर्णयों के लिए भी बहुत सोच–विचार करना, बड़ी पहलों के लिए टाल–मटोल करना तथा खतरा महसूस करते ही अपने सुरक्षा कवच में घुस जाना इस सेवा के अफसरों की आम प्रतिक्रिया होती है। इतनी ऊँची सेवा के सदस्य होते हुए भी इन्हें प्रायः असुरक्षा का भाव घेरे रहता है। इनको सदैव इन्क्वायरी का भय सालता रहता है। अगर पूरी तरह नियमानुसार काम करें तो इनको हृदयहीन मशीन कहा जाता है और यदि मानवेचित भावनाओं को दिखाएं तो पक्षपात का इल्जाम इन पर थोपा जाता है। भावनात्मक रूप से भी ये सहज नहीं रह पाते क्योंकि समाज में उच्च स्थिति के कारण ये साधारण लोगों से खुल नहीं पाते, फिर आपसी गलाकाट प्रतिस्पर्धा के कारण अपने वर्ग में भी अपना हितैषी नहीं ढूँढ पाते और आपसी रंजिश के दाँव चलते ही रहते हैं। यद्यपि इनके स्थानांतरण और पोस्टिंग की नीतियां स्पष्ट हैं, परन्तु राजनीतिज्ञ अपने प्रभावों का इस्तेमाल करते हुए इन्हें त्रस्त करते रहते हैं। वस्तुतः राजनीतिज्ञ–व्यापारीगण और प्रेस इनका जीवन सदैव तलवार की धार पर चलने के समान भयपूर्ण बनाते रहते हैं। इनकी अपनी रंजिशें वरिष्ठों और कनिष्ठों को परेशान करती रहती हैं। इनकी भावनात्मक बुद्धिमत्ता की परीक्षा का उद्देश्य था:

1. विभिन्न आई.ए.एस. अफसरों के ई.क्यू. लेवल्स (स्तरों) का प्रोफाइल बनाना
2. दो ग्रुप बनाकर (आयु के अनुसार) उनका तुलनात्मक अध्ययन करना।

इस परीक्षा में आसाम काडर के 60 आई.ए.एस. अफसरों को शामिल किया गया। प्रथम ग्रुप में 30 से 45 वर्ष के अफसर छाँटे गए और दूसरे ग्रुप में 45 से 60 वर्ष के। पिछले अध्याय में वर्णित प्रोफेसर एम.के. चड्ढा द्वारा बनाया गया इमोशनल इंटेलिजेंस टेस्ट ही इस बार भी इस्तेमाल किया गया। इससे पहले इन

प्रतिभागियों को जरूरी निर्देश भी प्रदान किए गए। इस टेस्ट में प्राप्त परिणामों का निष्कर्ष तालिका 5.7 में दिया गया है।

तालिका 5.7: मध्यम एवं मानक विचलन (N = 60) परिवर्तनीय भावनात्मक बुद्धिमत्ता पर

परिवर्तनीय तत्त्व	*मध्य मान*	*मानक विचलन*
भावनात्मक बुद्धिमत्ता के परिणाम	222.75	30.63

तालिका 5.7 से स्पष्ट है कि इनका ई.क्यू. समरसतापूर्ण है और औसत से उच्च स्तर का 'ई.क्यू.' है अर्थात् ई.क्यू. नमूने में साधारणतया व्यापक है तथा ज्यादातर आई.ए.एस. अफसर मध्य वर्ग में आते हैं।

अब हम तालिका 5.8 का अध्ययन करेंगे।

तालिका 5.8: आई.ए.एस. अफ़सरों की आयु पर आधारित दो समूहों की तुलना

परिवर्तनीय तत्त्व	*समूह I (30–45 वर्ष)*		*समूह II (46–60 वर्ष)*		*t*
	मध्यमान	*मानक विचलन*	*मध्यमान*	*मानक विचलन*	*मूल्य*
भावनात्मक बुद्धिमत्ता	218.33	28.59	227.16	32.42	0.975

तालिका 5.8 से स्पष्ट है कि दूसरे समूह का मध्यमान पहले समूह से ज्यादा है और यही हाल मानक विचलन में भी है।

इन आँकड़ों को बेहतर समझने के लिए एक ग्राफिक के जरिए और स्पष्ट किया गया है। तालिका 5.9 ई. क्यू. के विभिन्न स्तरों को प्रदर्शित करता है जिसमें आई.ए.एस. अफसर रखे गये हैं। ये पूर्ण संख्यायें (absolute numbers) हैं।

तालिका 5.9: आई.ए.एस. अफसरों का ई. क्यू. स्तर

क्रम संख्या	*ई.क्यू. स्तर*	*अफसरों की संख्या*
1.	उच्च	9
2.	औसत	46
3.	औसत से नीचे	15
	कुल	**60**

जैसा कि इस तालिका से स्पष्ट है ज्यादातर आई.ए.एस. अफसर औसत ई. क्यू. श्रेणी में रहे–60 से में 46 अर्थात् 77 प्रतिशत, बाकी 15 औसत से नीचे और 9 उच्च ई.क्यू. वाले रहे। चित्र 5.4 में ई. क्यू. के स्तर दर्शाए गए हैं।

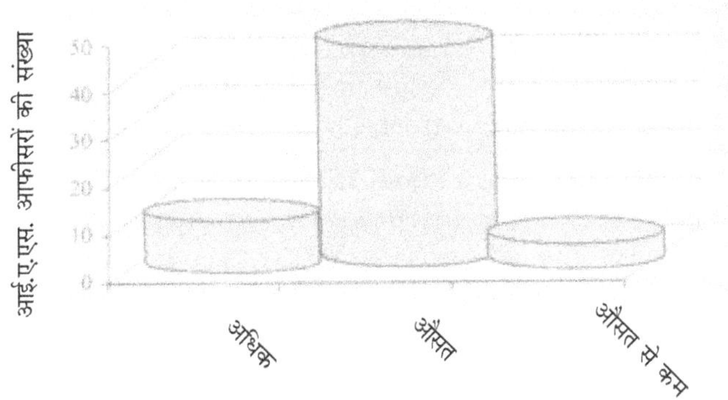

चित्र 5.4: ई. क्यू. के स्तर

आँकड़ों के और सूक्ष्म अध्ययन से निष्कर्ष निकलता है कि बड़ी आयु वाले समूह के अफसरों का ई.क्यू. ज्यादा है, बजाय कम आयु वालों के। इससे एक और प्रश्न उभरकर सामने आता है कि क्या ई.क्यू. आयु के साथ बढ़ता है? शायद बढ़ती आयु में परिपक्वता के साथ ई.क्यू. में भी बढ़ोतरी होती है। उम्र के साथ गहन अनुभव जीवन की विषमताओं से निबटने की ज्यादा बुद्धिमत्ता प्रदान करता है।

7. भावनात्मक बुद्धिमत्ता और नेतृत्व गुण के लिए व्यवहार

बी.के. पुनिया (2005) ने एक अध्ययन के माध्यम से पता लगाया कि वे नेतृत्व गुण संपन्न व्यक्ति जिनकी भावनात्मक बुद्धिमत्ता ऊँची होती है, परिवर्तन को अपनी स्थिति बेहतर करने का मौका समझते हैं तथा वे स्थायित्व से ज्यादा कार्मिकों और संस्थान के निरंतर विकास के हामी हैं। इस शोध पत्र में कुछ निर्देश भी सुझाए गए हैं जिनके द्वारा भारतीय औद्योगिक समाज में नेतृत्व के गुणों के विकास के लिए भावनात्मक बुद्धिमत्ता का किस प्रकार उपयोग हो सकता है।

वैसे भारतीय व्यापार के माहौल में ज्यादातर सी.ई.ओ. यही कहते पाए जाते हैं, 'व्यापार दिमाग से होता है, दिल से नहीं।' उनका मानना है कि निम्न भावनात्मक बुद्धिमत्ता वाले लोग कम उत्पादकता दे पाते हैं और प्रबन्धन भी अच्छा नहीं करते। भारतीय व्यावसायिक सोच पारम्परिक व्यावसायिकता की दुहाई देती लगती है अर्थात् भावना रहित कार्यशैली जिसमें व्यक्तिगत सम्बन्धों का अभाव हो, परन्तु इस दृष्टिकोण में कई स्पष्ट दोष हैं–दीन-हीन कार्य-सम्बन्ध और तानाशाही के प्रवृत्ति की जगना। ऐसे में महत्त्वाकांक्षाएं पैदा होकर शीर्ष प्रबन्धन तंत्र से टकराव पैदा कर देती हैं। साधारणतया शरीर, मन, हृदय और आत्मा के लिए बेहतर यही है कि जब कोई भावना उदय हो तो उसे महसूस किया जाए। वे नेतागण जो अपने भावों से पूरी तरह वाकिफ हैं, दूसरों के भावों का अवगाहन कर संस्थान की कार्यकुशलता में निश्चित रूप से इजाफा कर सकते हैं।

इस अध्ययन में 250 एक्जीक्यूटिव, जो राष्ट्रीय राजधानी क्षेत्र और राजधानी दिल्ली के विभिन्न संस्थानों से थे, के आँकड़े एकत्रित किए गए। कोशिश यही रही कि ज्यादा-से-ज्यादा जगहों और धर्म का प्रतिनिधित्व हो सके। इन आँकड़ों का विभिन्न आयु-लिंग-विवाहित/अविवाहित तथा मित्र जगहों के वासियों के अनुसार सूक्ष्म विश्लेषण कर यह पाया गया कि वे नेता जिनकी भावनात्मक स्थायित्व की भावना बढ़ी-चढ़ी है, ज्यादा प्रभावी रहते हैं और प्रतिस्पर्धात्मक रूप से दूसरों के मुकाबले उनकी कनौती निकली रहती है।

आयु का भावनात्मक बुद्धिमत्ता और नेतृत्व गुण व्यवहार पर प्रभाव

चुने गए एक्जीक्यूटिवों को आयु के अनुसार चार समूहों में बाँटा गया : पच्चीस वर्ष से कम, 26 से 35 वर्ष, 36-45 वर्ष तथा 45 वर्ष से ऊपर।

परिणामों से जाहिर हुआ कि जो 25 वर्ष से कम या 26-35 समूह में थे, बहुमुखी नेतृत्व मानसिकता वाले थे, जबकि 35 वर्ष से ज्यादा के लोगों की मानसिकता अधिक मानवतावादी थी। 45 वर्ष के एक्जीक्यूटिवों में उच्च निष्क्रिय रुझान अर्थात् यथास्थिति कायम रखने की चेष्टा-पाई गई, जबकि युवा लोग नए ढंग सीखने/अपनाने को ज्यादा तत्पर लगे। इस विश्लेषण से स्पष्ट होता है कि व्यक्ति के नेतृत्व करने के ढंग में उम्र के साथ परिवर्तन आता ही है। जब व्यक्ति परिवर्तनों में स्वयं को ढालने में हिचकिचाने लगता है तो उसमें एक निष्क्रियता के प्रति झुकाव आने लगता है। इसका कारण है कि बढ़ती उम्र के साथ व्यक्ति के भावनात्मक स्थायित्व में तो बढ़ोत्तरी होती है, परन्तु शीर्ष बिन्दु पार करने के बाद गिरावट आती है और यह गिरावट एक्जीक्यूटिव में भावनात्मक बुद्धिमत्ता और नेतृत्व गुण में एक समानुपातिक सम्बन्ध बना लेती है।

वैवाहिक जीवन का भावनात्मक बुद्धिमत्ता और नेतृत्व गुण व्यवहार पर प्रभाव

प्राय: यह माना जाता है कि किसी व्यक्ति के ऊपर विवाह के पश्चात् बड़ी जिम्मेदारियों, प्राथमिकताओं में परिवर्तन तथा सांस्कृतिक विनिमय के कारण बड़ा बदलाव आता है। भावनात्मक स्थायित्व एवं नेतृत्व गुण व्यवहार के संदर्भ में भी वैवाहिक जीवन में बड़ा फर्क ला सकता है। विवाह से पूर्व व्यक्ति ज्यादा मानवतादायी नहीं रहता, परन्तु विवाह के पश्चात् बहुमुखी सोच वाला हो जाता है जिसमें मानवतावाद की प्रमुखता रहती है। यद्यपि भावनात्मक बुद्धिमत्ता जाहिर तौर पर तो व्यक्ति के विवाह से अप्रभावित ही लगती है, परन्तु यह देखा गया है कि अविवाहितों में भावनात्मक स्थायित्व ज्यादा बढ़ा-चढ़ा रहता है। आँकड़ों के विश्लेषणों से यही निष्कर्ष निकलता है कि वैवाहिक जीवन पर भावनात्मक बुद्धिमत्ता या नेतृत्व व्यवहार का कोई स्पष्ट प्रभाव नहीं पड़ता। यदि कुछ बदलाव आता भी है तो वह विवाह के कारण नहीं, वरन् घटकों के कारण आता है।

लिंग का भावनात्मक बुद्धिमत्ता और नेतृत्व गुण व्यवहार पर प्रभावी

स्त्री-पुरुष समाज के सम्मान वाले सदस्य होते हैं तथा भारतीय संविधान भी लिंग के आधार पर कोई पक्षपात नहीं दिखाता। वैसे भारतीय महिलाओं को नारी होने के कारण पक्षपात तो सहन करना ही पड़ता है। यद्यपि समय के विकास के साथ धीरे-धीरे यह हीन भावना खत्म होती जा रही है, परन्तु महिलाएं अभी

तक इससे पूरी तरह मुक्त नहीं हो पाई हैं। सामाजिक परिवर्तनों ने भी कॉर्पोरेट जगत को बाध्य किया है कि महिला एक्जीक्यूटिवों के लिए यह ज्यादा उदार हो। अध्ययन में यह पाया गया है कि महिला एक्जीक्यूटिव ज्यादा सहनशील और मानवतावादी होती हैं। भारतीय परम्परा की मान्यता है कि बलिदान का दूसरा नाम ही स्त्री है। ज्यादा ऊँची ई.क्यू. वाली महिलाएँ भावनात्मक रूप से ज्यादा स्थायित्व वाली होती हैं। वैसे ज्यादातर महिला एक्जीक्यूटिवों का ई.क्यू. अपने पुरुष सहयोगियों की तुलना में ज्यादा पाया गया है। ऊपर की चर्चा से यह निष्कर्ष निकालना सही रहेगा कि महिला एक्जीक्यूटिव की सोच ज्यादा मानवतावादी और नेतृत्व गुणों के ढाँचे में समाहित होने वाली होती है, बजाय अपने पुरुष सहकर्मियों के। पुरुषों के निर्णय ज्यादा पक्षपातपूर्ण लगते हैं। महिला एक्जीक्यूटिवों में भावनात्मक स्थायित्व का भाव उन्हें बेहतर नेतृत्व का गुण प्रदान करता है।

निष्कर्ष: नेतृत्व गुण व्यवहार सम्बन्धी इस पूरी चर्चा से यह स्पष्ट है कि नेता की भावनात्मक बुद्धिमत्ता और नेतृत्व गुण में एक सीधा सम्बन्ध है। एक नेता का लक्ष्य होना चाहिए, एक पूरा दल संगठित करना जिसमें एकरसता हो, जो स्वयं पर आधारित हो और उसे अपना उद्देश्य स्पष्ट रूप से ज्ञात हो। उसका जुनून रुपये-पैसे से ज्यादा आपकी लियाकसे दिखाने और लक्ष्य प्राप्ति के लिए होता है। सारे सदस्यों में पूर्ण सामंजस्य का भाव पैदा करना, उनको प्रेरणा देना, सहयोग की भावना विकसित करना तथा एक-दूसरे में भरोसा पैदा करने वाला नेता ही न सिर्फ स्वयं सफल होता है, वरन् संस्थान के लिए एक नगीना बनकर उभरता है। भावनात्मक बुद्धिमत्ता बढ़ी-चढ़ी होने से वह दूसरों की भावनाओं का आदर करते हुए अपने भावों से भी दूसरों को अवगत कराता है और वांछित लक्ष्य प्राप्त करता है। निःसंदेह भावनात्मक बुद्धिमत्ता का ऐसा नेतृत्व गुण विकसित करने और प्रभावी रूपी से सबको प्रेरणा देने में उसका बहुत बड़ा हाथ होता है।

8. किशोरों में ई.क्यू. और आई.क्यू. के मध्य सम्बन्ध

लक्ष्मी सीताराम (2005) की परिभाषा के अनुसार, किशोरावस्था वह अवधि होती है, जब व्यक्ति निर्भरता से स्व-निर्भरता की ओर बढ़ता है। यह वह संक्रान्ति काल है, जब बालकों में खुद-मुख्तारी का भाव पैदा होने लगता है। इसकी अवधि प्रायः 11 वर्ष से उन्नीस वर्ष के मध्य मानी जाती है जिसे अंग्रेजी में 'टीन्स' कहा जाता है। चूंकि इस अवधि में उनमें समझदारी आने लगती है। अतः चिन्ताएं और अनिश्चितताएं भी पैदा होती हैं और सामंजस्य और समायोजन की मांग करती हैं। ज्यादातर किशोरों की समस्याओं के कारण होते हैं- मानसिक

विसंगतियों की अनुभूति, टकरावों को न सुलझा पाने की योग्यता और भावनाओं को सही प्रकार हैण्डल न कर पाने की क्षमता। वे बच्चे जो इन बदलाव से पैदा हुए दबावों पर बेहतर ढंग से निर्वाह कर सकते हैं, ज्यादातर शांत भाव से आवेग रहित रूप से काम करने वाले होते हैं। उनमें समस्याओं को सुलझाने की बेहतर क्षमता होती है तथा बदलती परिस्थितियों से बेहतर सामंजस्य भी बैठाने में कामयाब रहते हैं।

शारीरिक विकास के साथ हार्मोनों के बदलाव के कारण शरीर, मन और सोच में भी बहुत परिवर्तन आने लगता है। बाहरी परिवेश और आंतरिक शांति में संतुलन बैठाना काफी दूभर लगता है। कई परिवर्तनीय तत्त्वों का प्रभाव एक साथ घटित होता है जिनमें प्रमुख है- जन्मस्थान और परिवेश तथा जन्म-क्रम में उनका नम्बर। किसी भी परिवार में किसी बच्चे का क्या क्रम होता है, इसका प्रभाव उसके मानसिक विकास पर बहुत पड़ता है। यदि अपने परिवार का वह सबसे बड़ा बच्चा है तो उसमें वयस्क जिम्मेदारी स्वीकार करने का भाव, अहम इत्यादि का समावेश शीघ्र ही होने लगता है और यदि वह छोटा है तो लम्बी उम्र तक उसमें एक खिलंदड़ी प्रकृति कायम रहेगी। इनका भाव-बोध समझने के लिए एक अध्ययन किया गया। इस अध्ययन का मूल उद्देश्य था, बुद्धिमत्ता, भावनात्मक बुद्धिमत्ता और उनमें सामंजस्य स्थापित करने की क्षमता। इसमें 15-16 वर्ष के लड़के-लड़कियों को शामिल किया गया जिनमें से अधिकांश एक व्यक्ति के सीमित परिवार या न्यूक्लियर परिवार से ही आते थे। इन परिवारों में 41 प्रतिशत के मात्र 2 बच्चे ही थे, जबकि 48 प्रतिशत परिवार मध्यवर्गीय आर्थिक-सामाजिक पृष्ठभूमि से आए थे।

इस व्यावहारिक शोध अध्ययन के फल संक्षिप्त रूप में नीचे दिए गए हैं-

- **किशोरों का सर्व-व्यापक आकलनः** ज्यादातर किशोर बुद्धिमत्ता के औसत वर्ग में ही रहे और भावनात्मक बुद्धिमत्ता तथा सामंजस्य बिठाने के क्षेत्र में भी यह परिणाम पाया गया। 41 प्रतिशत औसत वर्ग के रहे और भावनात्मक बुद्धिमत्ता में 50 प्रतिशत औसत ई.क्यू. वाले थे। सामंजस्य के लिए 50 प्रतिशत लड़के व 45 प्रतिशत लड़कियाँ औसत श्रेणी में रहीं।
- **बुद्धिमत्ता को प्रभावित करने वाले घटकः** सिवाय लिंग भेद के सारे अन्य घटक यथा-सीमा समूह, जन्म-क्रम, परिवार की किस्म, सामाजिक-आर्थिक स्थिति का प्रभाव - साधारणतः किशोरों की बुद्धिमत्ता पर पाया गया।
- **भावनात्मक बुद्धिमत्ता को प्रभावित करने वाले घटकः** लिंग भेद, आयु,

जन्म-क्रम, परिवार की किस्म इत्यादि का प्रभाव भावनात्मक बुद्धिमत्ता पर ज्यादा परिवर्तनशील नहीं पाया गया। किशोरों की केवल सामाजिक-आर्थिक स्थिति का एकमात्र घटक उनकी भावनात्मक बुद्धिमत्ता पर प्रभाव छोड़ता प्रतीत हुआ।

- **सामंजस्य तथा उसके आयामों को प्रभावित करने वाले घटक:** उम्र, परिवार की किस्म, जन्म-क्रम एवं सामाजिक-आर्थिक स्थिति का प्रभाव समग्र सामंजस्य क्षमता पर प्रभाव डालते हैं।
- **बुद्धिमत्ता, भावनात्मक बुद्धिमत्ता और सामंजस्य (क्षमता के मध्य के अंतर्सम्बन्ध):** भावनात्मक बुद्धिमत्ता और बुद्धिमत्ता के मध्य 19 प्रतिशत का हल्का अंतर्सम्बन्ध पाया गया। भावनात्मक बुद्धिमत्ता का सामंजस्य के साथ एक धनात्मक सम्बन्ध निश्चित रूप से पाया गया। यदि किशोर अपनी भावनाओं और दूसरों की भावनाओं के प्रति जितना सजग रहेगा, उतना ही वह स्वयं के और परिवेश के मध्य सहज सम्बन्ध बैठाने में सफल रहेगा। बुद्धिमत्ता का भी सामंजस्य क्षमता के साथ धनात्मक अंतर्सम्बन्ध पाया गया।
- **बुद्धिमत्ता, भावनात्मक बुद्धिमत्ता और सामंजस्य (क्षमता) बतौर सचल निर्भर तत्त्वों के रूप में:** प्राप्त आँकड़ों के विपरीत अध्ययन से यह फल पाया गया। सामंजस्य, बुद्धिमत्ता, सामाजिक-आर्थिक स्थिति और इन सचल तत्त्वों के मध्य अंतर्क्रिया के आधार पर भावनात्मक बुद्धिमत्ता के बारे में भविष्य कथन किया जा सकता है। इसी प्रकार सामंजस्य (क्षमता) भावनात्मक बुद्धिमत्ता एवं आर्थिक-सामाजिक स्थिति की अर्न्तक्रिया किशोरों में बुद्धिमत्ता के बारे में भविष्य कथन कर सकती है। इस विश्लेषण से यह भी मालूम पड़ा कि भावनात्मक बुद्धिमत्ता और भाई-बहनों की संख्या (उस किशोर के संदर्भ में) सामंजस्य क्षमता के बारे में भविष्य कथन कर सकती है।

इस अध्ययन का निष्कर्ष यही है कि न सिर्फ भावनात्मक बुद्धिमत्ता के मध्य एक धनात्मक सम्बन्ध है, बल्कि इनका सामंजस्य क्षमता पर भी एक स्वस्थ प्रभाव पड़ता है। यदि इन तत्त्वों को सही रूप में विकसित होने दिया जाए तो यह भावनात्मक और व्यक्तिगत पहलू न सिर्फ आपसी सम्बन्धों को बेहतर बनाते हैं, वरन् जीवन में सफलता प्रदान करने में भी सहायक होते हैं।

9. ई.क्यू. एवं प्रबन्धन सम्बन्धी प्रभावशीलता: एक अंतर्राष्ट्रीय अध्ययन

दलीप सिंह (2005) ने भारतीय संस्थानों तथा जापानी, अमेरिकी और यूरोपीय संस्थानों में प्रचलित प्रबन्धन तन्त्र की मूल प्रकृति का तुलनात्मक

अध्ययन किया। आज के प्रबन्धकों के लिए भावनात्मक बुद्धिमत्ता की कितनी प्रासंगिकता एवं महत्त्व है, इसी का विश्लेषण करने हेतु यह विस्तृत अध्ययन किया गया था।

इस अध्ययन में पिछले दो वर्षों से भारत में कार्यरत चार संस्थानों-भारतीय, जापानी, अमेरिकी और यूरोपीय के कुल 204 नमूने लिए गए जिसमें 83 मध्य स्तर के प्रबन्धक तथा 121 वरिष्ठ स्तर के प्रबन्धक थे। इस समूह में 149 पुरुष एवं 55 महिलाएं थीं। उन्हीं प्रबन्धकों को इसमें शामिल किया गया, जो कम-से-कम ग्रेजुएट, पाँच वर्षों से ज्यादा अनुभव रखने वाले तथा कम-से-कम 26 वर्ष के या ज्यादा आयु के हों और जिनकी तनख्वाह 20,000 रुपये प्रतिमाह से अधिक हो। इनका चुनाव बिना किसी पूर्ण सोच-विचार के (रैन्डम) किया गया और आँकड़े एकत्रित किए गए। आँकड़े इकट्ठे करने का तरीका श्री चड्ढा द्वारा बनाया 'दि इमोशनल इंटेलिजेंस टेस्ट' (2002) तथा प्रबन्धकीय प्रभावशीलता परीक्षण [मैनेजेरियल इफेक्टिवनैस टेस्ट], कौर का बताया हुआ (1998) अख्तियार किया गया। इस शोध के निष्कर्ष इस प्रकार दिए गए हैं-

निष्कर्ष

1. भावनात्मक बुद्धिमत्ता एवं प्रबन्धकों की प्रबन्धकीय प्रभावशीलता के आँकड़े-विश्लेषणों से दोनों में एक धनात्मक सम्बन्ध पाया गया। उच्च भावनात्मक बुद्धिमत्ता वाले प्रबन्धकों में प्रबन्धकीय प्रभावशील भी बढ़ी-चढ़ी पाई गई जिसका विपरीत प्रभाव भी इतना ही सही है। प्रबन्धकीय प्रभावशीलता की परिभाषा स्पष्ट करते हुए कहा गया, वह योग्यता जिससे संस्थान के लक्ष्य प्रभावी तौर पर उपलब्ध किए जाएं। इन दोनों में एक सकारात्मक सम्बन्ध पाया गया।

2- भावनात्मक बुद्धिमत्ता और अनुभव में भी एक धनात्मक सम्बन्ध पाया गया। इस शोध का निष्कर्ष था कि अनुभव के साथ प्रबन्धक परिपक्वता प्राप्त करता जाता है तथा किसी खास काम को करते-करते उसमें उसकी महारत स्वाभाविक तौर पर बढ़ती जाती है।

3- भावनात्मक बुद्धिमत्ता के लिहाज से स्त्री और पुरुष प्रबन्धकों में एक धनात्मक अन्तर भी देखा गया। जहाँ महिलाएं ज्यादा भाव-सजग और तदनुभूति गुण से सम्पन्न होती हैं, पुरुष ज्यादा आत्मविश्वासी, आशावादी, जल्दी सामंजस्य बैठाने वाले तथा दबाव को बेहतर संभालने वाले पाए गए।

4- प्राप्त परिणामों का अध्ययन-विश्लेषण संस्थानों के देशों के अनुसार भी किया गया तथा निम्नलिखित निष्कर्ष प्राप्त किए गए-

- परिवर्तनीय अर्हताओं पर अमेरिकन और यूरोपियन संस्थानों के अमेरिकी मैनेवर्स ज्यादा ऊँचे पाए गए। उनका स्तर और आय भी ज्यादा थी। इसके बजाय यूरोपीय मैनेजर अनुभव, प्रबन्धकीय प्रभावशीलता और 'ई.क्यू.' के लिहाज से ज्यादा ऊँचे रहे।
- जब अमेरिकी और जापानी संस्थानों की तुलना की गई तो अमेरिकियों की अर्हताएं, अनुभव, स्तर, प्रबंधकीय प्रभावशीलता तथा ई.क्यू. ऊँचा पाया गया; परन्तु जापानी प्रबन्धकों की आमदनी ज्यादा पाई गई।
- जब यूरोपीय और जापानी संस्थानों की तुलना की गई तो पाया गया कि पांच सचल तत्त्वों पर यूरोपीय प्रबन्धक ऊँचे हैं-अर्हताएं, अनुभव, आयु, प्रबन्धकीय प्रभावशीलता और ई.क्यू., परन्तु आमदनी के लिहाज से जापानी ऊँचे रहे।
- जब यूरोपीय और भारतीय संस्थानों की तुलना की गई तो पाया गया कि यूरोपीय मैनेजर अर्हताएं, अनुभव, प्रबन्धकीय प्रभावशीलता और ई.क्यू. पर ऊँचे हैं, परन्तु भारतीय उम्र और आमदनी में ज्यादा रहे।
- जब जापानी और भारतीय संस्थानों का तुलनात्मक अध्ययन किया गया तो जापानियों की अर्हताएं एवं आमदनी ऊँची पाई गई, परन्तु अनुभव, उम्र, प्रबन्धकीय प्रभावशीलता एवं ई.क्यू. में भारतीय ऊँचे पाए गए।

5. इस अध्ययन से जो निष्कर्ष निकाले गए हैं, वे ग्राफिक्स के सहारे पाँच सचलों के संदर्भ में, भावनात्मक बुद्धिमत्ता प्रबंधकीय प्रभावशीलता, अर्हता, आयु, अनुभव और आमदनी के अनुसार दिखाए गए हैं।

भावनात्मक बुद्धिमत्ता

दूसरों के मुकाबले यूरोपीय मैनेजर इस क्षेत्र में आगे रहे, बाद में आए भारतीय, अमेरिकी और जापानी इसी क्रम में यही निष्कर्ष निकला कि यूरोपीय मैनेजर भावनात्मक बुद्धिमत्ता में बढ़े-चढ़े हैं। यद्यपि यूरोपीय मॉडल तो अभी तक नहीं बन पाया, पर इस क्षेत्र में विभिन्न संस्कृतियों के संश्लेषण इंग्लैण्ड, जर्मनी, इटली, फ्रांस और स्वीडन की संस्कृति से सिद्ध होता है कि यूरोपीय मैनेजर अपनी व्यावसायिक एवं व्यक्तिगत जिन्दगी को बेहतर ढंग से संभालते हैं। उदाहरणार्थ, वे जोखिम उठाने से बचते हैं और अज्ञात काम में स्वयं को नहीं खपाते। स्पेन्सर (1997) ने 300 शीर्षस्थ 15

वैश्विक कंपनियों के एक्जीक्यूटिव के लक्षणों का विश्लेषण करते हुए बताया था कि उपलब्धि पाने का जुनून एवं नेतृत्व के लिए भावनात्मक सामर्थ्य औसत लोगों से 'स्टार परफॉर्मर' को अलग छाँट देता है।

यूरोपीय मैनेजरों के पश्चात् भारतीय मैनेजरों का नम्बर आता है। भारतीय मैनेजर घरेलू, भावुक बच्चों को कार्यस्थल में ले जाते हैं और मालिक व नौकर के बीच एक भावनात्मक सम्बन्ध कामय कर लेते हैं (चड्ढा 2008)। भारतीय प्रबन्ध तंत्र के दर्शन के कारण यह निष्कर्ष पूरी तरह मेल खाता है।

अमेरिकन मैनेजरों की भी भावनात्मक बुद्धिमत्ता ज्यादा इसलिए रहती है क्योंकि उनके जीवनयापन का ढंग ही ऐसा है जिसमें तलाक इत्यादि की बहुलता के कारण उनका जीवन शुरू से ही भावनात्मक रूप से असुरक्षित महसूस होता है। ऐसी परिस्थितियों में वे भावना के बारे में ज्यादा चौकस और सतर्क रहते हैं। यह निष्कर्ष सही है कि अमेरिकन प्रबन्ध तंत्र उन्हें इस ओर सही मार्ग दिखाता है।

यद्यपि जापानी मैनेजर ई.क्यू. में तो यूरोपीय, अमेरिकन और भारतीयों की तुलना में कम रहे, परन्तु वे भी संयत वर्ग में ही रहे हैं। जापानियों की ऐसी संस्कृति है जिसमें जिजीविषा के कारण शत्रु भी एक-दूसरे की सहायता करने को बाध्य हो जाते हैं। इनकी एक सहयोगी संस्कृति है जिसमें हर एक को महत्त्व देना सिखाया जाता है। इनका विश्वास भी जीवन-भर एक ही नौकरी में रहना आवश्यक मानता है। कुल मिलाकर उनकी भावनात्मक बुद्धिमत्ता का स्तर संयत वर्ग में आता है, जो उनके प्रबन्ध तंत्र दर्शन से पूरी तरह इत्तेफाक रखता है।

इस अध्ययन के संक्षिप्त परिणाम चित्र 5.5 में दिए जा रहे हैं।

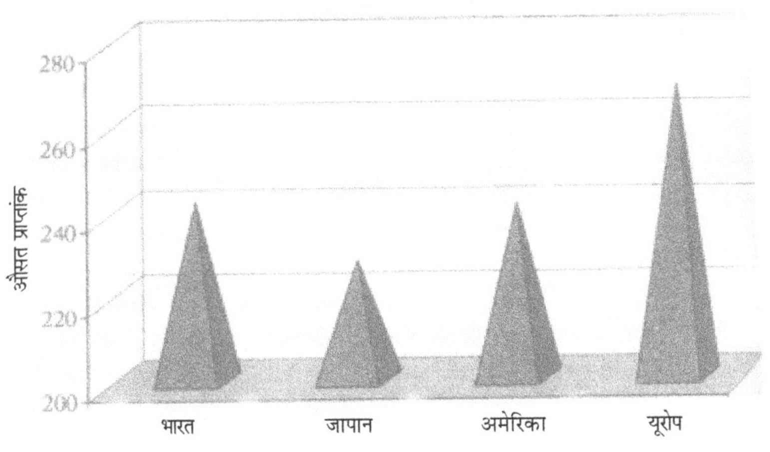

चित्र 5.5: चार समूहों की परवर्ती "भावनात्मक बुद्धिमत्ता" पर तुलना

प्रबन्धकीय प्रभावशीलता

इस क्षेत्र में भी यूरोपियन मैनेजरों का सार सबसे ज्यादा पाया गया, उसके पश्चात् अमेरिकी, भारतीय और जापानी मैनेजर इसी क्रम में रहे। ये तुलनात्मक अध्ययन चित्र 5.6 में प्रदर्शित किया गया है।

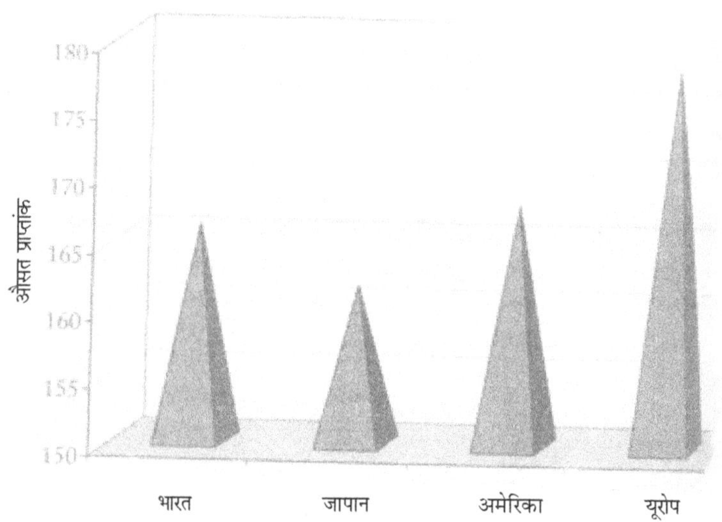

चित्र 5.6: चार समूहों की परवर्ती "प्रबंधकीय प्रभावशीलता" पर तुलना

इन्जीनियरिंग, तकनीकी प्रशिक्षण और कला-दक्षता के कारण यूरोपीय मैनेजर इस क्षेत्र में इतने निष्णात हो पाते हैं। ज्यादा-से-ज्यादा ज्ञान और दक्षता प्राप्त करने की ललक उनको इस क्षेत्र में आगे रखती है, जो किसी प्रभावशाली मैनेजर के लिए बेहद जरूरी होती है। अतः भारत के काम करने वाले यूरोपीय संस्थानों के मैनेजरों की प्रबन्धकीय प्रभावशीलता ज्यादा बढ़ी-चढ़ी रहती है। यह उनके यूरोपीय मॉडल से पूरी तरह मेल भी खाती है।

अमेरिकनों का विश्वास तीन प्रबन्धकीय आयामों में अटूट है, जो है– तकनीकी, अवधारणात्मक और मानवीय, जिनका प्रबन्धन अमेरिकी प्रबन्धन का अटूट हिस्सा है।

भारतीय मैनेजरों का स्थान इस क्षेत्र में यूरोपियन और अमेरिकन मैनेजरों के बाद आता है। इसका कारण है भारतीय प्रबन्ध शास्त्र का आधार अमेरिकी और यूरोपीय प्रबन्धन शास्त्रों का निचोड़ ही है। अब वैश्विक प्रतियोगिता में धीरे-धीरे

इसका विकास होता जा रहा है। भारत ने सूचना प्रौद्योगिकी संप्रेषण, कृषि, तकनीकी शिक्षा, चिकित्सा क्षेत्र तथा कई अन्य क्षेत्रों में अभूतपूर्व उन्नति की है। आधुनिक युग का व्यापार ज्ञान धीरे-धीरे भारतीय प्रबन्धकों की प्रबन्धकीय प्रभावशीलता बढ़ा रहा है।

जापानी मैनेजरों की निम्नतम स्थिति का कारण मूलतः अकुशल पर्यवेक्षण या निगाह रखना और शीर्षस्थ मैनेजमेंट से संपर्क सूत्र का थोड़ा लचर होना ही है। दूसरा कारण उनके यहाँ अपनायी गई 'रोटेशन' की पद्धति है, जहाँ कार्मिकों को एक निश्चित अवधि में बदल दिया जाता है। इससे वे अपने काम पर ज्यादा एकाग्र नहीं हो पाते। इन्हीं कारणों से जापानी मैनेजर प्रबन्धकीय प्रभावशीलता में जरा पीछे रह जाते हैं, खास तौर पर भारतीय माहौल में काम करने के सदंर्भ में।

अर्हता

प्राप्त परिणामों से स्पष्ट होता है कि अमेरिकी मैनेजरों की अर्हताएं बाकी लोगों से ज्यादा ऊँची थीं। उसके पश्चात् जापानी तथा यूरोपीय मैनेजरों का नम्बर आता है। भारतीय मैनेजर तुलनात्मक रूप से सबसे कम अर्हता वाले निकले। इसका कारण यही है कि पेशेवर 'प्रबन्धन शास्त्र' की भारत में अन्य देशों की तुलना में ज्यादा अहमियत नहीं रही है। कुछ ही दशकों से इस तरफ रुझान गया है, जबकि यूरोप, अमेरिका और जापान में प्रबन्धन की अर्हताओं की अहमियत काफी समय से है।

अनुभव

इस क्षेत्र में भी यूरोपीय मैनेजर ज्यादा अनुभवसंपन्न निकले। उसके बाद भारतीय और अमेरिकन मैनेजरों का नम्बर आता है, जबकि जापानी मैनजरों का अनुभव काल सबसे कम पाया गया।

आयु

अमेरिकन मैनेजर ज्यादा उम्र के पाए गए, उनके बाद भारतीयों, यूरोपियनों और जापानियों की आयु आती है। इससे साबित होता है कि अमेरिकी प्रबन्धन तंत्र में वयोवृद्ध मैनेजरों की संख्या ज्यादा है। भारत में कम आयु के मैनेजरों का कारण उनको मिलने वाला प्रोत्साहन है। यही यूरोपियनों और जापानियों के साथ-साथ है।

आय

जहाँ जापानियों (मैनेजरों) की आय सर्वाधिक रही, अमेरिकनों की दोयम नम्बर, भारतीयों की आय यूरोपियनों से ज्यादा आँकी गई। दिलचस्प बात है कि इस श्रेणी में यूरोपियनों की आमदनी सबसे कम रही। यूरोप में कम वेतन का कारण वहाँ पर व्याप्त बेरोजगारी और साथ ही योग्य मैनेजरों का कम तनख्वाह पर उपलब्ध होना ही प्रतीत होता है।

10. ई.क्यू. और किशोरों में सुखद अनुभूति

किशोरों में साधारणतया आश्वस्ति या कल्याण का भाव आँकने के लिए एक टेस्ट किया गया। इसमें 150 किशोर–75 लड़के और 75 लड़कियां-15 से 17 वर्ष की आयु की शामिल की गईं जिनका चुनाव मॉडल स्कूल्स चण्डीगढ़ से किया गया। 1999 में मीना सहगल का प्रस्ताव था कि स्वास्थ्य स्वयं आश्वस्ति में एक गहरा तादात्म्य है, खास–तौर पर किशोरों में क्योंकि यही उम्र बढ़ने की और भाव ग्रहण करने की होती है।

इन किशारों का परीक्षण आइसेन्क पर्सनैलिटी क्वेश्चन एयर (आईसेन्क एण्ड आईसैन्क 1975) मनोवैज्ञानिक रूप से आश्वस्ति और कल्याण की भावना महसूस करना (वर्मा एण्ड वर्मा 1989), कैटेल्स कल्चर फेयर इंटेलिजेंस टेस्ट (1971), गोलमैन की अवधारणा पर आधारित ई.क्यू. इन्वेन्टरी इत्यादि तकनीकों की सहायता से किया गया। इसका मूल उद्देश्य था ई.क्यू., इंटेलिजेंस मनोवैज्ञानिक आश्वस्ति के भाव की अनुभूति तथा आईसैन्क के व्यक्तित्व आयामों में आपसी संबंधी खोजना।

परिणाम और चर्चा

मीन्स (मध्यमान), स्टैन्डर्ड डेविएशन (मानक विचलन) तथा टी–रेशोज़ लड़के और लड़कियों के लिए अलग–अलग निकाले गए। ये सभी परिणाम तालिका 5.10 में स्पष्ट किए गए हैं। चूँकि कोई भी टी–रेशो (t-ratio) बहुत महत्त्वपूर्ण नहीं आया, उन सबका नमूना इकट्ठा करके एक बड़ा समूह माना गया (N = 150)।

तालिका 5.10: मध्यमान, मानक विचलन तथा परस्पर संबंध ((N = 150)

	M	*SD*	*EQ का निम्न के साथ संबंध*	
1. ई.क्यू.	24.34	2.84	1. साइकोटिसिज्म	-0.7
2. साइकोटिसिज्म	6.73	3.14	2. एक्सट्रावर्जन	.11
3. एक्सट्रावर्जन	13.72	3.9	3. न्यूरोटिसिज्म	.02
4. न्यूरोटिसिज़्म	9.83	4.53	4. झूठ प्राप्तांक	.08
5. झूठ प्राप्तांक	8.62	3.99	5. बुद्धिमत्ता	.20
6. बुद्धिमत्ता	29.53	6.35	6. मनोवैज्ञानिक खुशी की अवस्था	24**
7. मनोवैज्ञानिक खुशी की अवस्था	18.13	3.31		

*Significant at .05 level, **Significant at .01 level

इन आँकड़ों के सूक्ष्म विश्लेषण से गोलमैन तथा र्‌यूवेन बार-ऑन की बात सच स्थापित हुई थी। ई.क्यू. का मनोवैज्ञानिक आश्वस्ति से धनात्मक सम्बन्ध है। इससे यह साबित होता है कि ई.क्यू. मानसिक स्वास्थ्य की एक इकाई नाप के रूप में प्रयुक्त की जा सकती है। आश्वस्ति के सूचकांक के रूप में ई.क्यू. का इस्तेमाल करना किशोरों को आगे के विकास और सफल होने की दलील देता है।

11. कठोर नेता होने के लिए जरूरी नरम कला

परमानन्द चाबुंगबान (2005) का सुझाव है कि भावनात्मक बुद्धिमत्ता का विकास दबाव और बेहतर प्रदर्शन के मध्य एक पुल का काम कर सकता है। नेतृत्व और प्रबन्धन की पटुता वह कोमल गुण है, जो अन्य गुणों के समान महत्त्वपूर्ण है। दबाव का सही प्रबन्धन, जो आज मानव संसाधन प्रबन्धन का एक बहुत बड़ा आयाम है, कई नरम दक्षताओं को समेटे रहता है, जो ई.क्यू. का एक महत्त्वपूर्ण घटक बनकर उभरता है। आज के जमाने में ई.क्यू. का महत्त्व आई. क्यू. से भी ज्यादा हो गया है। आई.क्यू. में आप बाहरी परिवेश को प्रत्युत्तर देते हैं, जबकि ई.क्यू. का आधार बाहरी परिवेश से प्रतिक्रिया ग्रहण करने पर होता

है। ई.क्यू. का निरंतर विकास हो सकता है, जबकि आई.क्यू. एक अचल तत्त्व है। एक बार जो आ गया, सो आ गया। ई.क्यू. से व्यक्ति के काम प्रदर्शन का भी सीधा और धनात्मक सम्बन्ध है। यदि ई.क्यू. बेहतर होगा तो बिगड़ी हुई परिस्थिति में भी आप स्वयं को संभाल सकते हैं। मानव शरीर को स्वयं को संतुलित करने की एक स्वाभाविक प्रक्रिया है, जो आपदा काल में भंग हो जाती है। इसका कारण होता है जो काम है, उसमें क्षमता की माँग वर्तमान व्यक्ति क्षमता से अधिक है। ज्यादातर लोग समझते हैं कि खुद के "बर्न आउट" (क्षतिग्रस्तता के कारण कार्य बंद करना) से त्राण पाने के लिए दबावों को कम कर लेना चाहिए, लेकिन इसके साथ ही उसका विपरीत पक्ष भी सच है– "रस्ट आउट" (बेहद निष्क्रियता) को दूर करने के लिए दबाव की जरूरत होती है। इसीलिए, स्वयं को समझाने और सही ढंग से आपकी क्षमताओं के प्रयोग के लिए ई. क्यू. की जरूरत पड़ती है।

हर व्यक्ति में एक तार्किकता छुपी होती है, जो परिस्थिति के अनुसार अपना काम अंजाम देती है। इसी तार्किकता को ताकत देने के लिए ई.क्यू. की आवश्यकता रहती है। उदाहरण के लिए, मान लीजिए आपके बॉस ने आपका अभिवादन स्वीकार नहीं किया तो जो दबाव बढ़ाने की मानसिकता होगी, वह कहेगी, "यह जरूर मेरे काम से असंतुष्ट है। निश्चय ही मेरा खराब आकलन देगा।" परन्तु जो दबाव हटाने वाली तार्किकता होगी वह कहेगी, "हो सकता है बॉस का मूड खराब हो। मैं ऐसे कैसे यह तय कर सकता हूँ। जब तक कोई उल्टी बात न सुनाई पड़े, मैं तो यही समझूँगा कि वह मुझसे खुश है।"

इस क्षेत्र में अन्य अध्ययनों से स्पष्ट है कि कठोर प्रबन्धकों में भी यह मुलायमियत भरे गुण होने चाहिए। इन छोटी-छोटी बातों से वह न सिर्फ दूसरों पर बेहतर प्रभाव डाल सकता है, वरन् अपने अनुयायियों से बेहतर काम निकलवाकर संस्थान को लाभ पहुँचा सकता है। अध्ययनों से भी यही बात निकलकर आई है कि सबसे ज्यादा उत्पादकता देने वाला प्रबन्धक वही होता है जिसका ई.आई. ऊँचा हो। आज के औद्योगिक क्षेत्र में भावनाओं का सही नियंत्रण विशुद्ध बुद्धिमत्ता से कहीं ज्यादा कारगर सिद्ध होता है।

12. भावनात्मक बुद्धिमत्ता और दबाव प्रबन्धन

दरोलिया एण्ड दरोलिया (2005) ने भावनात्मक बुद्धिमत्ता की दबाव प्रबन्धन में भूमिका को जानने के लिए एक अध्ययन किया था, जिसके निष्कर्ष

यहां दिए गए हैं। 25 से 40 वर्ष के 400 वयस्कों (218 आदमी, 182 औरतें) कुरुक्षेत्र विश्वविद्यालय से बिना किसी पूर्व नियोजित ध्येय के लिए गए, जो जीवन के लगभग हर क्षेत्र का प्रतिनिधित्व करते थे। आँकड़ों के सूक्ष्म अध्ययन और विश्लेषणों से यही निष्कर्ष निकला कि ई.आई. की महत्त्वपूर्ण भूमिका होती है दबाव के सुप्रबन्धन में और यह कि तद्नुभूति तथा सम्बन्धों को सही प्रकार से हैण्डल करने के गुण का दबाव विमोचन में बड़ा योगदान है।

13. मानव पूँजी प्रबन्धनः ई.क्यू.-परिप्रेक्ष्य

शमीरा मालेकर (2005) ने एक मैट्रिक्स (माप-साँचा) तैयार किया जिससे मानव पूंजी को भावनात्मक बुद्धिमत्ता के परिप्रेक्ष्य में नापा जा सके। इनका कहना है कि (किसी भी संस्थान में) बॉस का व्यवहार मातहतों के लिए स्वीकार्य होता है, जब उनको बॉस से कोई संतोष या प्रेरणा मिलती है। उन्हें आशा रहती है कि व्यवहार न्यायपूर्ण और सच्चा होगा। जो उनका नेता है, उसको उन्हें प्रभावी प्रदर्शन के लिए प्रशिक्षण और पुरस्कार दोनों देने चाहिए। प्रबन्ध तंत्र का फोकस उन्हीं कामों पर होता है, जो कार्मिक अपने आप नहीं करते। ऐसे कामों में रणनीतिक रूप से सोच-विचार करना, स्वयं का विकास प्राप्त करने के उद्देश्य से जिन्दगी-भर सीखते रहना, एक अभिनव काम करने की संस्कृति पैदा करना, दूसरों की सहायता करना, नेता बनना, ऐसा कार्यदल बनाना, जो समाधन पर केन्द्रित हो, सूचना प्रदान करना तथा सबका मन ऐसा बना देना कि लगातार सुधार होता है। इस शोध का उद्देश्य था डैनियल गोलमैन की भावनात्मक बुद्धिमत्ता की अवधारणा से पाँच में से तीन पैरामीटर्स (प्राचलों) पर केन्द्रित कर कार्यस्थल पर इनकी कार्यक्षमता को सिद्ध करना जिससे काम करना ज्यादा आसान और आनन्ददायक हो सके।

ये तीन पैरामीटर्स हैं—सामाजिक सम्बन्ध, तदनुभूति एवं प्रेरक शक्ति। सामाजिक सम्बन्धों का तंत्र पूरी तरह खुला रहता है क्योंकि माहौल से अन्तर्क्रिया कई स्तरों पर जारी रहती है। इसलिए किसी सामाजिक सम्बन्ध तंत्र के सदस्य को अपने माहौल की प्रकृति तथा उस व्यक्ति के अन्दरूनी और बाहरी वातावरण की पूरी जानकारी होना चाहिए। तदनुभूति (एम्पैथी) संस्थानों की वह योग्यता होती है जिससे अपने कर्मियों के साथ वे भाव तादात्म्य स्थापित कर उनसे सहज वार्तालाप कर सकें; उनकी शिकायतें सुनें और उनसे समस्याओं के समाधान निकलवाएं। प्रेरक शक्ति वह योग्यता है, जो कार्मिकों को ऐसा कुछ करने को तैयार कर सके, जो वे साधारणतया नहीं करना चाहते हों।

ऐसे में भावनात्मक बुद्धिमत्ता या ई.आई./ई.क्यू. किसी संस्थान की सफलता के लिए बहुत जरूरी होती है। परन्तु दुर्भाग्यवश इसको बहुत कम करके आँका जाता है। आज के मानव संसाधन विभाग भर्ती करते समय प्रशिक्षण, कैरियर प्लानिंग इत्यादि पर तो बहुत जोर देते हैं, परन्तु इसका ख्याल नहीं रखते कि उन रंगरूटों में क्या गुण होने चाहिए जिससे वे सर्वोच्च परिणाम दे सकें।

प्रायः सिर्फ व्यापार के लक्ष्य देखे जाते हैं और उन्हें प्राप्त करने वालों की सामर्थ्य और क्षमता का कोई ख्याल नहीं रखा जाता। इस अध्ययन का उद्देश्य सामाजिक अन्तर्क्रिया, तद्नुभूति और प्रेरक शक्ति एवं व्यक्तिगत सामर्थ्य में सामंजस्य बिठाकर उत्तम परिणाम पाने के उद्देश्य के मध्य कोई आधार ढूँढना था तथा इसकी एक मैट्रिक्स बनानी थी। वह मैट्रिक्स एक तालिका के रूप में यहाँ दी गई है।

ई.क्यू. पैरामीटर्स का प्रभाव

व्यक्तिगत क्षमता/सामर्थ्य	*सामाजिक अंतर्क्रिया*	*तद्नुभूति*	*प्रेरक शक्ति*
उपलब्धि मूलक केन्द्रीकरण	उच्च	निम्न	उच्च
नियोजन एवं विश्लेषण	निम्न	निम्न	उच्च
व्यापार परिप्रेक्ष्य		निम्न	निम्न
संप्रेषण शक्ति एवं प्रभावशीलता	उच्च	उच्च	उच्च
टीम वर्क	उच्च	उच्च	उच्च
नेतृत्व गुण	उच्च	उच्च	उच्च
आपसी प्रभावशीलता	उच्च	उच्च	निम्न

इस मैट्रिक्स को किसी प्रत्याशी के आकलन के लिए आसानी से प्रयोग किया जा सकता है।

इस शोध अध्ययन का निष्कर्ष स्पष्ट है कि ई.आई. के प्रयोग की संभावना मानव पूँजी प्रबन्धन के लिए बहुत है। यदि इन तीन प्राचलों से समेकित प्रभाव पैदा किया जा सके तो वह न सिर्फ कार्य के माहौल, वरन् संस्थानों के लिए भी बड़ा लाभप्रद सिद्ध होगा।

14. एक ई.क्यू. टेस्ट का प्रारूप बनाना

पिछले पृष्ठों में हमने ई.क्यू. टेस्ट के बारे में विस्तृत रूप से चर्चा की है। इसका प्रारूप डॉ. दिलीप सिंह और प्रोफेसर एन.के. चड्ढा ने विकसित किया है। इसकी झलक हम दिखाते रहे हैं। ई.क्यू. टेस्ट को विकसित करना एक बड़ी दुरुह एवं परेशान करने वाली प्रक्रिया है–कई प्रकार के ढेरों आँकड़े इकट्ठे करना, फिर उनका सूक्ष्म विश्लेषण करना इत्यादि। सबसे ज्यादा परेशान करने वाला तत्त्व है इस टेस्ट का मानकीकरण करना जिसमें शामिल है स्थिति का चुनाव, स्थिति का विश्लेषण तथा टेस्ट को विश्वसनीयता और बैधानिकता को दिए गए प्राचलों (पैरामीटर्स) के अनुसार परखना। इसमें सबसे पहले सिचुएशन सैलेक्शन (स्थिति चुनाव) किया जाता है, फिर आइटम विश्लेषण दो प्रकार से किया जाता है: स्कूनेस (टेढ़ापन, विषमता या मानक आँकड़ों से विचलन) और कैली के निर्देशों के अनुसार–'ची स्कॉयर' बनाया जाता है और अन्त में इस टेस्ट की विश्वसनीयता एवं वैधानिकता का दिए प्राचलों के अनुसार कड़ा परीक्षण होता है। [यह एक बड़ी जटिल प्रक्रिया है जिसका मात्र हवाला यहाँ दिया गया है। इच्छुक पाठक इसका पूरा विवरण डॉ. दिलीप सिंह की पुस्तक "इमोशनल इन्टेलिजेन्स एट वर्क" से प्राप्त कर सकते हैं जो रिस्पॉन्स बुक्स (ए डिवीजन ऑफ सेज पब्लिकेशन, नई दिल्ली द्वारा छापी गई है]।

15. अन्य शोध अध्ययनों के निष्कर्ष

विश्व–भर में इस विषय पर हुए अन्य शोध अध्ययनों के निष्कर्ष संक्षिप्त रूप में नीचे दिए गए हैं जिनसे जीवन में लाभ मिलता है:

- मनोवैज्ञानिक स्थितियों के बारे में आश्वस्तिकारक साक्ष्य बिखरा पड़ा है कि वे हमारे स्वास्थ्य पर प्रभावी होते हैं। अवसाद, दुःख, निराशा–सभी हमारी सेहत पर दीर्घगामी और लघुगामी प्रभाव डालते हैं [मार्टिन सेलिगमैन, लर्नेड ऑप्टिसिज्म, 1998]।
- सफलता निर्भर करती है 'परिपक्वता से सामंजस्य' बिठाने पर जिनमें शामिल है परमार्थ का भाव, विनोदप्रियता, आत्म–प्रबन्धन, आशावादिता/उम्मीद का भाव/समय के साथ लोगों में परिवर्तन आता ही है [जो कि वैलेन्ट, एडैप्टेशन टू लाइफ, 1955)]।
- वयस्क सफलता का 80 प्रतिशत ई. क्यू. से आता है [डेनियल गोलमैन 1996]।
- 75 प्रतिशत करियरों में गड़बड़ी का कारण भावनात्मक अक्षमताएं होती हैं जिनमें शामिल है आपसी समस्याओं को सुलझाने की अक्षमता; परेशानी या टकराव के

दौरान असंतोषजनक टीम लीडरशिप या शीर्षस्थ लोगों के विश्वास के अनुरूप स्वयं को ढालने की अयोग्यता [दि सेन्टर फॉर क्रिएटिव लीडरशिप, 1994]।

- एक "अच्छे नेता" और "उत्तम नेता" में 85 से 95 प्रतिशत अन्तर का कारण भावनात्मक बुद्धिमत्ता के कारण होता है [गोलमैन, 1998]।
- भावावेगी लड़के किशोरावस्था में समान तीन से 6 गुणा ज्यादा हिंसात्मक होते हैं, जबकि भावावेगी लड़कियां किशोरावस्था में ही तीन गुना ज्यादा गर्भवती हो सकती हैं [ब्लॉक, 1995]।
- आशावादिता एक ऐसी दक्षता है, जो सिखाई जा सकती है। आशावादी ज्यादा प्रेरक हो सकते हैं तथा ज्यादा सफल भी रहते हैं। उनकी ज्यादा उपलब्धियाँ होती हैं तथा उनका शारीरिक एवं मानसिक स्वास्थ्य ज्यादा अच्छा रहता है [सेलिगमैन, 1995]।
- जो लगातार दुःखी और अवसादग्रस्त रहते हैं, वे दो गुना ज्यादा किसी क्षयकारी बीमारी का शिकार हो सकते हैं [मैकईवन, स्टिलर 1993, रॉबर्टसन एण्ड रिट्ज, 1990]।
- जो लोग दूसरों की भावना बहुत बारीकी से ग्रहण कर सकते हैं, वे परिवर्तनों को बेहतर संभालते हैं तथा ज्यादा मजबूत सामाजिक नेटवर्क बनाने में कामयाब रहते हैं।
- अपनी हताशाओं, भावनाओं को जो बच्चे योग्यतापूर्वक संभाल लेते हैं तथा लोगों से ज्यादा अच्छी तरह निर्वाह कर लेते हैं, उनकी सफलता का सूचक आई.क्यू. से ज्यादा उनका ऐसा स्वभाव होता है।
- भावनाएं एवं तर्क-बुद्धि एक-दूसरे में गुंथे होते हैं और किसी समस्या को सुलझाने में दोनों ही बहुत जरूरी हैं [डेमिसिओ, 1997]।
- किसी की व्यावसायिकता सफलता और प्रतिष्ठा प्राप्ति के निर्धारण में सामाजिक और भावनात्मक योग्यताएं आई.क्यू. की तुलना में चार गुणा ज्यादा महत्त्वपूर्ण होती हैं।

स्कूल में फायदे

- ई.क्यू. प्रशिक्षण के बाद प्रिंसीपलों तक जाने वाली अनुशासन संबंधी समस्याएं 95 प्रतिशत तक घट गईं [जोन्सन एण्ड जोन्सन, 1994]।
- सामाजिक और भावनात्मक दक्षताएँ ज्यादा ऊँची उपलब्धियां प्रदान करती हैं [आर्नेस्टीन, 1986, लैकॉफ, 1980]।
- "काम करते समय" के व्यवहारों में सुधरी हुई भावनात्मक दक्षता से वृद्धि होती है [रोज़ेनफील्ड, 1991]।

- बढ़ी हुई सामाजिक एवं भावनात्मक दक्षताएं अनुशासन की समस्याएं घटा देती हैं [डोयल, 1986]।
- भावनाओं के संदर्भ में 'सूचना' मानव स्मृति की मूल इकाई होती है। इसका अर्थ है "क्या किसी ने सीखा" उतना ही महत्त्वपूर्ण है जितना 'कैसे किसी ने सीखा' [मॉरिस एलियास 1999]।
- भावनाओं से मस्तिष्क ज्यादा सक्रिय एवं रासायनिक रूप से ज्यादा गतिशील हो जाता है जिससे चीजों को याद करने की प्रक्रिया बेहतर हो जाती है [काहिल एट अल, 1994]।
- तीस सामाजिक एवं भावनात्मक पाठों के पश्चात् वैमनस्य का भाव घटा और समाजोन्मुख व्यवहार विकसित हुआ। [ग्रॉसमैन, 'सैकण्ड स्टेप']।
- ई.क्यू. प्रशिक्षण केन्द्रोन्मुखता, ज्ञान-पिपासा, सहयोग का भाव क्लासरूम में आपसी सम्बन्ध को सुधारकर ऋणात्मक हिंसापूर्ण एवं 'दक्षदो' सदृश भावों को घटाता है [एनाबेल जेनसन, सेल्फ-साइंस पायलट स्टडी, 2001]।
- मस्तिष्क के लिए भावनाएं ज्यादा जरूरी एवं शक्ति प्रदायक होती हैं बजाय उच्च स्तरीय वैचारिक क्षमताओं के [एरीक जेन्सन, ब्रेन बेस्ड लर्निंग]।
- जिन लोगों में शरीर-भाषा पढ़ पाने की क्षमताएँ कम होती हैं, वे प्रायः अकादमिक रूप से सफल नहीं हो पाते [काट्ज एण्ड हूवर 1997]।
- जिन बच्चों की सामाजिक क्षमताएं बढ़ी-चढ़ी होती हैं, वे अकादमिक रूप से उन 'उस्तादों' से अच्छा प्रदर्शन दिखाते हैं जिनमें इनका अभाव होता है [ग्रॉसमैन इत्यादि, 1997]।
- वे विद्यार्थी जो सदा चिंतित और अवसादग्रस्त रहते हैं, नीचे स्तर के अंक/उपलब्धि प्राप्त कर पाते हैं और कभी-कभी तो अपनी उसी कक्षा में दुबारा आते हैं [कोविक्स एण्ड बाट्रेन्स, 1999]।
- भावनात्मक रूप से संतुष्ट बच्चे लिखित/मौखिक वर्णन ज्यादा सही रूप में करते हैं। उनके विवरण सटीक एवं समीचीन होते हैं [लिवाग एण्ड स्टीन 1995, फ्रे द्वारा 1999 में उद्धृत]।
- ऐन्द्रिक विकास के लिए भावनाएं बहुत निर्णायक भूमिका निभाती हैं क्योंकि वे सूचना के संग्रहण और पुनर्प्राप्ति में बड़ी सहूलियत प्रदान करती हैं [रोज़ेनफील्ड, 1988]।
- दबाव और धमकी मस्तिष्क को अवसादित कर देते हैं क्योंकि इससे न्यूरोन विकास के कम मौके मिलते हैं तथा ज्ञान-अर्जन में संकोच उत्पन्न हो जाता है [ऑर्नस्टीन एण्ड सोबेल, 1987]।

- निम्नस्तरीय तदनुभूति का सीधा प्रतिफल स्कूल में निम्न स्तरीय उपलब्धि होती है [नोविकी एण्ड ड्यूक 1992, फ्रे द्वारा उद्धृत]।
- वे बच्चे जो झटकों का प्रत्युत्तर आशा एवं लगन, न कि गुस्सा और आशाहीनता से देते हैं, उच्च स्तर की सामाजिक एवं अकादमिक सफलता प्राप्त करते हैं [ड्वेक, 1999]।
- जो विद्यार्थी अपने शिक्षक की मदद एवं ख्याल पर भरोसा रखते हैं, अपना काम ज्यादा मनोयोग से करते हैं [स्किनर एण्ड बेलमोन्ट, 1933]; वे अपने काम की ज्यादा कद्र करते हैं और अकादमिक क्षेत्र में ऊँचे लक्ष्य प्राप्त करते हैं [गुडनॉव 1993, फ्रे द्वारा 1999 में उद्धृत]।
- वे बच्चे जो इन्द्रिय-तुष्टीकरण में विलम्ब करने में सक्षम होते हैं, ज्यादा लोकप्रिय होते हैं, अच्छे अंक प्राप्त करते हैं तथा 'एस.ए.टी. टेस्ट' में 210 से ज्यादा अंक अर्जित करते हैं [शोदा, मिशैल एण्ड पीके, 1990]।
- 'टेस्ट ऑफ होप' के परिणाम आगे संभावित कॉलेज श्रेणियों के बारे में भविष्य कथन करने में 'एस.ए.टी.' से ज्यादा सही बैठते हैं [स्नाइडर, 1991]; यही सत्य 'ऑप्टिमिज्म (आशावादिता) के टेस्ट' पर भी लागू होता है।
- अपनी हताशाओं को कम करने, व्यावहारिक समस्याओं को दूर रखने तथा ज्ञान-अर्जन की प्रक्रिया को त्वरित करने में शिक्षक विद्यार्थी की सूचना प्राप्ति की क्षमता को बढ़ाने में काफी मदद कर सकते हैं जिससे वे सही चुनाव कर सकें [ड्यूहर्स्ट, 1991; मेयेर, 1990]।

व्यापार में लाभ

- ग्राहकों और खरीदारों को हानि के 70 प्रतिशत कारण ई.क्यू. से सम्बन्धित होते हैं (अर्थात् वे कंपनी की ग्राहक सेवा से संतुष्ट नहीं होते) [फोरम कॉर्पोरेशन ऑन मैनुफैक्चरिंग एण्ड सर्विस कंपनीज, 1989-95]।
- व्यापार में 50 प्रतिशत समय आपसी विश्वास के अभाव के कारण बर्बाद होता है [जॉन ओ वाइटने, डायरेक्टर, डेमिंग सेन्टर फॉर क्वालिटी मैनेजमेंट]।
- एक वर्ष में, दि यू.एस. एयरफोर्स ने 10,000 डॉलर से कम का निवेश किया भावनात्मक सामर्थ्य परीक्षण में और नई भर्ती में 2,760,000 डॉलर बचाए ['हाऊ डू यू फील' 'फास्ट कंपनी', जून, 2000]।
- एक मल्टीनेशनल कन्सल्टिंग फर्म में जिन भागीदारों ने उच्च भावनात्मक बुद्धिमत्ता (ई.क्यू.) दिखाई, उन्होंने 139 प्रतिशत ज्यादा कमाई उन भागीदारों की तुलना में की जिनका ई.क्यू. निम्न था [बोयाटिजीस, 1999]।

- अमेरिकन एक्सप्रेस ने अपने फाइनेंशियल एडवाइजर्स की भावनात्मक सामर्थ्य का परीक्षण किया, एडवाइजरों को प्रशिक्षित कर व्यापार 16.2 प्रतिशत से 18.1 प्रतिशत बढ़ाया तथा भाग लेने वालों में 90 प्रतिशत से अधिक ने अपनी बिक्री में बहुत सुधार किया [हाऊ डू यू फील', फास्ट कंपनी, जून, 2000]
- एक मैनुफैक्चरिंग प्लांट में कार्यरत सुपरवाइजरों को जब भावनात्मक दक्षताओं को बढ़ाने की ट्रेनिंग दी गई तो दुर्घटनाओं के कारण समय की बर्बादी में 50 प्रतिशत की कमी आई। औपचारिक शिकायतों की अवधि 15 प्रति वर्ष से घटकर 3 प्रति वर्ष रह गई और उस प्लांट ने अपने उत्पादकता लक्ष्य ढाई लाख डॉलर से ज्यादा की कीमत के प्राप्त किए।
- बिक्री के क्लर्क औसत कार्मिक की तुलना में शीर्ष स्तर पर 12 गुना ज्यादा उत्पादक पाए गए बजाय निम्न स्तर पर काम करने वाले क्लर्कों से। इनमें से एक तिहाई अन्तर तकनीकी योग्यता और संज्ञानिक योग्यता में कमी के कारण था और दो तिहाई भावनात्मक सामर्थ्य के कारण [गोलमैन, 1998]।
- यू.सी.एल.ए. शोध अध्ययन से ज्ञात होता है कि नेतृत्व की सफलता में मात्र 7 प्रतिशत बुद्धिमत्ता का योगदान होता है तथा 93 प्रतिशत सफलता का कारण विश्वास, निष्ठा, प्राथमिकता, ईमानदारी, सृजनात्मकता, उपस्थिति और लगन होती है [कूपर और सवाफ 1996 द्वारा उद्धृत]।
- एल ओरियल के बिक्री एजेन्ट जब कुछ भावनात्मक क्षमताओं के आधार पर चुने गए तो उन्होंने अपने अन्य इन बिक्री सहयोगियों को बहुत पीछे छोड़ दिया, जो कंपनी के पुराने नियम और तरीकों द्वारा चुने गए थे। दोनों के आँकड़ों में 91,370 डॉलर का फर्क रहा तथा कुल बिक्री 2,558,360 डॉलर की बढ़ी। जो भावनात्मक क्षमताओं के आधार पर चुने गए थे, उनका प्रथम वर्ष में टर्न ओवर 63 प्रतिशत कम रहा [स्पेन्सर एण्ड स्पेन्सर; स्पेन्सर, मैक्लेलैण्ड एण्ड केलनर, 1977, चर्निस 2000 में उद्धृत]।
- यू.एस. नेवी के सर्वाधिक प्रभावशाली नेतागण, बहिर्मुखी, भावनात्मक अभिव्यक्ति में निष्णात्, थोड़ा नाटकीय अंदाज वाले और बेहद मिलनसार व्यक्ति थे [बाखमैन, 1988, चर्निस 2000 में उद्धृत]।

वे कार्यकर्ता जो भारी काम के दबाव और दीन-हीन समय प्रबन्धन क्षमता से काम करते हैं, अपना काम दोगुना छोड़ जाते हैं; जिनकी आत्म-प्रबंधन क्षमता बढ़ी-चढ़ी होती है, वे अपने काम का दबाव कहीं बेहतर ढंग से संभाल सकते हैं [एक्सी सिस्टम्स, 1997]।

6

प्रशिक्षण एवं विकास हेतु मार्ग-निर्देश

> *"हर व्यक्ति की चाह होती है कि उसे महत्त्वपूर्ण, उपयोगी, सफल, गर्वीला, आदरणीय समझा जाए; न कि महत्त्वहीन, बदलने योग्य, बेनाम का, बर्बाद, अनुपयोगी, त्याज्य तथा धनादृत!"* **एन.के. चड्ढा**

संस्थानों में ई.क्यू. विकसित करने के लिए "दि वर्क साइकोलोजी एण्ड ह्यूमन रिसोर्सेज फोरम" (डब्ल्यू.पी.एच.आर.एफ. या WPHRF) (2006) ने मार्ग निर्देश बनाए थे जिनका आधार था, किस प्रकार भावनात्मक ज्ञान हासिल किया जाए। इसमें शामिल है प्रशिक्षण विधियों को परिभाषित करना और सीखने के क्रम को स्पष्ट करना। व्यापार क्षेत्र के कई लीडरों का अब यह मानना है कि व्यक्तिगत गुणों यथा लगन, आत्म-नियंत्रण, दूसरों के साथ निर्वाह करने की क्षमता का व्यक्ति की सफलता में बहुत हाथ होता है। ये व्यापार क्षेत्र के लीडर वे हैं जिन्हें महा सेल्समैन भी कहा जा सकता है क्योंकि इनमें ग्राहकों के भाव ताड़ लेने की एक अलौकिक क्षमता होती है। वे कई उदाहरण बताते हैं कि कैसे उनके सेल्समैन क्रोधित एवं बिफरे हुए ग्राहक को शान्त कर लेते हैं। ऐसे एक्जीक्यूटिवों का भी हाल बताते हैं जिनमें लोगों के साथ निर्वाह करने की अद्‌भुत क्षमता होती है।

> *ई. क्यू. सलाहकार प्रभावशाली ई. क्यू. प्रशिक्षण के द्वारा नौकरी देने वालों तथा कार्मिकों की भावनात्मक बुद्धिमत्ता बढ़ा सकते हैं।*

ई.क्यू. प्रशिक्षण द्वारा कार्यकर्ताओं के भावनात्मक बुद्धिमत्ता स्तर बढ़ाने में ई. क्यू. परामर्शदाता काफी योगदान कर सकते हैं।

लेकिन वे कार्मिक क्या करे जिनके पास इन महत्त्वपूर्ण भावनात्मक क्षमताओं का अभाव है? क्या उनका ये अभाव दूर हो सकता है? व्यापार जगत के कई नेता इसे संभव तो मानते हैं, पर उनके पास कोई स्पष्ट रूप रेखा नहीं है। उदाहरण के लिए दिल्ली के एक बड़े स्कूल के डीन से पूछा गया कि वे अपने एम.बी.ए. छात्रों की भावनात्मक परिपक्वता या बुद्धिमत्ता बढ़ाने के लिए क्या करते हैं तो उनका उत्तर था, "यहाँ जब तक वे छात्र आते हैं, तब तक वे वयस्क हो चुके होते हैं। यह गुण तो शुरुआत में ही विकसित किए जा सकते हैं।"

इसके विपरीत, कई अन्य भी हैं जो यह दावा करते हैं कि वे कर्मचारियों की भावनात्मक बुद्धिमत्ता बढ़ा सकते हैं, बशर्ते कि उन कर्मचारियों को प्रभावशाली ई. क्यू. प्रशिक्षण दिया जाए। कई ई. क्यू. सलाहकार कार्यशालाएं व सेमिनार आयोजित कर रहे हैं, जो इस प्रकार से बनाई गई हैं ताकि कर्मचारी उनमें भग ले कर भावनात्मक रूप से और सक्षम हो सकें तथा समाजिक कौशल भी प्राप्त कर सकें। भावनात्मक विद्वता तथा व्यवहार रूपांतर के शोध का विस्तृत परिमण्डल यह दर्शाता है कि किसी भी आयु के मालिकों व कार्मिकों के लिए कार्यस्थल पर भावनात्मक रूप से प्रबुद्ध होना संभव है। यह तथ्य प्रशिक्षण व विकास, संस्थानगत व्यवहार, कार्मिक प्रबंधन, मानव संसाधन प्रबंधन आदि विषयों पर हुए शोध के द्वारा प्रमाणित किया जा चुका है। उदाहरण के तौर पर, एक इंजीनियर का केस लेते हैं जो शर्मीला, अन्तर्मुखी तथा अपनी नौकरी के तकनीकी पक्षों में पूर्णतया उलझा हुआ था। परिणामस्वरूप, उसका करियर थम गया था। भावनात्मक विद्वता (इमोशनल लर्निंग) के द्वारा उसके लिए यह जानना संभव हो जाता कि वह अन्य लोगों से लगातार परामर्श लेता रहे, लोगों से नाता बनाए तथा संबंधों को प्रगाढ़ भी करे। परंतु केवल यह जानना कि उसे यह सब करना चाहिए, उसे यह सब करने के काबिल नहीं बना पाएगा। इन सब चीज़ों को करने के लिए भावनात्मक सामर्थ्य की आवश्यकता होती है।

भावनात्मक अयोग्यता प्राय: ऐसी आदतों के मन में गहराई से उकेरे जाने के कारण होती है, जो जीवन के आरम्भिक काल में सीखी जाती हैं। ये स्वचालित आदतें समान्य जीवन के बीतने के दौरान बन जाती हैं, क्योंकि अनुभव दिमाग़ को रूप देता है। जैसे-जैसे लोग विचार, स्पर्श व कार्य का आदतों का रंगपटल प्राप्त करते हैं, इनकी मदद करने वाले न्यूरल संबंध और मज़बूत होते हैं। आगे चल कर, वे तंतुओं के आवेगों के लिए प्रभावशाली रास्ते बन जाते हैं। जो संबंध प्रयोग में नहीं लाए जाते, वे कमज़ोर हो जाते हैं। अन्य संबंध, जो बार-बार प्रयोग

में लाए जाते हैं, लगातार मज़बूत होते जाते हैं। जब ये आदतें अत्यधिक रूप से (बार-बार) सीख ली जाती हैं, उनके नीचे का न्यूरल तंत्र (सर्किट) दिमाग का मुख्य विकल्प (डिफॉल्ट ऑप्शन) बन जाता है तथा यह लोगों को तुरंत व स्वतः कार्य करने के लिए बाध्य करता है। ये लोग प्रायः यह भी नहीं जान पाते कि उन्होंने इस प्रकार से (तुरंत व स्वतः) कार्य करना क्यों पसंद किया। अतः उस शर्मीले इंजीनियर के लिए, आत्मविश्वास की कमी एक ऐसी आदत है जिस पर उसे विजय पानी ही होगी। उसे इस आदत का एक अन्य आदत से प्रतिस्थापन करना होगा। वह आदत है—आत्मविश्वास।

WPHRF का कहना है कि प्रभावकारी प्रशिक्षण के द्वारा भावनात्मक विद्वता को वशीभूत किया जा सकता है। प्रशिक्षण प्रक्रिया चार कारणों में बाँटी जा सकती है। प्रथम भरण व्यक्ति के औपचारिक प्रशिक्षण के पूर्व ही आरंभ हो जाता है। यह प्रारंभिक भरण, जो प्रभावकारी सामाजिक व भावनात्मक विद्वता के लिए निर्णायक है, परिवर्तन के लिए तैयारियाँ करने की क्रियाओं पर आधारित है। यह संस्था व निजी दोनों स्तरों पर होता है। द्वितीय चरण में, प्रशिक्षण केवल परिवर्तन की प्रक्रिया पर ही संकेंद्रित होता है। इसमें ऐसी प्रक्रियाएं शामिल हैं जो लोगों को संसार को देखने के तरीके की सामाजिक व भावनात्मक मांगों को पूरा करती हैं। तीसरा चरण, जिसे स्थानांतरण व रखरखाव का चरण कह सकते हैं, इस बात पर केंद्रित है कि औपचारिक प्रशिक्षण प्राप्त करने के पश्चात् क्या होता है। अन्तिम चरण में मूल्यांकन होता है। भावनात्मक विद्वता के बारे में ज्ञान की वर्तमान स्थिति, इस प्रकार की विद्वता को प्राप्त करने हेतु कार्यक्रमों की जटिलता तथा पहले से मौजूद ऐसे ही कार्यक्रमों की अनियमितता को देख कर यह कहा जा सकता है कि मूल्यांकन सदैव प्रक्रिया का एक भाग होना चाहिए। प्रत्येक चरण गहराई में जाँचा जाएगा ताकि उसमें सम्मिलत प्रक्रियाओं के बारे में अधिक अंतदृष्टि प्राप्त की जा सके।

प्रथम चरण : बदलाव के लिए तैयार करना

इसके लिए सबसे जरूरी होता है व्यक्ति में बदलाव की इच्छा या प्रेरक शक्ति होना, खास-तौर पर उनके लिए जो अपनी आदतों को स्थायित्व प्रदान कर चुके हैं। उनके मन में यह भाव जागृत होना अपरिहार्य है कि वे अब दूसरे दृष्टिकोण से विश्व-व्यवहार को निहारना सीखें। इसके लिए निम्नलिखित मार्ग निर्देश आवश्यक हैं जिनसे उनमें इस परिवर्तन की इच्छा या तैयारी की चाह पैदा हो।

संस्थान की आवश्यकताओं का अनुमान लगाना

इसके लिए दो मूल उद्देश्य हैं: प्रथम, कई लोगों को विश्वास नहीं होता कि भावनात्मक बुद्धिमत्ता और कार्य प्रदर्शन में कोई सम्बन्ध भी है। एक विशाल वित्तीय सेवा प्रदान करने वाले संस्थान में यह शक आम था। उनके शीर्षस्थ एक्जीक्यूटिवों को कई अध्ययनों के शोध पत्र दिखाए गए, यह आश्वस्त करने को कि भावनात्मक बुद्धिमत्ता में वृद्धि से न सिर्फ काम बेहतर होता है, वरन् दबाव का आयाम भी घटता है। जीवन बीमा कंपनी के परिणाम दिखाए गए कि पहले उसके आदमी कितनी बीमा पॉलिसी बेच पाते थे और अब कितनी बेचते हैं (प्रशिक्षण के बाद)। इसलिए पहले उनमें यह विश्वास पैदा करना चाहिए क़ि भावनात्मक बुद्धिमत्ता बेहतर कार्य प्रदर्शन ला सकती है।

दूसरा कदम है उन भावनात्मक क्षमताओं की पहचान करना, जो किसी क्षेत्र में सफल होने के लिए आवश्यक है। एक एयरलाइन कंपनी का उदाहरण देखें। चूंकि ज्यादातर एयरलाइनों का यात्रा भाड़ा लगभग समान ही होता है तो प्रतिस्पर्धा भाड़े की नहीं, वरन् यात्रा के दौरान अच्छी सेवा प्रदान करने की होगी। अत: बेहतर सेवा प्रदान करना सफलता का प्रमुख उद्देश्य होगा। परिणामों से स्पष्ट हुआ कि इस क्षेत्र में जो महारथी हैं, उनमें दो प्रकार की क्षमताएं भरी पूरी हैं: आत्म-प्रबन्धन (व्यक्तित्व में लचीलापन, योग्यता एवं स्वयं को हर परिस्थिति के अनुसार ढालने की योग्यता) और आपसी व्यवहार की कुशलता (ग्राहकों से अच्छी तरह व्यवहार करना और टीम भावना के साथ सबसे हिल-मिलकर व्यवहार करना]। इसके साथ ही दो और क्षमताओं की जरूरत समझी गई - अपने बारे में पूरी जागरूकता। (अर्थात् कैसी छवि आप प्रदर्शित कर रहे हैं) और तदनुभूति का सही विकास (जिससे आप दूसरे की जरूरत या भावना को महसूस कर सकें)। इन चार क्षमताओं का सम्यक विकास ही परामर्शदाताओं के अनुसार लाया गया और उस एयरलाइन का प्रदर्शन बेहतर होने लगा।

अपनी ताकत और सीमाओं का सही आकलन

ज्यादातर लोग सामाजिक और भावना के क्षेत्र में अपनी कमजोरियों या सीमाओं से वाकिफ नहीं होते। उनकी समझ में ही नहीं आता कि किसी कार्य दल का नेतृत्व करने की क्षमता उनके पास है भी या नहीं। यह अज्ञात कई और भावनात्मक जटिलताओं को जन्म दे देता है-चाहे अपने मालिकों से व्यवहार करना हो या सहयोगी या मातहतों से या ग्राहकों से। अपनी ताकत और कमजोरियों से वाकिफ होना जरूरी है।

दूसरी बात, इन क्षमताओं (या अक्षमताओं) का सही आकलन तो सामाजिक

व्यवहार में ही होता है। इसके लिए सबसे अच्छा तरीका है विशेषज्ञों का उनके साथ रहना और उनके व्यवहार की रेटिंग करना। कई लोगों से इस बारे में प्रतिक्रिया ग्रहण करनी चाहिए क्योंकि किसी मैनेजर के बारे में मातहतों-सहयोगियों की प्रतिक्रिया में अंतर होगा बजाय शीर्षस्थ प्रबन्धन समूह के।

फीडबैक (प्रतिक्रिया) पूरी सावधानी से देना

बदलाव के लिए प्रेरणा प्राप्त करने के लिए कार्मिकों को फीडबैक देना आवश्यक है। इसमें अड़चनें अपने आत्मसम्मान के भाव के कारण पैदा होती है। यदि प्रत्युत्तर सही ढंग से न दिया गया तो कार्मिक प्राय: बचाव की मुद्रा में आते हैं और इस प्रतियुत्तर को अपनी शिकायत का रूप समझने लगते हैं।

यदि उन्हें पूरी निष्ठा, विश्वास एवं आदर के साथ यह फीडबैक दिया जाएगा तो उनकी समझ में भी आएगा कि उन्हें बदलाव की जरूरत है। भावनात्मक विकास के क्षेत्र में इस तरह का प्रत्युत्तर पूरे विश्वास और आत्मीयता के साथ दिया जाना चाहिए।

सीखने वाले के सामने वांछित चुनाव की बड़ी-से-बड़ी संख्या रखें

कार्मिकों या सीखने वालों के सामने गिने-चुने विकल्प रखने से उनका मूड बिगड़ सकता है या वे मानसिक रूप से आश्वस्त नहीं होंगे कि वे वांछित चुनाव कर पाएंगे या नहीं। इसलिए जितनी ज्यादा संख्या में से चुनाव करने की उन्हें छूट होगी, वे उतने ही सहज रहेंगे।

उनकी प्रतिभागिता को प्रोत्साहित करें

भावनात्मक समझ पैदा करना एक बड़ा नाजुक काम है। जिन कार्मिकों में आप बदलाव चाहते हैं, उन्हें बड़ी मुलायिमियत से आगे आकर स्वयं ऐसा करने के लिए प्रोत्साहित करना जरूरी है। यदि उनके ऊपर काम करने वाले उन्हें प्रोत्साहित करेंगे तथा बताएंगे कि कैसे इस 'जरा-से' बदलाव से वे अपने आपमें एक वांछित परिवर्तन ला सकते हैं, तो वह स्वयं ही इस ओर आकर्षित होंगे।

व्यक्तिगत मूल्यों के साथ सीखने वाले उद्देश्यों को जोड़ें

यदि सुपरवाइजरों को यह विश्वास दिया जाए कि जो लक्ष्य वे प्राप्त करना चाह रहे हैं, वे उनके व्यक्तिगत मूल्यों के अनुरूप ही हैं तो उनमें इन्हें करने का दूना उत्साह रहेगा। उदाहरण के लिए, एक एयरलाइन के चालकों को कॉकपिट में एक संगठित टीम के रूप में निर्देश देने के दौरान यह महसूस किया गया कि उन्हें शुरू से ही टीम भावना के साथ काम करना सिखाया जाना चाहिए। उन्हें बताया जाना चाहिए कि कैसे 'शुरुआत करें' और कैसे आपसी टकरावों से रचनात्मक रूप से निबटें।

अपेक्षाओं के साथ सामंजस्य बिठाना

हर व्यक्ति कोई भी काम एक निश्चित अपेक्षा के साथ करता है। कार्मिकों में यह विश्वास भरना चाहिए कि उनकी भावनात्मक क्षमता में वृद्धि के बेहतर परिणाम न सिर्फ संस्थान को मिलेंगे, वरन् स्वयं भी उन्हें फायदे मिलेंगे। उनकी अपेक्षाओं के साथ अपनी (संस्थान की) अपेक्षाओं में संगति बिठाना एक जरूरी कदम है। इसमें सिर्फ पादार्थिक लाभ का प्रश्न नहीं, वरन् आत्मसम्मान, व्यक्तिगत प्रतिष्ठा और कार्यसंतोष के तत्त्व भी निहित रहते हैं।

बदलाव के प्रति तत्परता को पहचानना

व्यवहार परिवर्तनों पर विभिन्न शोधों से यह स्पष्ट है कि व्यवहार में वास्तविक बदलाव आने से पूर्व व्यक्ति का व्यवहार बदलाव हेतु स्थितियों से गुजरता है। पहली स्थिति यही है कि बदलाव की कोई आवश्यकता ही नहीं। दूसरी स्थिति में वे स्वीकार करने लगते हैं कि बदलाव वांछित तो है, पर यह समझ में नहीं आता कि कैसे ऐसा करें। तीसरी स्थिति में वे समस्या को पहचानने लगते हैं जिसके कारण उनमें बदलाव आना चाहिए परन्तु इस बारे में कोई स्पष्ट या ठोस योजना नहीं होती। यह तो चौथी स्थिति में उनकी समझ में आता है कि बदलाव भी चाहिए, किस समस्या के कारण और इसके लिए उनके पास एक स्पष्ट योजना भी है। तभी वे उसके प्रति अपने कदम उठाते हैं। तत्परता की ये चार स्थितियां धीरे-धीरे बदलाव के प्रति तीव्रता पैदा करती जाती हैं। यह एक क्रमबद्ध काम होता है और एकदम नहीं किया जा सकता।

द्वितीय चरणः प्रशिक्षण

मन में इच्छा पैदा होना या मोटीवेशन इस चरण में भी अपरिहार्य है। भावनात्मक ज्ञान प्राप्ति के क्षेत्र में मालिकों (एम्प्लोयर्स) को लगातार दृष्टि रखनी पड़ेगी और जब भी अंत:प्रेरणा में कमी दिखाई पड़े तो उसे लगातार भड़काना पड़ेगा। इस दौरान दूसरा सबसे महत्त्वूपर्ण पहलू है प्रशिक्षक और प्रशिक्षणार्थी के मध्य एक निश्छल सम्बन्ध रहना।

प्रशिक्षक और प्रशिक्षार्थी के मध्य लगातार सकारात्मक सम्बन्ध का पोषण

यह बहुत आवश्यक है। उदाहरणार्थ, भावात्मक ज्ञान प्राप्ति प्रोग्राम में यदि प्रशिक्षक प्रशिक्षार्थी को अपनी बात पूरे जोर से कहने की प्रेरणा दे रहा है, तो प्रोग्राम खत्म होते-होते प्रशिक्षक प्रशिक्षार्थी को ऐसा ही करते हुए अगर नहीं देखता तो इसका अर्थ हुआ उन दोनों के मध्य कोई सकारात्मक सम्बन्ध विकसित नहीं हो पाया। जो प्रशिक्षक स्वयं तदनुभूति स्थापित नहीं कर पाते,

उनका सम्बन्ध अपने प्रशिक्षार्थी से सकारात्मक नहीं हो पाता, बल्कि यदि प्रशिक्षक अपनी बात थोपने का प्रयास करते हैं तो प्रतिभागी ज्यादा प्रतिरोधात्मक हो जाता है।

स्व-नियंत्रित परिवर्तन का अधिकतम विस्तार

प्रशिक्षार्थी के पास विकल्प जरूर रहना चाहिए, परिवर्तन करने के लिए। उदाहरणार्थ, मान लीजिए दबाव-प्रबन्धन के प्रशिक्षण में प्रतिभागियों को सिखाया जाता है कि वह कैसे ऐसी स्थिति में थोड़ा सुकून ढूँढने के रास्ते तलाश करें। सारे विकल्प सोचें, फिर उसे अपनाएं, जो स्वयं के लिए सबसे ज्यादा अच्छा लगे। यदि ऐसा नहीं होता तो समय प्रबन्धन में अपनी दक्षता से कोई वांछित परिवर्तन लाया जाए। इस सिद्धान्त के पीछे यही सबक है कि चूँकि दबाव प्रबन्धन का कोई एक तरीका नहीं हो सकता, वही ढूँढा जाए जो प्रशिक्षार्थी को सबसे सहूलियत वाला प्रतीत हो।

स्पष्ट लक्ष्य निर्धारण

किसी भी सामाजिक या भावनात्मक शिक्षा प्राप्ति में जब तक स्पष्ट लक्ष्य नहीं होगा, प्रेरणा का अभाव रहेगा। मान लीजिए, आपको यह पाठ सिखाना है, 'अपने मातहतों को भली प्रकार से सुनो।' इसको अगर यूँ कहा जाए, 'हर दिन कम-से-कम तीन बार, तीन हफ्तों तक सक्रिय रूप से आप लोगों की बातें सुनेंगे।' तो इसका ज्यादा अच्छा प्रभाव पड़ेगा। जो निष्णात प्रशिक्षक हैं, वे अपने प्रशिक्षार्थी की मदद करते हैं कि वे कैसे अपने लिए चुनौतीपूर्ण लक्ष्य रखे बिना उन्हें यह आभास दें कि इन लक्ष्यों के लिए उनकी अपनी प्रतिबद्धता में कोई कमी आई है।

लक्ष्यों को आसान चरणों में विभाजित कर प्राप्त करना

कुछ कर्मियों को भावनात्मक सामर्थ्य में सुधार लाना बड़ा मुश्किल लगता है। उन्हें यदि पहले ही लक्ष्य पर जाने को कहा जाएगा तो हताशा होगी। प्रशिक्षक को चाहिए कि इस पूरी प्रक्रिया को आसान चरणों में विभाजित कर दे। यदि किसी के आत्मविश्वास या व्यक्तिगत क्षमता में विश्वास को बढ़ावा देना है तो पहले उसे उन क्षेत्रों को ढूँढना पड़ेगा जिनसे उसको आत्मविश्वास मिलता है। मान लीजिए, कोई बोलने में माहिर है, तो उसे अपनी भाषा में सुधार लाकर सुनने वाले पर प्रभाव डालने की तरकीब अपनानी चाहिए। किसी भी लक्ष्य को सुविधाजनक भागों में बाँटकर प्रयत्न करना जीवन का एक आम सिद्धान्त है। पहले अपनी तैयारी देखें, फिर देखें कि उस तैयारी से आप क्या प्राप्त कर सकते हैं और तब प्रयत्न चालू करें। परीक्षा में भी हम यही करते हैं। पहले आसान प्रश्नों का उत्तर दिया, फिर मुश्किल प्रश्नों से जूझे। एक उदाहरण एक एम.बी.ए.

विद्यार्थी का देखें। उसे लोगों से बात करने में झिझक आती थी। बिना उत्तर दिए उसे पार्ट टाइम जॉब नहीं मिलने वाली थी। उसे बताया गया कि वह अपने रिज्यूमे को अद्यतन करे। यह आसान था, इसमें बाहर वाले को कुछ नहीं करना था। बाद में अपने वे आँकड़े या उपलब्धियों के बारे में जानकारी ली गई जिनसे वह प्रभावित कर सकता था और अन्त में उससे कहा गया कि अपनी अर्हताएं के समकक्ष कोई जॉब तलाश करे। उद्देश्य तो नौकरी (पार्ट टाइम प्राप्त करना था), पर इससे पहले उसका आत्मविश्वास जागृत किया गया। इस तरह मूल लक्ष्य की प्राप्ति हेतु पूरे क्रम को कुछ आसान चरणों में बाँट दिया गया।

अभ्यास के मौकों की संभावना को अधिकतम विस्तृत करना

ज्ञान प्राप्ति या सीखने के साथ ही अभ्यास करना मनोविज्ञान का पहला पाठ है, खास तौर पर प्रबन्धन के क्षेत्र में। ज्ञान प्राप्ति के बाद तुरन्त अभ्यास करना न सिर्फ ज्ञान को दृढ़तर बनाता है, वरन् ज्ञान की बारीकियों को भी सामने खोलकर रख देता है।

अभ्यास से प्राप्त प्रतिक्रिया (फीडबैक) को तुरन्त देना

किसी भी भावनात्मक क्रियाकलाप में फीडबैक एक अपरिहार्य तत्त्व है। आपने बढ़िया बोला तभी पुष्टि प्राप्त करता है, जब सुनने वाला भी ऐसा ही कहता है। ऐसे फीडबैक तुरन्त, लगातार और बार-बार दिए जाने चाहिए।

प्रायोगिक तरीकों पर ज्यादा विश्वास करना

ग्रुप डिस्कशन या सामूहिक बहस इत्यादि वे तरीके हैं जिनके द्वारा सीखे हुए पाठ को प्रयोग द्वारा पुष्ट किया जा सकता है। आपका ज्ञान सिर्फ किताबी नहीं होना चाहिए, उसका व्यावहारिक उपयोग भी आवश्यक है। व्यावहारिक उपयोग तो व्यक्तियों से अन्तर्क्रिया में ही प्रकट होता है। जो प्रोग्राम (प्रशिक्षण) व्यावहारिकता एवं प्रयोग-योग्यता पर आधारित होते हैं, वे प्रशिक्षणार्थियों में जल्दी सुधार करते हैं।

अपना समर्थन जुटाना

यदि कई लोग मिलकर एक ही परिवर्तन की हामी भरे तो वह परिवर्तन निश्चय ही ज्यादा आवश्यक लगने लगता है। कोच, गुरु या व्यक्ति जो उसी परितर्वन की चाह से गुजर रहे हैं, आगे बढ़कर उसका समर्थन करेंगे, जो प्रशिक्षणार्थी को उसकी अपरिहार्यता के प्रति आश्वस्त कर देगा।

मॉडलों का प्रयोग

अमूर्त भाव जल्दी मन में नहीं उतरता। इसीलिए निर्गुण के ऊपर सगुण को मान्यता भारतीय दर्शन में प्राप्त है। यदि कोई रोल मॉडल (जीता जागता व्यक्ति)

ऐसा है, जो वही सब करके सफल हो रहा है। आप सीखना चाहते हैं तो निश्चय ही उसका हवाला आपकी प्रेरणा को तीव्रतर कर देगा और आप उस वांछित परिवर्तन को पाने के लिए मनसा, वाचा, कर्मणा तत्पर हो उठेंगे।

अपनी अन्तर्दृष्टि को पैनी करना

यह दृष्टि का पैनापन न सिर्फ आपकी बाह्य ग्रहण क्षमता बढ़ाती है, वरन् आपकी स्थिति और प्राकट्य, कारण और प्रभाव की कड़ियों के भी दर्शन करा देती है। एक उदाहरण देखें– एक प्रोग्राम में मैनेजरों को यह सिखाया जाता था कि किन-किन बातों से उनके मालिकगण क्षुब्ध होते हैं जिससे वे अपनी सीमाएं तय कर सकें। प्रशिक्षक ने पाठ शुरू किया। एक लोकप्रिय मजाकिया फिल्म का एक भाग दिखाकर जिसमें एक चरित्र दूसरे को उसकी जगह पर स्वयं उपस्थित होकर उसे क्षुब्ध करता रहता था। धीरे-धीरे उस फिल्म का प्रभाव ये हुआ कि उन प्रशिक्षणार्थियों ने उन पात्रों की जगह स्वयं को और मालिकों को रखना शुरू कर दिया। इससे उनकी समझ में आने लगा कि उनकी सीमाएं कहाँ तक हैं। इस प्रकार मालिक व मैनेजरों के सम्बन्धों में सुधार आने लगा।

दुबारा वैसा ही "न होने देना"

भावनात्मक परिवर्तन व्यक्तित्व में स्थायी रूप से ही आना चाहिए। यदि कुछ दिन के बाद 'कुत्ते की पूँछ' फिर टेढ़ी हो गई तो इतनी मेहनत और ट्रेनिंग का क्या लाभ? प्रशिक्षार्थियों को बताया जाना चाहिए कि इस परिवर्तन में झटके तो आएंगे और आप पुनः फिसलकर अपनी पुरातन भाव भूमि में पहुँच जाएंगे, परन्तु आपको इस स्थिति को रोकने का तरीका आना चाहिए।

एक उदाहरण में जब ऐसा ही एक प्रशिक्षण प्रोग्राम चालू था, तब प्रशिक्षक ने प्रशिक्षार्थियों से पूछा कि मान लीजिए सारी सावधानियाँ आपने बरतीं और 'फीडबैक' प्राप्त किया मगर फिर भी यदि आप किसी क्रोधित ग्राहक की प्रतिक्रिया प्राप्त करते हो तो आप क्या करेंगे? प्रशिक्षक ने सभी से कहा कि आप इस स्थिति से उबरने के जो भी कदम उठाना चाहते हैं, उन्हें एक कागज पर लिख दें। उन लोगों ने अपने-अपने विचार लिखे और आपस में अपने कदमों का सामूहिक अध्ययन कर इस स्थिति से निकलने का प्लान बनाया। यही तरीका है ऐसी स्थितियों से उबरने का यानी जब कोई परेशानी आए तो मिल-बैठकर अपनी रणनीतियाँ तय करें और स्थिति से उबरें। मूल अर्थ है कि ऐसी परेशानियां या झटके तो आएंगे, पर उनसे बजाय निराश या हताश होकर बैठने के मिलकर उसको दूर करने का प्रयत्न करना चाहिए।

इस प्रशिक्षण में तीन बातों पर विशेष ध्यान रखना चाहिए–

(i) प्रशिक्षण का लक्ष्य भावनात्मक सामर्थ्य बढ़ाने पर तो होना चाहिए, परन्तु उस आवश्यकता पर केन्द्रित रहना चाहिए जो सम्बद्ध काम या भूमिका के लिए अत्यावश्यक है।

(ii) यदि प्रशिक्षणार्थी आंतरिक इच्छा से प्रेरित नहीं हैं तो ऐसे प्रशिक्षणों का कोई लाभ नहीं हो सकता। अतः उनमें प्रेरणा का बल अन्दर से पैदा होना चाहिए। इसके लिए उन्हें बताना चाहिए कि संस्थान और कार्यकर्ता दोनों को जरूरी भावनात्मक सामर्थ्य प्राप्त करने से क्या-क्या लाभ होंगे तथा इनमें यदि कोई फिसलन आती है तो उससे कैसे निबटें।

(iii) उन्हें यह भी पूर्ण रूप से बताना चाहिए कि स्थायी बदलाव लगातार अभ्यास की मांग करता है। ये अभ्यास वे अपने काम पर या अन्य क्षेत्रों में भी करते रहेंगे तो न सिर्फ उनका मन वैसा ही बनेगा, वरन् सफलता भी शीघ्र हासिल होती रहेगी। व्यक्तिगत रूप से प्रशिक्षणार्थी न सिर्फ बेहतर नौकरी पा सकते हैं, वरन् पदोन्नति तथा अपने बॉसों से वार्षिक आकलन रिपोर्ट भी अच्छी प्राप्त करते रहेंगे।

तीसरा चरणः वृत्ति में बदलाव (स्थानान्तरण) एवं उसे कायम रखना

यह एक जरूरी कदम है। यदि आप अपनी वृत्ति में बदलाव महसूस करते हैं तो उसे कायम रखना भी उतना ही जरूरी है यानी जिस मुकाम को प्राप्त किया है, उस पर डटे रहो। इसके लिए दो आवश्यक सावधानियां हैं जो निम्नलिखित हैं:

(i) जब वांछित सामर्थ्य प्राप्त हो जाए तो उसे अपने काम पर लागू करने के लिए लगातार प्रोत्साहन मिलना चाहिए। यह काम सुपरवाइजरों, मातहतों, वरिष्ठों का होना चाहिए कि सम्बद्ध व्यक्ति को अपनी नई प्राप्ति की क्षमता के प्रति विमुख नहीं होने देना चाहिए। उसे लगातार याद दिलाते रहना चाहिए जिस प्रकार रामायण में जाम्बवन्त ने हनुमान को उनकी उड़न क्षमता के प्रति लगातार सचेत किया था। यदि कोई भी मार्ग से भटक रहा हो तो बिना पद-प्रतिष्ठा की परवाह किए, उसे पुनः सही मार्ग पर लाना संस्थान के हर छोटे-बड़े कार्यकर्ता का कर्त्तव्य है। इसमें सुपरवाइज़रों का योगदान काफी लाभकारी सिद्ध होता है। यदि सामूहिक मेहनत से प्राप्त की गई पूंजी की सुरक्षा नहीं होगी तो सारा प्रयास बेकार ही हो जाएगा। इसमें सामूहिक सहयोग बहुत जरूरी है। जैसा कि कहावत है, किसी श्रृंखला की ताकत उसकी सबसे कमजोर कड़ी की ताकत से नापी जाती है। इसीलिए सभी का सहयोग वांछित है।

(ii) ऐसी संस्थागत संस्कृति विकसित करें, जो इस प्रकार के प्रशिक्षणों को स्वतः प्रोत्साहन देती रहे। एक कहावत है: "अकेला चना भाड़ नहीं फोड़ सकता।" यही सिद्धान्त यहाँ भी लागू होता है। बदले हुए व्यवहार को जारी रखना, वापस अपने पुराने ढाँचे में न सरक जाने देना तथा उसे कायम रखना और प्राप्त पूंजी को न गंवाने देना तो आवश्यक है ही, परन्तु यदि पूरे संस्थान में ऐसा माहौल ही बनता रहे कि लोग आगे आकर अपनी भावनात्मक सामर्थ्य को बढ़ाने या सुधारने को सक्षम रहेंगे तो यह प्रक्रिया स्वयं ही वांछित परिणाम देती रहेगी, परन्तु ऐसा माहौल कैसे बने? इसके लिए पूरे संस्थान में इस तरह की संस्कृति विकसित की जानी चाहिए, जहाँ लोगों की भावनात्मक बुद्धिमत्ता आपसी सम्बन्धों का सुधार करने लगे तो 'वापस उसी वृत्ति को अपना ले,' अपनी "पूंजी गंवा देना" जैसी आशंकाएं ही नहीं पैदा होंगी। चुनौतियाँ, सामाजिक समर्थन स्वीकार करना संस्थान में कार्यकर्ताओं की स्वाभाविक वृत्ति बनकर उभरनी चाहिए अर्थात् बीज भी बढ़िया हो, खाद भी बेहतर हो, परन्तु यदि समूचा माहौल फसल के अनुरूप न हो तो पौधा कैसे पनपेगा। सभी तत्त्वों का समावेश ही किसी संस्थान की सफलता और व्यक्ति की सफलता का द्योतक होता है। ऐसे प्रशिक्षणों के प्रभाव को समय-समय पर जांचा जाना भी जरूरी है, यह देखने के लिए कि जो चीज आप मिटाना चाह रहे हैं, कहीं अनजाने से वही चीज तो आप नहीं पैदा कर रहे। ऐसा मज़दूर यूनियनों में प्रायः होता है। प्रबंधन की सत्ताशाही मिटाने के लिए यूनियन बनती है, परन्तु धीरे-धीरे वे यूनियन स्वयं ही सत्ताशाह बनती जाती हैं। इसलिए इन पर निगाह रखी जानी चाहिए।

चतुर्थ चरण: परिवर्तन का आकलन करना

आकलन के लिए शोध अध्ययन करते रहना

पुराने शोधों ने इस कमजोरी की तरफ इशारा किया है कि जिस उद्देश्य से भावनात्मक सामर्थ्य बढ़ाने के लिए इतना प्रशिक्षण आदि दिया गया, वही उपलब्ध नहीं हो पा रहा है। भावनात्मक क्षेत्र में लक्ष्य और माध्यम में बदलाव एक आम कमजोरी है। इस संदर्भ में एक पुराना चुटकुला बड़ा कारगर सिद्ध हो सकता है, इस बात को स्पष्ट करने के लिए। कहते हैं कि एक बार प्रसिद्ध धावक मिल्खा सिंह के घर रात में चोर घुस आया। रात को दो बजे "खटर-पटर" सुनकर मिल्खा सिंह की आँख खुल गई। उन्होंने "चोर-चोर" कहकर शोर मचाया। शोर सुनकर चोर भागा-मिल्खा सिंह उसके पीछे-पीछे भागे। रात के ढाई बजे करीब चौराहे पर खड़े पुलिसवाले ने देखा कि खाली

चड्डी-बनियान में मिल्खा सिंह भागे चले जा रहे हैं। उसने उन्हें रोककर पूछा, "बादशाहो! रात के तीन बजने वाले हैं। अभी से आप रेस लगा रहे हैं-क्यों?"

"रेस कौन लगा रहा है... मैं तो चोर का पीछा कर रहा हूँ!" मिल्खा सिंह बोले।

"पर चोर कहाँ है, कहीं नजर नहीं आ रहा?" पुलिसवाले ने पुनः पूछा।

"उसको तो दो फर्लांग पीछे छोड़ दिया है!"

अर्थात् उनका मूल उद्देश्य तो था चोर को पकड़ना, परन्तु जब उसके पीछे भागना प्रारंभ किया तो मिल्खा सिंह को याद आ गया कि वे देश के सर्वश्रेष्ठ धावक हैं और चोर को उन्होंने दौड़ में पछाड़ दिया। यानी माध्यम में दिग्भ्रमित होकर माध्यम को ही लक्ष्य समझने लगना। भावनात्मक परिवर्तन प्रयत्नों में ऐसी त्रुटियाँ बहुत होने की गुंजाइश है। इसलिए परिवर्तन प्राप्ति के उद्देश्य का भी समय-समय पर आकलन जरूरी है। क्या हम अभी भी अपने उद्देश्य के प्रति ही जा रहे हैं? क्या राह के सब्जबागों ने हमारी मंजिल को तो धूमिल नहीं कर दिया है? क्या इन परिवर्तनों ने हमें वांछित परिणाम देना बंद तो नहीं कर दिया है? इन प्रश्नों से लगातार जूझते रहने की जरूरत है।

आदर्श रूप से जो भी गुण भावनात्मक सामर्थ्य विकसित करने के लिए यहाँ आवश्यक बताए गए हैं, उन सभी का सम्यक् विकास आवश्यक है, परन्तु कभी-कभी यह व्यावहारिक नहीं होता। इसके लिए काम सम्बद्ध गुणों की प्राथमिकता के आधार पर इनका विकास निश्चित किया जा सकता है।

यदि आज के माहौल में चालू भावनात्मक बुद्धिमत्ता विकसित करने के वातावरण पर जोर लगातार जारी रहेगा, तभी उनका संस्थान और व्यक्ति को लाभ मिल सकता है। नहीं तो यह भी कुछ प्रबन्धन-शास्त्र के चोंचले बनकर रह जाएगा। जब पूरी निष्ठा से इसकी महत्ता समझी जाए और प्रशिक्षण दृढ़ आधार एवं व्यावहारिक रूप में दिया जाए, तभी इसका पूरा फल मिल सकता है।

7

अपना ई.क्यू. पहचानें: ई.क्यू. टेस्ट

हर आदमी का अपना एक भावनात्मक घटक होता है, जो स्थिर नहीं रहता। जब इसका ज्ञान आपको होगा तभी आप इसे बढ़ाने की चेष्टा कर पाएंगे। इसके लिए एक ई.क्यू. टेस्ट का प्रारूप बनाया गया है, जो दिलीप सिंह (2003) के ई.क्यू. की औपचारिक परिभाषाओं पर आधारित है। इसमें भावनात्मक आयामों को नापने का तरीका बताया गया है। भावनात्मक बुद्धिमत्ता के तीन मनोवैज्ञानिक आयाम हैं–भावनात्मक संवेदनशीलता, भावनात्मक परिपक्वता और भावनात्मक सक्षमता जिनके बारे में पहले के अध्यायों में विशद चर्चा हो चुकी है। इस अध्याय में अपना ई.क्यू. नापने का तरीका बताया गया है। इस टेस्ट का पेशेवर मैनेजरों, व्यापारियों, नौकरशाहों, कलाकारों तथा स्नातक विद्यार्थियों के लिए मानकीकरण हो चुका है।

इस टेस्ट का प्रारूप डॉ. दलीप सिंह और प्रोफेसर एन.के. चड्ढा के सम्मिलित प्रयास से विकसित किया गया है। यहां दी गई 22 स्थितियों में आपका प्रत्युत्तर आपके ई.क्यू. का हवाला देता है। इनका उत्तर आपको अपने विचारों के आधार पर नहीं, वरन् अपनी भावना के आधार पर देना है अर्थात् वो नहीं जो आप सोचते हैं वरन्, वह जो आप महसूस करते हैं। इसमें पूछे गए प्रश्नों का कोई सही या गलत उत्तर नहीं होता। ईमानदारी से इनका उत्तर दीजिए और ज्यादा समय मत लगाइए। किसी प्रश्न को अनुत्तरित न छोड़ें।

आपका नाम------------ **उम्र**----------- **पेशा**----------
लिंग: पुरुष/स्त्री अर्हताएं-----------------------------------
देश----------------- **तारीख**------------------------

अब अपना ई.क्यू. टेस्ट कीजिए

1. आपको पदोन्नति नहीं मिली, जबकि आप इसके योग्य थे। यही नहीं आपसे एक कनिष्ठ कार्मिक को यह प्रदान की गई है। आप भावनात्मक रूप से विचलित हैं और हताश हैं। अब आप क्या करेंगे?

क. अपने बॉस से इस विषय में बात कर प्रबन्धन द्वारा दुबारा आपका मामला देखे जाने के लिए कहेंगे।

ख. उस सहयोगी से गाली-गलौज करेंगे, जो आपको पीछे ढकेलकर ऊपर पहुँच गया है।

ग. मुकदमा कर स्टे ऑर्डर प्राप्त करने का प्रयत्न करेंगे जिससे आपको न्याय मिले।

घ. अपनी कमियों पर पुनः निगाह डालकर अपने कार्य प्रदर्शन को बेहतर करने का प्रयास करेंगे।

2. एक ताजा पेशेवर स्नातक की आपके संस्थान में बतौर मैनेजमेंट ट्रेनी के भर्ती हुई है। कुछ हफ्ते पश्चात् वह (एक लड़की) शिकायत करती है कि उसे उसके मातहत गंभीरता से नहीं लेते? आप उसको क्या राय देंगे?

क. उससे कहेंगे कि स्थिति से वह खुद ही निबटें और इन छोटी-छोटी बातों के लिए आपको परेशान न करें।

ख. आप कहेंगे कि ऐसे व्यवहार को अनदेखा करना चाहिए।

ग. उससे कहेंगे कि बहादुरी से चुनौती का सामना करें और स्थिति से पार पाएं।

घ. उससे तदनुभूति स्थापित कर उसको रास्ता सुझाएंगे और दूसरों से कहेंगे कि उसके साथ हिल-मिलकर काम करें।

3. कार्यस्थल पर, किसी गलतफहमी के कारण, आपके सहयोगी आपसे बोलचाल बन्द कर देते हैं। आप आश्वस्त हैं कि आपकी कोई गलती नहीं है। आपकी क्या प्रतिक्रिया होगी?

क. इन्तजार करेंगे कि कब वे आपसे आकर दुबारा बातचीत शुरू करते हैं।

ख. अपनी तरफ से पहल लेकर उनके पास जाएंगे और बातचीत प्रारंभ करेंगे।

ग. स्थिति को समयानुसार स्वयं सुधारने का मौका देंगे।

घ. किसी को बीच-बचाव करने के लिए कहेंगे।

4. आपकी किसी सहयोगी से कहा-सुनी हो जाती है और आप उस पर व्यक्तिगत आक्रमण कर देते हैं। बाद में आपको महसूस होता है कि आप कतई उसकी छवि खराब नहीं करना चाहते थे। इस स्थिति से आप कैसे निबटेंगे?

क. शांति से बैठकर सोचेंगे कि क्या कारण था कि बहस बढ़ी और क्या आप उस समय अपने क्रोध पर नियंत्रण प्राप्त कर सकते थे?

ख. आगे कभी ऐसी बहस न करने की सोचकर कमरे से बाहर चले जाएंगे।

ग. अपने सहयोगी से अपने 'दुर्व्यवहार' के लिए माफी मांगेंगे?

घ. अपना तर्क जारी रखेंगे, जब तक कि कोई स्पष्ट निर्णय न निकले।

5. कल्पना कीजिए कि आप एक सेल्समैन हैं, जो बीमा पॉलिसी बेचता है। आप कई संभावित ग्राहकों के पास गए, परन्तु सभी ने आपके मुँह पर 'धड़ाम' से अपना दरवाजा बन्द कर दिया। अब आप क्या करेंगे?

क. अपने को दोष देंगे और आगे दिन-भर काम नहीं करेंगे।

ख. बतौर बीमा सेल्समैन के आप अपनी क्षमताओं का पुनः आकलन करेंगे।

ग. आगे ऐसी परिस्थितियों से पार पाने के लिए नई रणनीतियाँ बनाएंगे।

घ. उन्हीं संभावित ग्राहकों के पास फिर जाएंगे।

6. यदि कोई सीधे-सीधे आपके व्यवहार की आलोचना करता है तो आपका क्या व्यवहार होगा?

क. दरवाजा बन्द कर देंगे और उसे सुनेंगे ही नहीं।

ख. उनकी राय को सावधानी से सुनेंगे।

ग. इसके बारे में थोड़ा क्षुब्ध हो जाएंगे।

घ. अपने व्यवहार को बदलने के तरीके सोचेंगे।

7. आप एक हवाई जहाज में हैं और अचानक एयर होस्टेस ने घोषणा की कि यह प्लेन आतंकवादियों द्वारा हाईजैक कर लिया गया है। हर कोई सदमे में आ जाता है। आपकी क्या प्रतिक्रिया होगी?

क. खुद को दोष देंगे कि कैसा मनहूस दिन चुना सफर के लिए।

ख. अपनी भावुकता पर नियंत्रण लाकर पाइलट/एयर होस्टेस के निर्देशों को ध्यान से सुनेंगे।

ग. अपनी पत्रिका पढ़ते रहेंगे और इस घटना पर कोई ध्यान नहीं देंगे।

घ. चीख-पुकार मचाएंगे और आगे हवाई यात्रा न करने की कसम खाएंगे।

8. कल्पना कीजिए कि आप एक पुलिस अफसर हैं और एक संवेदनशील इलाके में तैनात हैं। आपको सूचना मिलती है कि दो धार्मिक समुदायों में हिंसक भिड़ंत हुई है जिसमें काफी जान और माल का नुकसान हुआ है। आप क्या कार्रवाई करेंगे?

क. उस जगह जाने से दूर रहेंगे क्योंकि खतरा आपके जीवन पर भी आ सकता है।

ख. चैन से बैठेंगे; आखिर ऐसा कोई पहली बार तो नहीं हुआ है।

ग. कानून के अनुसार कार्रवाई कर स्थिति को नियंत्रण में लाने का प्रयत्न करेंगे।

घ. उस जगह जाकर पीड़ितों का दुःख बाँटने का प्रयत्न करेंगे।

9. आपकी युवा होती बेटी क्या आपसे हर बात पर बहस करने लगती है। वह कहती है कि आप अपने पुराने ढर्रे और मूल्य उस पर नहीं लाद सकते। आप उससे कैसे निबटेंगे?

क. दयनीयता से उसकी बात स्वीकार कर परिवार में स्वयं को दबी स्थिति में डालकर रहना मंजूर कर लेंगे।

ख. लड़की को मनोचिकित्सक के पास भेजकर उसे अपने माहौल के साथ सामंजस्य बैठाना सिखवाएंगे।

ग. अपनी भावनाओं पर नियंत्रण कर उसे धीरज से अपना दृष्टिकोण समझाएंगे।

घ. उससे बात कर उसकी भावनाएं, व्यवहार और तरीका समझने का प्रयास करेंगे।

10. दो विशाल फर्मों के विलय के कुछ हफ्ते पश्चात् सैकड़ों लोगों को आशंका थी कि उनकी नौकरी छूट जाएगी। आप वहीं जनरल मैनेजर (हैडक्वाटर्स) हैं। प्रबन्धन ने आपसे कहा है कि उनका निर्णय उन लोगों तक पहुँचाना है। आप यह खबर किस प्रकार पहुंचाएंगे?

क. काफी धूमिल तस्वीर खींचते हुए उन्हें बताएंगे कि कोई और चारा नहीं सिवाय इसके कि उनमें से आधे लोग निकाल दिए जाएं।

ख. एक चमकती तस्वीर खींचते हुए आप उनसे कहेंगे कि कंपनी बहुत भाग्शाली है कि दोनों फर्मों के चुने हुए प्रतिभावान लोग उसके लिए काम करेंगे।

ग. उनसे कहेंगे कि सारी सूचनाएं ईमानदारी से एकत्रित कर उन्हें अपडेट करेंगे आने वाले कुछ दिनों तक और बताएंगे कि क्या संभावनाएं बन रही हैं।

घ. निर्णय की घोषणा कर देंगे और कार्मिकों से कहेंगे कि वे अपना निर्णय लेकर आपको सूचित करें।

11. मान लीजिए कि आप एक कॉलेज में प्रोफेसर हैं। जब आप अपना लेक्चर दे रहे हैं तो एक विद्यार्थी उसी दौरान आपसे कहता है कि आपने विषय की ठीक तैयारी नहीं की है और आप सिर्फ टाइम पास कर रहे हैं। आपकी क्या प्रतिक्रिया होगी?

क. उस विद्यार्थी के उदण्डतापूर्ण व्यवहार की प्रधानाचार्य से शिकायत करेंगे।

ख. उस विद्यार्थी को तुरन्त बाहर का रास्ता दिखाएंगे।

ग. उससे क्लास के बाद अपने चैम्बर में मिलने को कहेंगे तथा जो वह चाहता है, उसे समझाएंगे।

घ. सारी क्लास की भावनाएं समझकर यह वादा करेंगे कि आप अपने प्रदर्शन को सुधारेंगे।

12. मान लीजिए कि आप एक कंपनी के सी.ई.ओ. हैं। यूनियन के साथ मीटिंग में एक यूनियन लीडर आपके खिलाफ भ्रष्टाचार और भाई-भतीजावाद के गंभीर आरोप लगाता है। आपकी प्रतिक्रिया क्या होगी?

क. चर्चा जारी रखेंगे तथा उनकी माँगों पर ठण्डे दिमाग से विचार करेंगे।

ख. उस यूनियन लीडर से अपने आरोप लिखित रूप में देने को कहेंगे जिससे एक निष्पक्ष जाँच या इनक्वायरी हो सके।

ग. आगे बातचीत बन्द कर उस लीडर से पहले माफी माँगने को कहेंगे।

घ. अपने सहायक को मीटिंग चालू रखने की जिम्मेदारी देकर आप उस कमरे से बाहर हो जाएंगे।

13. किसी छोटी-सी महत्त्वहीन बात पर आपकी अपने जीवनसाथी से कहा-सुनी होने के बाद कुछ समय तक आपकी उनसे बोल-चाल बन्द रहती है। यह स्थिति आप दोनों को मानसिक रूप से व्यथित कर रही है। अब आप क्या करेंगे?

क. अपनी बात पर अड़े रहेंगे; आखिर आप कभी गलती नहीं करते!

ख. बोल-चाल शुरू करने के लिए आप झगड़े का कारण ढूँढने का प्रयत्न करेंगे।

ग. अपनी तरफ से पहल कर स्थिति को सामान्य बनाने का प्रयास करेंगे।

14. आप ग्रामीण क्षेत्र से हैं और शहर के एक कॉलेज में दाखिला लेते हैं। आपके सहपाठी आपके स्मार्ट न होने और अंग्रेजी सही न बोल पाने पर ताना मारते रहते हैं। आप कैसे स्वयं को संभालेंगे?

क. उनकी अनदेखी करेंगे।

ख. उनको चिल्लाकर जवाब देते हुए कहेंगे कि वे अपने काम-से-काम रखें और आपसे न उलझें।

ग. बीच में ही पढ़ाई छोड़कर अपने गाँव वापस चले जाएँगे।

घ. चुनौती स्वीकार करते हुए हर तरह से उनके समकक्ष आने का प्रयत्न करेंगे।

15. अपने श्रोतागणों से बोलते हुए आपको लगता है कि:

क. अपनी बात (स्पीच) इन्हें समझाना मुश्किल है।

ख. अपनी स्पीच देने में आप आंशिक रूप से ही सहज हो पा रहे हैं।

ग. आप आराम से अपनी स्पीच दे रहे हैं।

घ. आप समझते हैं कि थोड़े अभ्यास के बाद आप बेहतर ढंग से स्पीच दे सकते हैं।

16. आपके दोस्त की बहन, जिसकी साल-भर पूर्व ही शादी हुई थी, अब तलाक देने वाली है। वह बहुत पढ़ी-लिखी है तथा आर्थिक रूप से भी स्व-निर्भर है। वह आपके पास आती है मार्गदर्शन प्राप्त करने के लिए। आपकी उसको क्या सलाह होगी?

क. उससे कहेंगे कि तलाक दो क्योंकि वह फर्स्ट क्लास एम.बी.ए. है और उसका पति उसके साथ मनमानी नहीं कर सकता।

ख. शैक्षणिक रूप से औसतन आदमी के साथ शादी करने के लिए उसके (लड़की के) प्रति सहानुभूति दिखाएंगे।

ग. उसको राय देंगे कि वह अपने पति से बात करे और सही सामंजस्य न बैठ पाने का मिलकर कारण तलाश करें।

घ. उस (लड़की) को बताएंगे कि शैक्षणिक योग्यताओं का अपना महत्त्व है, परन्तु इनसे वैवाहिक जीवन सफल बनाने में कोई मदद नहीं मिलती।

17. आपकी कक्षा में एक अंधी लड़की है। क्लास से बाहर जाते समय वह गिर जाती है। आप देखते हैं कि आपके कुछ मित्र उसकी

मजाक उड़ा रहे हैं और उस पर हँस रहे हैं। आप क्या करेंगे?

क. मित्रों के साथ हँसने लगेंगे।

ख. इसकी अनदेखी करेंगे–आखिर वे आपके मित्र हैं।

ग. उस अंधी लड़की को सहारा देकर क्लास से बाहर ले जाने में मदद करेंगे, परन्तु अपने मित्रों से कुछ नहीं कहेंगे।

घ. लड़की को सहारा देकर अपने मित्रों के सामने जाएंगे और उनकी असंवेदनशीलता पर उन्हें धिक्कारेंगे।

18. किसी के साथ बहस में यदि आप हार जाते हैं तो

क. एकदम पराजित महसूस करेंगे।

ख. दूसरे मौके का इंतजार करेंगे, जब आप अपने विरोधियों को मात दे सकें।

ग. हार–जीत तो होती ही रहती है।

घ. अपनी हार के कारणों का विश्लेषण करेंगे।

19. मान लीजिए कि आप एक विशाल मल्टीनेशनल कंपनी में बतौर एच.आर.डी. जनरल मैनेजर लगे हुए हैं। यह कंपनी हर साल दर्जनों नए एम.बी.ए. इन्जीनियरों तथा अन्य व्यावसायिक लोगों को वरिष्ठ पदों के लिए भर्ती करती हैं जिसके लिए समय, ऊर्जा और धन की दरकार होती है, लेकिन आपको पता चलता है कि उनमें से 75% लगभग दो वर्ष के पश्चात् कार्य का अनुभव प्राप्त कर आपकी कंपनी छोड़कर दूसरी ज्यादा आकर्षक नौकरियों के लिए चले जाते हैं। आप क्या करेंगे?

क. इस प्रवृत्ति की अनदेखी करेंगे। चारों तरफ बड़ी बेरोजगारी है और आपको अपनी कंपनी के लिए कई और लोग मिल सकते हैं।

ख. उनके कंपनी छोड़ने का मूल कारण पता करने की कोशिश कर उनके कंपनी में टिके रहने के लिए सुधारात्मक प्रयत्न करेंगे क्योंकि आप उन पर काफी धन और ऊर्जा इत्यादि का निवेश कर चुके हैं।

ग. उनका वेतन बढ़ाकर उन्हें कंपनी में ही टिके रहने को लुभाएंगे।

घ. उनके चुनाव की प्रक्रिया के मापदण्ड बदलकर अन्य लोगों का उनकी जरूरत और कामनाओं के आधार पर चुनाव करेंगे।

20. एक सुदूर एवं अनजान इलाके की परियोजना के लिए आपकी इच्छा के बिना आपका ट्रांसफर कर दिया जाता है, जहाँ आपको एक नए बॉस के अण्डर में काम करना है। यद्यपि आपकी

तनख्वाह बढ़ाई गई है और निकट भविष्य में पदोन्नति का भी आश्वासन दिया गया है। आप इस स्थिति में सहज नहीं हो पा रहे हैं। बच्चों की पढ़ाई के कारण आपका परिवार आपके साथ शिफ्ट नहीं हो सकता। आप एक संवेदनशील इलाके में रहते हैं, जहाँ की सुरक्षा भी संदेहस्पद है। आप लगातार हल्के दबाव की मन:स्थिति से गुजर रहे हैं? आप इस दबाव से कैसे उबर पाएंगे?

क. आनन्द मनाओ! संवेदनशील इलाके में रहने के कारण वेतन भी बढ़ गया है। मौज करो।

ख. रुको! हो सकता है कि शीघ्र पदोन्नति के लिए एक अच्छा मौका हो।

ग. हे भगवान! (दु:ख मनाते हुए) ऐसे उलट-फेर मेरे जीवन में ही क्यों आते हैं।

घ. जल्दी कार्यवाही करो! इस्तीफा देने की सोचो और नई नौकरी की तलाश में जुट जाओ।

21. कई सालों का जीवन आप इस धरती पर बिता चुके। इस क्षण के जीवन को आप एक वाक्य में कैसे व्यक्त कर सकते हैं?

क. सफल! भई मैं तो एक संतुष्ट व्यक्ति हूँ। मुझे वह सब कुछ मिला है जिससे मैं प्रसन्न होता हूँ।

ख. हुम्म! भई यह तो सब मिला-जुला मामला रहा। 50:50!

ग. सुखद ही रहा! भई नियति तो ईश्वराधीन है। आदमी तो मात्र एक कठपुतली है।

घ. कष्टकारक! मैं तो समझता हूँ कि मैं बहुत कुछ बेहतर पाने का हकदार था, जो मुझे नहीं मिला।

22. एक मल्टीनेशनल फर्म के लिए बतौर एच.आर.डी. मैनेजर आपको बड़ी संख्या में नई भरती करनी है। लिखित परीक्षा और इन्टरव्यू के पश्चात् मालूम पड़ा कि अंतत: चुनकर आने वाले प्रत्याशियों में ज्यादातर महिलाएं ही हैं। आपकी क्या प्रतिक्रिया होगी?

क. महिलाओं को ही लो। इनका हक बनता है-इनमें योग्यता है और ये चुनाव प्रक्रिया से गुजरकर आई हैं।

ख. भई! यह तो औरतों की दुनिया है। इन्हें ही रखो।

ग. पुरुष और स्त्रियों को बराबर संख्या में ही रखो।

घ. इन महिला कर्मियों से बचो, ये तो बोझ सदृश हैं।

उत्तर पत्रिका

1. क, ख, ग, घ   2. क, ख, ग, घ 3. क, ख, ग, घ
4. क, ख, ग, घ   5. क, ख, ग, घ 6. क, ख, ग, घ
7. क, ख, ग, घ   8. क, ख, ग, घ 9. क, ख, ग, घ
10. क, ख, ग, घ   11. क, ख, ग, घ 12. क, ख, ग, घ
13. क, ख, ग, घ   14. क, ख, ग, घ 15. क, ख, ग, घ
16. क, ख, ग, घ   17. क, ख, ग, घ 18. क, ख, ग, घ
19. क, ख, ग, घ   20. क, ख, ग, घ 21. क, ख, ग, घ
22. क, ख, ग, घ

इस परिणाम कुंजी से अपना मापांक (स्कोर) प्राप्त करें

प्रश्न नं.	*प्रतिक्रिया*	*अंक*	*प्रश्न नं.*	*प्रतिक्रिया*	*अंक*
1.	क	15	6.	क	10
	ख	5		ख	20
	ग	10		ग	5
	घ	20		घ	15
2.	क	5	7.	क	5
	ख	10		ख	20
	ग	15		ग	15
	घ	20		घ	10
3.	क	15	8.	क	10
	ख	20		ख	5
	ग	5		ग	20
	घ	10		घ	15
4.	क	20	9.	क	5
	ख	15		ख	10
	ग	10		ग	20
	घ	5		घ	15
5.	क	5	10.	क	5
	ख	20		ख	20
	ग	15		ग	15
	घ	10		घ	10

प्रश्न नं.	प्रतिक्रिया	अंक	प्रश्न नं.	प्रतिक्रिया	अंक
11.	क	5	17.	क	5
	ख	10		ख	10
	ग	15		ग	15
	घ	20		घ	20
12.	क	20	18.	क	5
	ख	15		ख	10
	ग	10		ग	15
	घ	5		घ	20
13.	क	5	19.	क	5
	ख	15		ख	20
	ग	20		ग	15
	घ	10		घ	10
14.	क	10	20.	क	15
	ख	15		ख	20
	ग	5		ग	10
	घ	20		घ	5
15.	क	10	21.	क	20
	ख	15		ख	15
	ग	20		ग	10
	घ	5		घ	5
16.	क	5	22.	क	20
	ख	10		ख	15
	ग	15		ग	10
	घ	20		घ	5

प्राप्त अंकों का मात्रात्मक विश्लेषण

ई.क्यू. के आयाम	*स्थितियां*	*आपके अंक*	*आपका पी (परसेन्टाइल)*
संवेदनशीलता	2-8-16-17-22 (5 स्थितियां)	–	–
परिपक्वता	4-6-9-11-12-18-21 (सात स्थितियां)	–	–
सामर्थ्य	1-3-5-7-10-13-14-15-19-20 (10 स्थितियां)	–	–
कुल ई.क्यू. योग	सारी स्थितियां (22 स्थितियों)	–	–

परसेन्टाइल तालिका

ई.क्यू. के आयाम	*पी-90*	*पी-75*	*पी-50*	*पी-40*	*पी-20*
संवेदनशीलता (अंक माप: 25-100)	93-100	86-92	66-85	36-65	< 35
परिपक्वता (अंक माप: 35-140)	133-140	113-132	88-112	53-87	< 52
सामर्थ्य (अंक माप: 50-200)	168-200	141-168	97-140	71-96	< 70
कुल ई.क्यू.	379-440	308-379	261-307	159-260	< 158

आपके अंकों का गुणात्मक विश्लेषण

परसेन्टाइल	*व्याख्या*
पी- 90	बेहद ऊँचा ई.क्यू.
पी - 75	ऊँचा ई.क्यू.
पी - 50	संयत (मॉडरेट) ई.क्यू.
पी- 40	निम्न ई.क्यू.
पी - 20	किसी अन्य दिन फिर से टेस्ट लें।

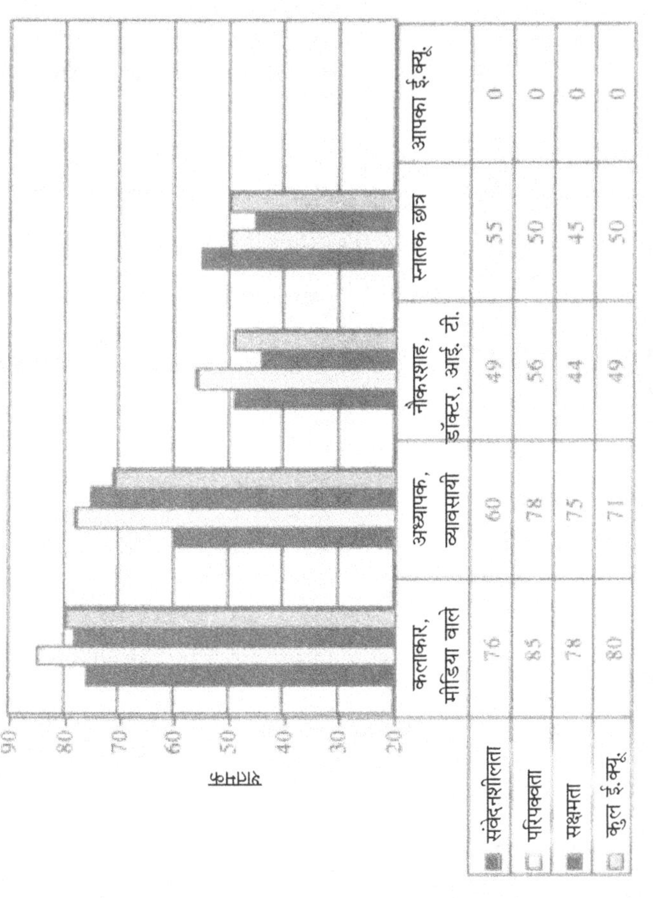

विभिन्न व्यवसायियों के आदर्श ई. क्यू. ग्राफ
(अपने मापांक की अन्य व्यवसायों के साथ तुलना करें)

विशेष संदर्भ ग्रन्थ सूची

बांगर, रवि (2005)। प्रेसीडेन्शियल एड्रेस जो 24 दिसम्बर, 2005 को इण्डो सिंगापुर चैम्बर ऑफ कॉमर्स एण्ड इण्डस्ट्री में दिया गया।

बार-ऑन आर. (1997)। 'इमोशनल क्वोशेन्ट इन्वेन्ट्री [ई.क्यू.-आई] मल्टी हैल्थ सिस्टम', 'टेक्निकल मैनुअल', टोरन्टो, कनाडा, मल्टी हैल्थ सिस्टम्स इन्को।

बोयाट्जीस आर.डी. गोलमैन एण्ड के रही (2000)। 'क्लस्टरिंग कॉम्पीटेन्स इन इमोशनल इंटेलिजेंस; इनसाइट्स फ्रॉम दी इमोशनल कॉम्पीटेन्स इन्वेन्टरी (ई. सी.आई.)। इन बार-ऑन एण्ड जे.डी.ए. पार्क (मके); हैण्डबुक ऑफ इमोशनल इन्टेलिजेन्स, सैन फ्रांसिस्को, जोस्से-वास।

चाबुन्नाम परमानन्द (2005)। ह्यूमन रिसोर्स मैनेजमेंट इश्यूजः केस स्टडीज एण्ड एक्सपेरिमेन्टल एक्सरसाइजेस, देहली, श्री साई प्रिंटोग्राफर्स कूपर रॉबर्ट (1996)। एक्जीक्यूटिव ई. क्यू.: 'इमोशनल इंटेलिजेंस इन लीडरशिप ऑर्गेनाइजेशन', न्यूयॉर्क: बर्कले पब्लिकेशन ग्रुप पेज XIIIA

कन्सोर्टियम फॉर रिसर्च ऑन इमोशनल इंटेलिजेंस इन ऑर्गेनाइजेशन

(2005)। इमोशनल इंटेलिजेंस सर्विस; 'दि ग्रेजुएट स्कूल ऑफ एप्लाइड एण्ड प्रोफेशनल साइकोलोजी', रटगर्स यूनिवर्सिटी, वेबसाइट www.eiconsortium.orgA

डरोलिया सी.आर. एण्ड डरोलिया शशि (2005)। दि पंजाब हैरिटेज, वॉल्यूम 20, 2005।

फ्रीडमैन जे., ए. जेन्सन, एम. राइडआउट एण्ड पी. फ्रीडमैन (1998)। हैण्डल विथ केयर' 'इमोशनल इंटेलिजेंस एक्टिविटी बुक, कैलीफोर्निया, सिक्स सेकंड्स पब्लिकेशन।

गार्डनर हॉवर्ड (1993)। फ्रेम्स ऑफ माइण्ड: दि थ्योरी ऑफ मल्टीप्ल इंटेलिजेंस (10जी एनीवर्सरी एडीशन) न्यूयॉर्क, बेसिक बुक्स।

गोलमैन डेनियल (1996)। इमोशनल इंटेलिजेंस: 'व्हाई इट कैन मैटर मोर दैन आई.क्यू. न्यूयॉर्क बैन्टम बुक्स।

गोलमैन डेनियल (1998) वर्किंग विथ इमोशनल इंटेलिजेंस, न्यूयॉर्क, बैन्टम बुक्स।

कपाडिया, माला (2004)। इमोशनल इंटेलिजेन्स: ए वर्कबुक फॉर बिगिनर्स', न्यू देहली: बी.पी.आई. (इंडिया) लि.।

मालेकर समीरा (2005)। 'मैनेजिंग ह्यूमन कैपिटल: एन.ई.क्यू. पर्सपेक्टिव' इन्स्टीट्यूट ऑफ टैक्नोलॉजी एण्ड मैनेजमेंट, खडगपुर, नवी मुम्बई इण्डिया में 7-9 दिसम्बर, 2005 को पेश किया गया एक अप्रकाशित शोधपत्र।

मोहन जितेन्द्र (2003)। 'इमोशनल इंटेलिजेन्स क्वेशनेयर' 'ट्रेनिंग इन्स्ट्रूमेन्ट' चण्डीगढ़, इण्डिया, पंजाब यूनिवर्सिटी।

पुनिया बी.के. (2005) 'इम्पैक्ट ऑफ डेमोग्राफिक वैरिएबिल्स ऑन इमोशनल इंटेलिजेन्स एण्ड लीडरशिप बिहेवियर ऑफ कॉर्पोरेट एक्जीक्यूटिव्स'। 'जर्नल ऑफ इंटेलिजेन्स बिहेवियर, IV (2), अप्रैल, 2005, पृ. 7-22।

राजखोवा रूपस्मिता (2002)। 'इमोशनल इंटेलिजेंस ऑफ आई.ए.एस. ऑफिसर्स', मनोविज्ञान विभाग यूनिवर्सिटी ऑफ देहली, इण्डिया में बनाया एक अप्रकाशित कार्यपत्र।

सैलोवे पीटर एण्ड जॉन मेयर (1990) 'इमोशनल इंटेलिजेन्स' इमैजिनेशन, कॉगनीशन एण्ड पर्सनेलिटी, वॉल्यूम IX, पृ. 185-211।

- वही (1997) 'व्हाट इज इमोशनल इंटेलिजेंस? इन पी. सैलोवे एण्ड डी. जे. स्लूटर, 'इमोशनल डेवलपमेंट एण्ड इमोशनल इंटेलिजेंस' बेसिक बुक्स, न्यूयॉर्क।

सनवाल, विनोद (2004)। 'इमोशनल इंटेलिजेंस: दि इण्डियन सिनेरिओ', न्यू देहली: इण्डियन पब्लिशर्स डिस्ट्रीब्यूटर्स।

सहगल, मीना (1999)। 'ए स्टडी ऑफ ई.क्यू., इंटेलिजेंस, पर्सनेलिटी एण्ड साइकोलोजिकल वैलबीइंग ऑफ एडोलेसेन्ट' 'एशियन जर्नल ऑफ साइकोलोजी एण्ड एजुकशेन' 32(1-2): 17-19।

सेलिगमैन मार्टिन (1995) एम्प्लेनेटरी स्टाइल्स' हिल्सडेल, लॉरेन्स एलबॉम

सिंह दलीप (2003) 'इमोशनल इंटेलिजेंस एट वर्क'; ए प्रोफेशनल गाइड, द्वितीय संस्करण, न्यू देहली, सेज पब्लिकेशन्स।

वही (2003)। 'डू डिफरेन्ट प्रोफेशन्स रिक्वायर डिफरेन्ट लेविल्स ऑफ इमोशनल इंटेलिजेंस?" 'इन्टरनेशनल जर्नल और बिहेवियरल साइन्सेज' 20(12) पृ. 21-29।

वही (2005)। 'इ. क्यू. एण्ड मैनेजेरियल इफेक्टिवनैस; एन इन्टरनेशनल स्टडी', डी. लिट थीसिस, बुन्देलखण्ड यूनिवर्सिटी झाँसी, इण्डिया।

सीताराम लक्ष्मी (2005): "रिलेशनशिप बिटवीन ई.क्यू. एण्ड आई.क्यू. अमंग एडोलेशेन्ट्स' अप्रकाशित पी.एच.डी. वर्क यूनिवर्सिटी ऑफ बंगलौर, इंडिया, में दिया गया।

थॉर्नडाइक ई.एल. (1920)। 'इंटेलिजेंस एण्ड इट्स यूसेज' हार्पर्स मैगजीन, वॉल्यूम 140, पृ. 227-235।

वेश्लर डी (1940)। 'नॉन इंटेलेक्टिव फैक्टर्स इन जनरल इंटेलिजेंस' साइकोलॉजिकल बुलेटिन, वाल्यूम 37, पृष्ठ 444-45।

येट मार्टिन (1977)। 'कैरियर स्मार्ट्स; जॉब्स विथ फ्यूचर' न्यूयॉर्क, वैलेन्टाइन बुक्स।

www.ingramcontent.com/pod-product-compliance
Ingram Content Group UK Ltd.
Pitfield, Milton Keynes, MK11 3LW, UK
UKHW021659190726
13853UKWH00001B/369

9 788128 831225